计量经济学
科学、艺术与创新

宗平 著

Econometrics
Science,
Art
and
Innovation

格致出版社 上海人民出版社

此书献给我的家人：我的妻子　　龚雪娣

女儿　　宗容

我的哥哥　　宗和

二个姐姐　　宗绮青

宗绮申

前　言

自挪威经济学家拉格纳·弗里希(Ragnar Frisch)于 1930 年建立计量经济学会(Econometrics Society)并于 1933 年创办《计量经济学》(*Econometrica*)杂志以来,计量经济学已经有近百年的发展历程。如今,计量经济学在经济问题的实证研究中得到广泛应用,形成了大量的理论和应用计量经济学教材。然而,近几十年的一个显著趋势是,计量经济学教学逐渐偏向于使用应用计量经济学的教材,这些教材侧重于实际应用技能的传授,而对方法、原理和思想的介绍相对较少。

在中国,对计量经济学的教与学相对较晚。20 世纪 80 年代初,诺贝尔经济学奖获得者劳伦斯·R.克莱因(Lawrence R.Klein)等人与中国社会科学院合作,在北京举办了为期七周的计量经济学讲习班,第一次系统地讲授了计量经济学,为中国培养了第一批计量经济学人才,开创了计量经济学在中国的学习和应用。

然而,即便在西方,经过这么长时间的发展,计量经济学也并未像其应该做到的那样,在广泛领域中得到应用和发展。其中一个可能的原因是人们缺乏对计量经济学方法论,尤其是背后的统计方法的深入理解。而这对于充分认识和利用计量经济学的潜在价值尤为重要,因为计量经济学广泛使用统计学作为其方法论基础。

尽管计量经济学的书籍繁多,但大多数侧重于理论或应用计量经济学,有关计量经济学方法论的专著则相对更少。相反,本书着眼于计量经济学的方法:(1)与大多数将计量经济学方法和统计学方法分开教授的教材不同,本书将计量经济学估计方法与统计方法紧密联系在一起,并强调对计量经济学背后统计学方法核心思想的学习和理解。(2)与大多数仅侧重于传统因果关系建模的计量经济学教材不同,本书不仅限于此,还借鉴了统计建模的最新研究和发展,如自回归综合移动平均(autoregressive integrated

I

moving average，ARIMA）模型、动态线性模型（dynamic linear models，DLM）或状态空间模型（state space models，SSM）以及贝叶斯模型（Bayesian approach），分析和比较各种方法，探索计量经济学模型选择的科学性和未来可能的发展方向。（3）与大多数计量经济学教材专注于展示如何使用各种定量分析技术来拟合给定数据的模型不同，本书通过解释估计方程的基本理论方法以及有关方法论的最新认识和有意义的辩论，专注于解释回归统计方法的科学性和计量经济学模型选择的艺术性。

计量经济学方法的科学性

计量经济学创立的初衷就是要建立经济学的一种全新的研究方法，也就是试图运用一种类似于自然科学的严格数学方法来深入研究经济现象。然而，经济学与自然科学在某些关键方面存在显著差异。首先，自然科学（如物理学）是一种实验科学，实验环境中因果关系清晰可见，因此实证研究是随机的、受控的、实验性的。其次，因果关系的推论是客观的，不受个人主观偏见的影响。最后，自然科学中的不确定性误差可能很小，几乎为零。然而，社会科学，尤其是经济学这一学科，却面临着一系列挑战：实验方法难以接近；多重因素同时影响经济现象，引发不确定性；以及由于非实验环境中的设定误差产生的输出不确定性。

在社会科学领域，将严格的数学方法应用于像经济学这样的领域可能非常困难。这是因为社会科学中缺乏类似于牛顿定律的规则，缺乏单一的因果关系，缺乏代表系统轨迹的一般权威方程，甚至缺乏单一的权威变量及其函数形式的判别理论。误差在这里被看作残差，因此，依赖于理论和其估计模型所做的估算，多重因果关系导致多样的结果，不可预测性导致结果的不确定性，这或许是社会科学与自然科学的主要区别。

鉴于这些基本差异，一个重要的问题是：计量经济学家能否在社会科学领域实现与现代自然科学相同的确定性分析？能否运用像自然科学那样严格的数学方法来研究经济问题？计量经济模型的结果能否在某些情况下被检验和科学测试，并被允许重复使用？以及如何将其应用于参数估计（经济分析）和未来预测（经济预测）？简而言之，计量经济学能否证明其科学性？

这些问题目前仍存在争议,因此对这些问题的深入探讨和对计量经济学方法的深刻理解显得尤为重要。

经典线性回归方法

计量经济学是解决经济问题的定量方法。计量经济建模是从经济理论出发,建立经济变量之间的计量模型。因此,计量经济学非常注重发现基于经济理论的因果关系。因果关系的识别是计量经济学方法论的核心。

计量经济学广泛地将统计学作为经济分析的基础。高斯—马尔科夫(G-M)的统计方法,也就是所谓的经典线性回归(classical linear regression,CLR),是因果计量模型的经典形式。这种因果计量经济模型的基本形式一直主导着计量经济学,尽管它从单一回归模型发展到多个回归模型,从静态模型发展到更复杂的动态模型。最小二乘法(least square, LS)方法是用于计量方程估算的主要方法。

可见,计量经济建模一般经历四个关键过程:(1)建立经济理论模型;(2)根据理论模型中变量之间的关系,确定和建立相应的数学函数形式,可能是线性的或非线性的;(3)构建相应的计量经济模型;(4)进行计量经济模型的估计和结果检验。计量经济模型的主要目的是进行参数估计(经济分析)和未来预测(经济预测)。在估计过程中,通过正确识别解释变量,试图揭示哪些经济因素使经济行为发生变化,并进一步探讨这些解释变量如何影响经济行为,以及它们的影响方向。

计量经济学方法的核心思想

计量经济学真正成为一门实证科学的关键时刻发生在 1944 年,特里夫·哈尔维莫(Trygve Haavelmo)引入概率论并巧妙地将其应用到计量经济学建模中。在社会科学中,实质性信息不像在自然科学中那样精确或可靠,量化或验证不仅要考虑理论因素,如估计参数的符号和大小,还要考虑统计因素,如拟合优度 R^2、t 比率和 F 检验,以及统计推断,如假设检验、置信区间和 p 值等。

计量经济建模依赖于最佳估计量的选择,这是过去传统的 G-M 方法的核心。从那时起,数学和统计学,特别是概率论的应用,使得计量经济学真正成为一门科学方法。从那一刻开始，计量经济学迎来了一个成熟科学的新时代。概率方法的应用成为计量经济学的一场革命，使计量经济模型能够取得可验证的和一致的结果。概率和正态分布理论在社会科学（如经济学）的因果关系识别过程中提供了巨大的帮助。虽然 LS 法本身似乎并不意味着对概率的正式处理，但其应用总是与正态分布有关，而正态分布是计量经济学中概率应用的一个重要工具。

计量模型选择的艺术性

尽管计量经济学使用 CLR 模型的基本形式这一点至今未变，但是，由于经济数据的本质，主导计量经济建模的理论模型有时使得 G-M 模型难以满足所有必要的理论假设，特别是对于某些结构和动态模型。这导致计量模型变得越来越复杂，结果也越来越难以捕捉经济现实，计量经济学家一直专注于因违反回归模型标准统计假设而导致的问题。

联立方程模型（SEM）可被看作 CLR 的变体，它除了提高统计推断的数学复杂程度外，还引入了计量经济学中的新统计模型，以及与之相关的统计数据的推理命题——主要是估计。尽管如此，这些模型仍然具有 G-M 曲线拟合的观点，即由理论主导的经验建模方法。

与传统计量经济因果关系模型不同，现代一些统计模型，如博克斯—詹金斯的 ARIMA 模型、其他 DLM（例如 SSM）以及贝叶斯方法，并不依赖于理论和强调解释变量的识别，而是直接依赖于数据。在某种程度上，它们似乎比 G-M 模型更具优势。20 世纪 70 年代出现的博克斯—詹金斯时间序列 ARIMA 模型是最显著的发展之一。不同于传统的经济计量学方法，该模型的建立不依赖于因果关系理论，而严重依赖于历史数据。时间序列模型的扩展包括 $ARMA(p, q)$、$ARIMA(p, d, q)$、$var(p)$ 和 ARCH 等，通过迭代过程来识别和选择正确的模型。

比较计量经济模型和统计模型，就会发现计量经济模型通常依赖于经济理论，而统计模型往往依赖于数据，这或许是两种方法最重要的区别。计量经济模型通常建立在经济理论的基础上，而不是从数据中识别。然而，近年来，随着更复杂和更严格的统计模型和技术的引入，这种现象已经开始发生改变。近几十年来在理解经济分析统计程序的适当和不适当应用方面取得的进展,包括结构模型、ARIMA 模型,特别是自 20 世纪 80 年代和 90 年代发展起来的结构时间序列模型(如 SSM)——也被称为 DLM,标志着这一领域的重要发展。

结构计量经济时间序列方法(structural econometric time series approach, SETSA)是传统计量经济学方法和博克斯—詹金斯方法的结合。它基于观测数据,对参数的限制比经济理论更少。此外,如果计量经济模型中的外生变量可以被视为通过 ARIMA 过程生成,则计量经济模型中每个单独的内生变量可以被看作单变量模型。这种方法采用经济理论的通用输入,发展了传统计量经济学结构模型,同时得出了相应的 ARIMA 方程的隐含特性。然后,我们使用时间序列方法来估计 ARIMA 方程,并检查它们与计量经济学模型所暗示的限制的一致性。

科学性发展的探索

科学的发展是一个充满争议和不断探索的过程。在这个领域中,最引人注目的发展之一是贝叶斯方法和非贝叶斯方法的对比。统计方法中存在两种截然不同的方法,它们分别集中在完全不同的概率概念上:传统的频率主义方法,也被称为非贝叶斯方法,以及贝叶斯方法。

频率主义者和贝叶斯论者之间的显著差异源于对概率概念的不同定义方式。频率主义者认为概率只是可重复随机事件(如抛硬币结果)的概率。这些概率等于事件在长期内发生的频率。频率主义方法仅使用当前实验的数据来预测实验的基本事实。相反,贝叶斯方法将概率定义为更一般的概念,使用概率来表示任何事件或假设中的不确定性。贝叶斯统计采用自下而上的方法进行数据分析,即将过去类似实验的知识编码成一种被称为“先验”的统计工具,并将这种先验与当前实验数据结合,以得出测试的结论。

另一个显著的区别是,在贝叶斯方法中,估计的参数被视为随机变量,且概率被分配给假设;而在频率主义方法中,假设在没有被分配概率的情况下进行测试。频率主义统计学只对随机事件进行概率性处理,而不对固定但未知的不确定性(如参数真值的不确定性)进行量化。另一方面,贝叶斯统计定义了参数可能值(先验)的概率分布,然后使用这种先验的概率分布对参数进行估计。

由于贝叶斯方法和非贝叶斯方法之间的显著差异，它们一直以来都存在相当大的争议。目前几乎所有的计量经济学教科书都不涉及这一方法的哪怕一小部分。甚至从未提到过它。争论主要集中在：(1)结果的有效性取决于先验分布的有效性，而这种有效性带有主观性质；(2)结果无法进行统计评估；(3)实际应用中计算的困难程度。然而，随着统计和计算技术的发展，以及强大的计算机和复杂软件的出现，这些问题逐渐得到解决，贝叶斯方法在学术界和工业界受到越来越多的关注。

计量经济学的创新

计量经济学方法的发展体现了对经济学研究方法的不断创新。其严谨的理论方法、最新的经验应用和统计推理需要专门的计算机硬件和统计软件来实现。近年来，计算机技术的进步，特别是价廉而强大的个人计算机的普及，微观数据库的广泛可用性以及统计软件的快速发展，使得研究人员更容易获得最新的计量经济学科学方法。

首先，计量经济学的快速发展与功能强大且相对用户友好的软件的涌现密不可分。一些流行的且被广泛使用的统计软件包，如 Gauss、Stata、SAS、SPSS 和 R 系统，成为研究人员进行计量经济学研究的标准工具。特别是 R 系统，它作为一个免费提供的开源软件，已经在单个软件中集成了广泛的统计方法，成为传播新统计方法的标准工具。可以预见，R 系统将继续成为广泛使用的新方法的基本工具，从而促进计量经济学方法更广泛的传播和应用。随着数字数据、图像数据和大数据等新型数据类型的涌现，与计量经济学需要相适应的新软件工具将推动计量经济学方法的进一步创新。

其次，计量经济学的创新还涉及新的计量经济学思想的出现。例如，ARIMA 模型和 DLM 所需要的递归建模方法，允许卡尔曼滤波进行精确的推理，贝叶斯模型计算等新思想的发展，也会推动计量经济学领域的不断创新。

总体而言，计量经济学的创新源于软件、思想和数据类型等多方面的发展。这一创新不仅提升了计量经济学研究的效率和准确性，也为解决更复杂的经济问题提供了更强大的工具和方法。

其他说明

　　本书的目标是,在可理解的方法论参考框架内,对计量经济学的计量模型估计方法进行推导,并解释估计模型的基本理论方法。学生或研究人员可以从本书中获益,了解计量经济学的理论、应用和主要思想方法,并通过理解计量经济学和统计学方法来熟练地制定经济模型、解释经济关系、估计模型参数,并准确解释估计结果。

　　本书特别强调计量经济学的方法,大量数学公式被用于定义计量经济学的概念,数学推论被用于对计量模型进行说明。数学方法的引入旨在解释计量模型的估计方法,强调科学性和可验证性,使计量经济学工作者能够深入理解方法的原理。对那些不太熟悉数学和统计学的计量经济学初学者来说,这可能会有一定的困难,所以我们建议这部分读者可以先暂时跳过这些数学论证部分,继续阅读下去,待补习一些相关知识后,再从头阅读一些有关章节。

　　本书不旨在成为计量经济学的教科书,而是期望作为大学生和对这个领域感兴趣的研究人员的参考书。因此,与大多数计量经济学教科书不同,本书并未覆盖计量经济学中所有的模型和应用,以及由此产生的各种问题,例如变量的变换、虚拟变量,及不同的数据,特别是面板数据的问题,以及其他各种回归[如非线性回归、逻辑(logistic)回归]等问题。然而,我们希望为主要概念和方法提供坚实的背景,引导读者正确理解计量经济学的方法。本书是对现有计量经济学教科书的补充,而不是替代。

　　本书基于作者在学术界(大学)和英国国家统计局(Office for National Statistics)工作和研究期间解决计量经济学建模问题时的笔记整理而成,是作者30多年来在这个领域工作实践的成果,旨在提供研究和发展思路,推动计量经济学学科在中国的发展。

　　这本书的出版离不开广大人士的帮助、支持和鼓励。首先,我要感谢陈晓宁先生和陈达凯教授对本书的建设性建议和他们向格致出版社所作的推荐;特别感谢格致出版社的编辑们,感谢他们的支持以及实质性建议和编辑评论。我还要感谢英国国家统计局前首席方法学顾问彼得·布罗迪(Peter Brodie)、英国国家统计局方法学专家罗伯特·巴克纳尔(Robert Bucknall)

和英国国家统计局方法学专家邓肯·埃利奥特(Duncan Elliott)的支持，以及他们过去对统计学方法论和计量经济建模方法论问题的有益讨论；我还要感谢贝尔法斯特女王大学(The Queen's University of Belfast)的约翰·戴维斯(John Davis)教授，纽卡斯尔大学(University of Newcastle Upon Tyne)的大卫·哈维(David Harvey)教授，埃塞克斯大学(University of Essex)的本·安德森(Ben Anderson)博士，感谢他们在我学习和工作期间在这一领域长期的专业支持、指导，以及有价值的讨论；我还要特别感谢我曾经学习和工作过的复旦大学的两位我最尊敬的老师——张薰华教授和洪远朋教授，感谢他们对我长期坚定的信任、培养和关怀。最后，我还要深深地感谢我的家人：我的妻子龚雪娣、女儿宗容、哥哥宗和及宗绮青和宗绮申两位姐姐，感谢他们长期坚定的支持和理解，没有他们，没有所有这些人的帮助，我绝对无法完成这项工作。当然，我个人将对书中可能仍存的任何错误或遗漏负全部责任。

宗 平

2023 年 12 月

目　录

1 导　言

1.1　引言

如今，计量经济学已被广泛应用于经济问题的实证研究。在过去的几十年里，计量经济学教材的编写方式发生了惊人的转变：由大量的理论计量经济学转向应用计量经济学。过去，几乎所有这类教材课程都以这种方式提高了学生的动手能力但忽略了大部分理解这种技能所需的主要方法和思想。然而，由于计量经济学广泛地以统计学为方法论基础，因此理解计量经济学的方法，特别是理解在统计方法论领域，如概率论、随机过程等，在误差项估计过程中的方法，比以往任何时候都更加重要。作为一门纯粹的经验科学的统计学，它每一次重要的方法论发展都对计量经济学方法的发展产生了重大影响。

1.2　本书写作的动因

计量经济学并不是一门新学科，自从挪威经济学家拉格纳·弗里希于1930年建立了计量经济学会，并于1933年创办了《计量经济学》杂志，计量经济学这门学科就被创立了。计量经济学已经有了将近100年的发展，但即使在这么长的时间之后，计量经济学也没有得到它也许应该得到的或可能得到的那样广泛应用。一个可能的原因就是人们缺乏对计量经济学方法特别是计量经济学背后的统计方法的充分理解，尤其是对统计方法核心思想的充分理解。缺乏这样的理解就使学生和研究人员无法充分利用计量经济学的潜在价值。在理论和实践中提高这种理解的愿望是作者写这本书的主要动因。

1.3　本书的重点

计量经济学是解决经济问题的一种定量方法。创建计量经济学的初衷是建立一种类似于自然科学（如物理学）的研究方法，也就是用严格的数学方法来研究社会科学，比如经济学。然而，经济学在一些重要方面不同于物理学。物理学等自然科学具有以下主要特点：（1）处于实验环境，所以其因果关系明确；因此，实证研究是随机的、受控的和实验性的；（2）因果关系的推断是客观的，不受个人主观偏见的影响；（3）自然科学中的不确定性（误差）可能很小，近似为零。然而，如经济学一般的社会科学在以下方面与物理学有明显不同：（1）实验方法的不可接近性；（2）影响经济现象的无数因素不是单一各自影响的，而是同时影响着的；以及（3）由于处在非实验设置中，由误差估算的错误范围导致的结果输出的不确定性可能非常大。

将严格的数学方法应用于像经济学这样的社会科学可能非常困难，这是因为，社会科学中，不存在与牛顿定律等价的规则，没有单一的因果关系，没有代表系统轨迹的一般权威方程，甚至没有一个权威的理论来区分变量及其函数形式。因此，误差成为残差，即，它被接受，因为它依赖于理论和由其估计模型所进行的估算。多重因果关系、多重后果、不可预测性和结果的不确定性也许是社会科学和自然科学之间的主要区别。鉴于这些基本差异，计量经济学家能否在社会科学领域取得与现代自然科学领域相同的确定性分析？计量经济模型得出的结果能否在某些情况下被经验检验和科学测试，并被允许重复使用？计量经济学如何用于估计和预测未来？对这些问题的探讨和对这些问题的答案的寻找是作者在整本书中的主要目的。

传统计量经济的建模从经济理论出发，建立经济变量之间的计量模型。计量经济学非常注重发现基于经济理论的因果关系。因果关系的识别是计量经济学方法论的核心。计量经济模型主要用于参数估计（经济分析）和未来预测（经济预测），估计过程实际上是一个因果关系的识别过程。通过识别正确的解释变量，试图发现哪些经济因素（解释变量或自变量）使经济行为发生（被解释变量或因变量），并进一步发现这些解释变量如何导致经济行为的变化，并指出其影响的方向。在这个"发现"过程中，计量经济建模依赖于最佳估计量的选择，这是过去传统的 G-M 方法的中心轴。然而，由于经济数据的性质，主导计量经济建模的理论模型有时难以满足 G-M 模型要求的所有理论假设，特别是在某些结构和动态模型中，估算会出现偏差，有时甚至会出现严重偏差。

与传统计量经济因果关系的模型不同，现代的一些统计模型，例如博克斯—詹金斯的 ARIMA 模型和其他 DLM，例如 SSM，在这方面似乎比 G-M 模型具有明显的优势。在预测能力方面，贝叶斯方法明显优于传统计量经济方法的频率主义方法。因此，对计量经济学背后的统计方法的科学性和计量模型选择的艺术性的讨论构成了本书的重点。

1.4　本书的结构和范围

在第 1 章导言之后，第 2 章详细回顾并综述自 20 世纪 30 年代以来的计量经济学方法及其发展。回顾的核心是展示统计方法的演变和发展对计量经济学的影响，特别是，该章阐述概率理论、误差概念及其随机过程等现代统计方法对计量经济学理论、应用和方法的影响。

第 3 章和第 4 章通过解释方程估计的基本理论方法，重点分析 CLR 方法的性质。CLR 是计量经济学广泛使用的传统因果计量模型的方法。标准统计假设和理论假设的性质将在这些章节中得到详细讨论。第 3 章着重单变量回归模型分析，第 4 章着重多变量回归模型分析。特别地，第 3 章将回顾样本回归函数（sample regress function，SRF）和总体回归函数（population regression function，PRF）之间最令人关注的关系，这是所有回归方法的基本出发点。我们还会讨论最近出现的统计科学危机：对传统回归方法的统计检验，特别是在统计科学检验中使用的 p 值方法在 21 世纪的争议和辩论。在第 4 章中，我们将进一步讨论多重共线性（multicollinearity）的主要估计问题，并重点讨论拉索（least absolute shrinkage and selection operator，LASSO）回归分析。

在第 5 章中，我们会讨论最重要的经典方法——使用时间序列数据的回归模型，包括(1)使用时间序列数据的回归模型中有关自相关(autocorrelation)的核心问题，特别是在时间序列方程中使用滞后因变量的问题；(2)平稳和非平稳分析。

在第 6 章中，我们重点讨论两种预测方法：(1)计量经济预测模型和(2)博克斯—詹金斯的 ARIMA 预测模型。我们分析传统的因果计量经济预测模型并介绍博克斯—詹金斯的 ARIMA 预测方法，并讨论这两种模型在解释方面的主要差异、解释的能力和预测的准确性。

在第 7 和第 8 章中，我们集中讨论从静态到动态发展的计量经济方法，并考虑许多经典的和更现代的线性方法，这些方法在最近的发展中提供了对标准线性回归的潜在改进。第 7 章讨论 SEM、误差修正模型(ECM)和 regARIMA 模型；第 8 章集中讨论 SETSA，重点讨论 DLM，如 SSM。

在第 9 章中，我们重点讨论贝叶斯方法。我们回顾贝叶斯方法和传统计量经济学的频率主义方法在概率哲学和概率推理方面的差异，学术界关于贝叶斯方法的主要争论，并介绍贝叶斯概率的主要推理思想：贝叶斯网络方法和贝叶斯定理，还介绍贝叶斯推理的主要方法：贝叶斯点参数估计和贝叶斯点预测，以及"随机游走"过程和多变量模型中的贝叶斯预测方法。

计量经济学严谨的理论方法、最新的经验应用和统计推理需要专门的计算机硬件和统计软件来实现。在第 10 章中，我们讨论计量经济学的创新和获得最新计量经济学科学方法手段的原驱动力，以及创新的潜在驱动力和创新的持续驱动力。最后，第 11 章是结束语。

2 计量经济学方法综述

2.1 引言

长期以来,计量经济学家一直很清楚统计方法对计量经济学发展的重要影响。现代计量经济学研究,在某种程度上是对统计方法的研究。对统计方法的研究是理解计量经济学的关键出发点。

本章的结构如下:2.2 节回顾计量经济学的创建过程;2.3 节追述创立"社会物理学"想法的最初动因;2.4 节介绍作为科学计量经济学核心思想的概率方法,并介绍从历史数据中"发现"而不是依赖经济理论建模的现代统计方法,2.5 节和 2.6 节介绍复杂的外推统计方法;2.7 节回顾从静态到动态的建模方法;2.8 节讨论 21 世纪关于 p 值方法的辩论;最后,2.9 节为本章结论。

2.2 计量经济学的创建

"计量经济学"一词是由挪威经济学家拉格纳·弗里希精心设计的,他通常被认为是"计量经济学之父"。弗里希于 1930 年成立计量经济学会,并于 1933 年至 1955 年担任《计量经济学》的主编。作为一门独立的学科,计量经济学是在 1933 年《计量经济学》杂志问世和计量经济学会成立后首次被引入的。计量经济学在第一期《计量经济学》中首次被定义为:

"其主要目标应是促进对经济问题的理论定量和实证定量方法的研究，并使其渗透到类似于主导自然科学的建设性和严谨的思维中"。[1]

这个定义至今仍然有效，尽管它可能有许多不同的表达方式。例如，我们可以在维基百科中找到有关计量经济学的定义，尽管它不是权威定义，其中计量经济学被定义为"将统计方法应用于经济数据，为经济关系提供经验内容"。[2]萨缪尔森（Samuelson）、库普曼斯（Koopmans）和斯通（Stone）（1954）将计量经济学定义为"对理论和观察到的实际发展的经济现象的定量分析，通过适当的推理方法进行相关的定量分析"。[3]这些计量经济学的定义暗示了计量经济学是一种使用理论定量和经验定量统一的方法论来解决经济问题的方法。

然而，这个定义从来不意味着这些方面中的任何一个可以单独用于计量经济学。计量经济学绝不等同于经济统计。它与通常所说的经济理论也不完全相同，尽管该理论的相当一部分具有明确的定量特征，计量经济学也不应该被视为数学在经济学中的应用的同义词。经验表明，统计学、数学和经济学这三种观点，都是真正理解现代经济生活中数量关系的必要条件，但它们本身并不是充分条件。它是所有三个强大组成部分的统一，正是这种统一构成了计量经济学。

如今，计量经济学一直是对经济理论、数理统计和经济数据的统一研究。在计量经济学领域，理论计量经济学和应用计量经济学是计量经济学的两个分支。计量经济学理论涉及计量经济学的发展和对计量经济学方法性质的研究，而应用计量经济学是侧重计量经济模型使用经济数据在经济问题上的应用。

计量经济学的这两个分支都将统计方法作为计量经济学基础，也就是应用统计的基本方法——矩量（metrics）来分析经济问题，因此它被称为计量经济学（econometrics）。事实上，统计学基础的"metrics"可以并且已经应用于许多不同的学科，如心理计量学（psychometrics）、社会计量学（sociometrics）、化学计量学（chemometrics）、技术计量学（technometrics）、形态计量学（morphometrics）、环境计量学（environmetrics），甚至历史计量学（cliometrics）。

计量经济学是统计学在经济学中的一种应用，专门用于使用统计方法来研究经济问题。计量经济学和统计学之间有许多重叠的领域，例如线性模型、假设检验、用于因果或非因果推理的图形模型、多重检验、重复采样，以及时间序列分析等。尽管如此,从社会科学观点来看,计量经济学和统计学之间仍然存在一些差异。例如,计量经济学非常注重发现基于经济理论的因果关系,然而,统计学家可能只专注于统计模型中存在的独特的统计问题。统计学家可能没有意识到在特定应用中出现的一些经济因果关系,或者可能对其不感兴趣。计量经济学家通常对从观测数据中捕获到的因果效应感兴趣,计量经济学分析经济问题的"两步估计量"(two-step estimators)就是其中一个例子。他们使用的模型通常需要由某些经济理论来证明,而不仅仅是凭借数据的拟合优度。

2.3　社会物理学

计量经济学的建立主要来自 19 世纪末至 20 世纪初一些经济学家的思考:是否有可能使用与自然科学相同的方法来研究社会科学,即在经济问题研究中是否可以应用和物理学相同的限制性和科学的数学方法。而创建计量经济学的最初想法产生于 19 世纪末至 20 世纪初对两种有关经济学研究的主要方法的讨论——"演绎法"和"归纳法"[④]。

2.3.1　演绎和归纳

简单地说,演绎法从经济理论出发,从一定的假设出发,演绎出一定的经济规律。作为主流经济学观点,演绎法是那个时代的共识。一些领先的经济学家,例如李嘉图(Ricardo)、西尼尔(Senior)、托伦斯(Torrens),和凯恩斯(Keynes)等,都主张将推论或演绎方法作为经济学研究的主要方法。他们认为没有必要对前提的合理性和推论的适用性进行任何实证检验。这些经济学家经常被贴上"演绎主义者"的标签。

与演绎主义者不同,其他经济学家,如休谟(Hume)、斯密(Smith),以及麦卡洛克(McCulloch)等,不同意演绎方法。他们认为最初的理论假设和经济规律都应该从可观察的世界中通过经验被推导出来。他们通常被称为"归纳主义者"。[⑤]

到 19 世纪,虽然演绎法在经济学中被认为是一种主流经济理论,[⑥]其他一些经济学家,如杰文斯(Jevons)、门格尔(Menger)、埃奇沃斯(Edge-worth)、瓦尔拉斯(Walras)和帕累托(Pareto)仍在寻求为经济学提供实证基础的方法。[⑦]

在演绎主义者和归纳主义者之间,穆勒(Mill,1874,1884)认为,最初的假设应该是归纳建立的,但经济规律可以是演绎推导的。穆勒的方法论强烈地影响了后来的马歇尔(Marshall,1890)和凯恩斯(1891)。他们都采用了最初假设的经验基础,并强调了由演绎得出经济规律的重要性,因为经济规律只建立趋势。马歇尔认为,经济学不像天文学那样是一门精确的科学,而更像是一门不精确的科学。[⑧]凯恩斯强调经济学是实证科学,而不是规范艺术。[⑨]

与这些主流理论不同的是,亨利·摩尔(Henry Moore)于1908年提出,当经济学的演绎成分能被辅以基于统计的适当归纳方法时,经济学将成为一门实证科学。只有当经济学的演绎科学能被统计学的纯经验科学验证和证明时,它才是有用的。[⑩]

2.3.2 统计归纳

19世纪末,几种重要的统计方法有所发展,包括:(1)周期图分析;(2)相关性分析;(3)多元相关和回归分析;以及(4)误差定律。概率误差和相关性在当时的统计文献中大量出现,尽管直到20世纪20年代,概率理论与统计推断才被适当地结合起来。

20世纪统计学最重要的发展是费希尔(Fisher,1922)。在费希尔之前,统计学的作用主要局限于对数据的描述,即统计用于描述汇总数据。费希尔没有从这样的数据描述模型开始,而是将数据解释为来自由预先假设指定的无限总体的代表性样本。建模过程从预先指定的参数统计模型开始,再选择假设无限总体的预期形式,因此观察到的数据 X_i 可以被视为来自该总体的随机样本,即样本 X 的真正典型实现。这一过程将统计归纳重铸为现代形式的统计推断。[⑪]然而,统计归纳法依赖于:(1)样本代表性的固有假设;以及(2)总体均匀性的结果。实证结果的稳定性取决于一致性和代表性的假设,上述两个在统计归纳中提到的假设都需要验证。

费希尔的关键贡献是"内置演绎分量"(the built-in deductive compo-nent),或称为"抽样理论",其形式是推导几个估计量(estimators)和测试统计的有限抽样分布,根据基于"可确定的误差概率"的可靠程序重新塑造统计归纳。费希尔从数学上推导了学生 t 统计量的抽样分布[12],并从数学上推导出了 F 统计量的抽样分布、相关系数和多重相关系数,以及与一般线性模型相关的抽样分布。费希尔从二元正态分布推导出相关系数的抽样分布是现代精确抽样分布理论的起点。另一个有用且重要的贡献是 $tanh^{-1}$ 转换。费希尔发现,相关系数使其抽样分布接近正态分布,因此可以使用标准正态分布表来检验相关系数的显著性。费希尔另一个最重要的贡献是他通过概率将操作误差设计成统计模型的一般方法,即在统计模型的上下文中定义频繁的误差概率。这些误差概率是:(1)从统计模型中演绎得出的;(2)推理过程的测量,即数据生成机制(DGM)。

费希尔推理方法中的一个关键概念是他于 1921 年提出的似然函数: $L(\theta;x)=\ell[x\cdot f(x;\theta)],\theta\in\Theta,\ell(x)$ 被定义为比例常数,即样本的分布。 $\{f(x,\theta,x\in R^n\}$ 将信息封装在统计模型中,虽然他没有称其为"极大似然"。尽管他的一些极大似然估计(maximum likelyhood estimation, MLE)可能是错误的,且后来这也被巴哈杜尔(Bahadur)、巴苏(Basu)和萨维奇(Savage)所证明,但由于当时没有满意的矩估计和最小二乘估计方法,所以从那时起,MLE 作为标准程序已成为最重要的估计方法,并已被开发和应用于无数问题。它在统计理论、方法和应用中起着核心作用。[13]

费希尔的另一个贡献是,他在 1919 年加入洛桑斯特德研究所从事数据分析工作时,制定和发展了方差分析技术。方差分析是在某些情况下计算和分析数据的便捷方法。方差分析技术发展迅速,并已应用于线性模型中提出的各种问题。虽然它最初是作为检验假设的一种方便手段而被开发的,但也揭示了实验误差的来源,并有助于为均值、协方差等设置置信区间。

费希尔通常被认为是"统计学之父",是最早将统计学作为一门科学基础的奠基人。他为数据分析提供了统一的一般理论,并为归纳推理奠定了逻辑基础。随后他又在数据收集、统计、指数等方面取得了实质性进展。同时,新古典经济学在运用数学方面有所发展,力图为分析经济问题提供实证基础,并为其提供数理经济模型。

2.3.3　社会物理学产生的动因

尽管在 19 世纪末至 20 世纪初,统计学的应用为经济学提供了实证基础,但 20 世纪 20 年代的主流观点认为,在经济学中应用统计推断工具是有问题的。这是因为:(1)无法将实验方法应用于经济现象的研究;(2)总是存在多个影响经济现象的潜在因素;(3)经济现象具有内在的异质性(空间和时间变异性),以及(4)经济数据因计量误差而受到损害;(5)由多种经济因素导致的经济产出的不确定性。

用与物理学同样严密的数学方法来解决经济问题的思想,对当时的计量经济学家提出了挑战。两位计量经济学杰出的先驱者——拉格纳·弗里希和简·丁伯根(Jan Tinbergen),在 1930 年至 1942 年间为此付出了巨大的努力。

弗里希是 20 世纪 30 年代计量经济学学科的创始人之一,与丁伯根于 1969 年[14] 共同获得首次设立的诺贝尔经济学奖。弗里希对统计学和计量经济学的主要贡献首先是时间序列分析,更重要的是他开发了确定随机变量之间相互关系的工具。为了估计需求和供给函数,弗里希于 1934 年将所有可观测的随机变量,包括价格和数量(X_{kt}, $k=1, 2, \cdots, m$)视为先验对称的,并考虑了两个正交分量:系统(非随机)可观测变量(μ_{kt})和不稳定(随机)不可观测变量(ε_{kt}),即 $X_{kt}=\mu_{kt}+\varepsilon_{kt}$, $k=1, 2, \cdots, m$。然后,他将曲线拟合并称为"汇流分析"(confluence analysis),这被视为向量空间几何中的一个问题,表示系统分量之间的独立线性关系的数量:$\alpha_{0j}\mu_{0t}+\alpha_{1j}\mu_{1t}+\cdots+\alpha_{mj}\mu_{mt}=0$, $j=1, 2, \cdots, r$; $t=1, 2, \cdots, T$,由矩阵$[\mu_{kt}]$, $k=1, \cdots, m$ 的奇异性(singulanty)决定。由于矩阵$[\varepsilon_{kt}]$, $k=1, \cdots, m$ 是不可观测的,因此该线性关系只能用包括误差的数据矩阵$[x_{kt}]_{k=1,\cdots,m}^{t=1,\cdots,T}$,来确定。[15] 与费希尔使用的概率方法不同,弗里希不同意费希尔的方法,并认为概率方法不适用于非实验(经济)数据,概率观点仅适用于可能的实验控制情况。

20 世纪 30 年代计量经济学的另一位创始人是丁伯根,他在 1969 年与弗里希分享了第一个诺贝尔经济学奖。丁伯根毕业于莱顿大学物理系,由于政治原因,他成为一名经济学家。[16] 不同于已经成功的新古典主义革命,因为受益于自己在物理学和数学专业方面的知识,丁伯根没有使用甚至没有考虑用物理学来类比描述社会现象,但他确实将数学方法和统计程序作为社会过程的对应物。[17]

丁伯根最具影响力的贡献是他关于商业周期理论的统计检验(Statistical testing of business cycle theories)的计量经济模型,这是第一个以动态系统方程组形式表示的美国宏观计量经济模型。事实上,这个模型很少对回归系数的显著性进行统计检验,且几乎完全依赖于估计。同步估计模型基于22个方程和31个变量,使用的是1923年至1935年的美国宏观经济数据。利用多元回归方法,他试图找出一个系统中的变量对整体和对整体多重相关性的影响。在完成估计之后,他测试了每个方程在不同时期的稳定性。这是第一个在方法论框架下的计量经济模型,该框架在20世纪余下的时间里主导了计量经济学的实证建模。丁伯根扩展了摩尔的统计拟合优度标准和经济有效性的组合。作为经验可靠性的基础,该组合通过使用更现代的统计技术,在确定滞后和趋势时留下了一定的经验余地。[18] 丁伯根在1939年提出了用"静态"理论对比"动态"时间序列数据,并主张在开发理论模型时使用序列分析而不是长期均衡。

2.3.4 "数学游戏"与科学计量经济学

丁伯根的模型在当时受到了凯恩斯的批评。凯恩斯怀疑这些早期计量经济模型的方法,因为这些方法使用了非实验数据。凯恩斯1939年的批评主要集中在:(1)多重相关分析只是一种测量方法,但没有在发现或检验方面作出任何贡献;(2)如果经济理论不能为建模者提供一套完整的因果因素,那么它对其他因果因素的测量就会有偏差;(3)经济中的一些重要因素由于相互依赖而无法计量;(4)凯恩斯列出了一系列他所关注的线性回归模型的问题清单;以及(5)时滞和趋势的确定往往基于反复试验,而很少基于理论。凯恩斯得出的结论是,计量经济学还不是一种科学的方法。[19]

我们可以看到,丁伯根起初确实没有认识到当时估计这种联立方程的统计问题。1943年后,他意识到自己对方程的说明有些武断,因为方程不可能囊括所有可能的因果关系,从而他承认没有为理论提供一个统计证明。但他仍然坚持认为,经验数据可以推翻一个理论,并坚持认为,新方法可以为政策选择提供关键的统计证据和必要的信息。正如弗里希后来指出的那样,丁伯根根据结构形式对参数所作的估计忽略了模型识别和多重共线性问题,无法证明真正的因果关系。

亨德利(Hendry)在1980年指出,人们很难在近40年前为凯恩斯的指控提供令人信服的辩护理由,因为后者的许多批评在当时确实是恰当的。[20]然而,这一争论引发了关于计量经济学是科学还是"伪科学"的讨论。[21]

当时讨论的一个重要共识是:经济学在一些重要方面不同于物理学。

自然科学如物理学有以下特征：(1)是实验科学,因此,随机实证研究是可控制的和可实验的;(2)科学推理是客观的,不受个人偏见的影响;以及(3)自然科学中的不确定误差可以很小,甚至近似为零。然而,社会科学如经济学与自然科学有以下不同:(1)实验方法的不可接近性;(2)影响经济现象的无数因素;以及(3)非实验环境中的不确定性和误差设定可能非常大。

2.4　科学计量经济学的核心思想

考虑到前文提到的这些根本差异,将严格的数学方法应用于像经济学这样的社会科学,对当时的计量经济学家来说是一个挑战。此外,当时的计量经济学家似乎不承认实验误差。如果承认,他们该如何估计这种误差?因此,在社会科学领域的计量经济学家能否像在现代自然科学领域一样实现确定性分析? 他们使用计量经济模型估计得出的结果能否在许多情况下进行经验检验,并允许用于参数估计和经济预测? 这些过程该如何进行?这些问题对当时年轻一代的计量经济学家提出严峻挑战。在这一领域作出最突出重要贡献的是库普曼斯和哈尔维莫。

2.4.1　误差评估和概率应用

概率应用与计量经济模型中的误差项有关。经济理论以及模型和方程中的误差评估与随机过程的讨论密切相关,这是计量经济学的一个重要出发点。在这一过程中,概率论在计量经济理论、方法和应用中起到了核心作用。

2.4.2　随机性和确定性

随机(stochastic)一词源于希腊语,意为随机的或偶然的,其反义词是肯定的、确定(性)的。随机性和确定性之间的区别在于:确定性模型从一组给定的环境中预测单一结果,而随机性模型则预测一组可能的结果,或者按可能性或概率加权预测结果。随机过程是量化随机时间序列的动态关系的方法。在自然科学和工程科学等许多领域，随机模型在阐明某些重要性质方面起着至关重要的作用。它们可以用于分析生物和医学过程中固有的可变性，处理影响管理决策的不确定性以及心理和社会互动的复杂性，并提供新的视角、方法、模型和直觉，以帮助其他数学和统计研究。

2.4.3 现代统计学中的回归分析和误差概念

早在 19 世纪初，勒让德(Legendre)和高斯(Gauss)发表了关于 LS 的论文，该方法实现了现在被称为"线性回归"的最早形式。该方法首先成功地应用于天文学问题，而线性回归用于预测定量值，例如个人的工资。

高斯于 1809 年[22] 提出了测量误差分布的理论，在第二年，拉普拉斯(Laplace)又首次提出了中心极限定理(the central limit theorem)。[23] 几乎同时，误差的概念开始独立地被引入实际的统计方法。1805 年，勒让德建立了最近似于普通最小二乘(OLS)方法(the first approximation to the OLS method)，[24] 并给出以下公式

$$a_i = -b_i X - c_i y - f_i z - \cdots + E_i$$

其中 E_i 是误差。这个公式被认为最接近真实情况，因为勒让德已经认识到了方程中误差分布的任意性。[25]

勒让德的 OLS 方法在随后的十年中被立即采用，并成为标准方法。但 OLS 方法并不意味着对概率的正式处理，[26] 而是意味着对特定科学领域的精确定义。事实上，它依赖于牛顿定律的验证，并被认为是广义的拉普拉斯"决定论"版本的一部分。

在天文学和物理学中，在估计的方程中加入一个误差，但这个误差是对正确轨道偏差的精确测量，这在牛顿定律中是被接受的。因此，误差的概念被精确地定义为没有混合的原因、没有新的变量、没有外在的影响、没有不确定的因素，且不是由奇怪和令人惊讶的行为而产生的误差。

然而，将这些概念应用于像经济学这样的社会科学可能是困难的。在社会科学中，没有与牛顿定律等价的规则、没有单一的因果关系、没有代表系统轨迹的一般权威方程，甚至没有单一的权威理论来区分变量及其函数形式。因此，误差变成了残差，即，它被接受，且成为依赖于理论的、由其估计模型所做的测量。在社会科学，特别是经济学中，现代统计学中测量误差

的分布不再是确定性的。在这种情况下，概率论可能更能准确地捕捉现实。

2.5 计量经济方法中的概率革命

比利时天文学家、数学家和统计学家凯特莱（Quételet）[27] 对概率微积分有浓厚的兴趣，并将其应用于研究人类的身体特征和社会能力。他认为，个人的行为从根本上来说是不可预测的，但根据总量产生的衡量标准的集合却是可预测的。记录一大群人的行为必然会揭示出一条行为规律。这等于是产生了社会科学中最早的确定性等价定律，就像自然科学中的牛顿定律一样，这无疑是现代社会科学中最重要的发现之一。这种等价就是偏离平均值的误差分布规律。这个强大的结果可以在几个实例中进行经验检验和结果测试，并允许用于估计和预测。卡尔·皮尔逊（Karl Pearson）[28] 假定误差定律是正态分布，这种主张的结果肯定了顺序优先于机会：随机变化被认为是存在的，但被驯化了。因此，变异不再能挑战科学揭示因果关系的能力。

2.5.1 库普曼斯和哈尔维莫的重要贡献

弗里希引入了误差项，并将其作为实验室测试的代表，这意味着确定性系统趋向于平衡。弗里希赞成这样一种观点，即确定性系统是描述经济功能的最佳方式，但他无法从理论上证明误差项的合理性，也无法证明在确定性系统中使用误差项更符合现实。丁伯根模型中的内生变量能够模拟出周期的真实图像，但这是一个完全确定的系统。其他经济学家如帕累托、米切尔（Mitchell）和其他许多参与商业周期研究的经济学家发现了统计数据偏离正态的情况。帕森斯（Parsons）和罗宾斯（Robbins）以数据在时间上缺乏同质性为论据对概率方法提出了质疑，并支持凯恩斯对丁伯根的批评。[29]

与弗里希相反，库普曼斯[30] 于 1937 年和哈尔维莫于 1944 年建议使用概率方法，并假设：存在一个假设的无限总体，而实际数据被视为其中的随机样本。到 20 世纪 40 年代末，该假设在很大程度上被广泛接受，并被标记为计量经济学第二阶段的标志年代，也就是计量经济学的成熟时期。

库普曼斯是学习物理和数学的，1934 年后，他跟随物理学家出身的经济学家丁伯根学习统计学。他的论文是第一篇明确采用概率方法的计量经济学论文，阐明了描述性的曲线拟合（如弗里希所扩展的）和概率视角。库普曼斯于 1937 年首先对此进行了最好的证明。

哈尔维莫[31]对计量经济学的主要贡献包括：（1）将概率基础和现代统计推断方法——极大似然和奈曼·皮尔逊（Neyman-Pearson）检验引入计量经济学；（2）使经济现象中相互依存（同时性）的概念正式化；（3）强调自主（结构）关系在经验建模中的重要性；[32] 以及（4）引入不同类型的模型，并将其作为实证研究的主要工具。

哈尔维莫于 1944 年发表的观点令人信服，他指出，随机过程的概率为表现出相关性和异质性的时间序列数据建模提供了适当的框架，且将理论模型嵌入统计（概率）模型中，并用于推断。他强调了观测数据的联合分布不仅可以用于推断，还可以作为统计模型规范的基础。[33] 哈尔维莫的概率方法很快被经济学界所接受。如今，经济学中的任何定量工作都不会回避其基本原理。虽然概率方法在以后的实施过程中也发生一些演变，但所有的经济学家都接受概率方法。

哈尔维莫的概率方法是现代计量经济学的统一方法。他认为，计量经济模型必须是概率模型，即表示一个随机过程。确定性模型与观察到的经济数量是不一致的，所以对非确定性数据使用确定性模型是不恰当的。经济模型的设计应明确考虑随机性，但随机误差也不应简单地将其添加到确定性模型中，使模型成为随机。定量经济分析的正确方法来自对计量经济模型的概率构建，也就是通过计量经济模型的数理统计概率理论，对经济数据进行量化和估计，并进行有关经济的推论。

2.5.2 作为近似值的各种估算方法

在 20 世纪中期，各种作为近似估计的方法得以发展。这些方法包括结构法（the structural method）、准结构法（the quasi-structural method）、校准法（the calibration method）、LS 法和广义矩量法（the generalised method of moments）等。

● 结构方法：结构方法最接近哈尔维莫的原始想法，即指定概率经济模型，并且在正确指定经济模型的假设下执行定量分析。结构方法通常引入基于似然的分析,包括 MLE 和贝叶斯估计。

● 准结构方法:对结构方法的一种批评是按照指定的方式对待经济模型是一种误导,将模型视为抽象或近似更为准确。在这种情况下,我们应该如何解读结构计量分析? 推理的准结构方法将结构经济模型视为近似值,而不是真值。这一理论引入了伪真值(the pseudo-true value)、拟似然函数(the quasi-likelihood function)、拟极大似然估计(quasi-MLE)和拟似然推断(quasi-likelihood inference)的概念。

● 校准方法:校准方法类似于准结构方法。校准方法将结构模型解释为近似值,因此本质上是错误的。两者的不同之处在于前者认为经典理论不适合近似模型,因此拒绝数理统计,于是通过使用非统计的临时(ad hoc)方法匹配模型和数据矩量来选择参数。

● LS 法和广义矩量法:与这两者密切相关的是半参数方法。概率经济模型是部分指定的,但有些特征是未指定的。这种方法通常引入诸如 LS 法和广义矩量方法的估计方法。半参数方法在当代计量经济学中占主导地位。

2.5.3　理论假设检验

计量经济学家对估计未知参数的值很感兴趣。计量经济学家能否成功对参数进行估计在很大程度上取决于扰动项的性质以及检验这些假设的方法,因此它们在计量经济建模中起着重要作用。

G-M 模型或 CLR 模型可以在数学上表示为 $y_i = X_i\beta_i + \varepsilon_i$,其中 $i = 1$,$2, \cdots, n$,ε 就是扰动向量,即随机向量 y_i 与其期望值的偏差 $E(y_i) = \mu$,$\mu = X_i\beta_i$。对于标量随机向量 y_i,$E(y_i) = \mu$,$\mathrm{var}(y_i) = \sigma_{y_i}^2$,这可以写成 $y_t = \mu + \varepsilon_t$,$E(\varepsilon_t) = 0$ 和 $E(\varepsilon_i^2) = \sigma_\varepsilon^2$。其中 μ 是 y_i 的真实的值,ε 是 y_i 的误差项。[34] 如果所有重要的解释变量都包含在了 X 中,则我们可以合理地假设,期望值的正偏差和负偏差都会发生,并且平衡时,它们将平均为零,即向量 $\varepsilon = y - \mu$,这是不可观察到的项;而残值向量 $e = y - \bar{y}$ 则是可观察到的项。[35]

扰动项是表示与实验结果相关联的不可预测的或不可控制的误差的随机向量。真实值是预期的 Y,即 $E(Y)$,而不是实际的 Y,这表明实际误差被允许归因于误差(ε)。事实上,这些解释深深植根于计量经济学,以及相对应的、不同的,或是可替代的统计观点。

2.5.4　时间序列分析中的概率方法

在数学上,随机过程可以被定义为随机变量的集合,这些随机变量在时间上是有序的,并且被定义在一组连续的或离散的时间点上。如果时间是连续的(通常 $\infty < t < \infty$),我们用 $X(t)$ 表示时间 t 的随机变量;如果时间是离散的(通常 $t=0, +1, +2, \cdots$),我们用 X_t 表示时间 t 的随机变量。

大多数统计问题都是从样本中估计总体的性质。在时间序列分析中,有一种情况截然不同,即我们尽管可以改变所观察的时间序列(样本)的长度,但通常不可能在任何给定时间进行一次以上的观察。在时间 t,我们只有该过程对应的一个结果和对随机变量的一个观察。因此,我们可以把观察到的时间序列仅仅看作可能观察到的时间序列(总体)的无限集合的一个例子。这组无限的时间序列有时被称为"系综"(ensemble),系综的每个成员都是可能实现的某个随机过程。观察到的时间序列可以被认为是一种特殊的实现,如果观察是连续的,则用 $X(t)$ 表示($0 \leqslant t \leqslant T$),如果观测值是离散的,则用 X_t 表示($t=1, \cdots, N$)。[36]

由于只有一个概念上的总体,时间序列分析本质上涉及对产生观察到的时间序列的概率模型的性质进行评估。描述随机过程的一种方法是,对于任何一组时间,$t_1, \cdots, t_n$ 的联合概率分布 $X(t_1), \cdots, X(t_n)$,和对于任何一组时间 $t_1, \cdots, t_n$,以及 n 处的任何值的概率分布进行描述。但这相当复杂,我们通常不会在实践中进行这样的尝试。描述随机过程的更简单、更有用的方法是给出过程的"矩"(the moment of the process),特别是一阶和二阶矩(the first and second moments),它们被称为均值、方差(common vanance)和自协方差函数。均值函数 $\mu(t)$ 的定义为:$\mu(t)=E[X(t)]$;差异的定义为 $\sigma^2(t)=\mathrm{var}[X(t)]$;自协方差函数的定义为 $\gamma(t_1, t_2)=E\{[X(t_1)-\mu(t_1)][X(t_2)-\mu(t_2)]\}$。注意,单独的方差函数不足以指定随机变量序列的二阶矩,所以我们需要使用自协方差。

2.6　从数据中发现

有以下两种建立经济估计模型的方法:(1)计量经济模型方法:计量模

型将按照传统的经济理论的联系建立；(2)博克斯—詹金斯的 ARIMA 方法：计量模型将直接基于数据建立。

2.6.1　计量经济模型方法

计量经济学家更专注于发现因果关系，所以通常对通过分析观察到的数据来捕捉因果效应很感兴趣。因果关系分析是计量经济学的核心。计量经济模型主要用于未知参数估计和未来预测。估计是一个因果关系识别过程，就是识别正确的解释变量（自变量），以找出哪些经济因素使经济行为（被解释变量或因变量）发生，并进一步找出这些因素如何产生，以及这些变量如何使经济行为发生变化。这些模型通常被称为因果计量经济模型（causal econometric models）。传统的经济计量模型主要集中在这类模型上。

计量经济模型在很大程度上依赖于标准统计假设下的统计理论和方法。计量经济学家使用统计技术来满足这些理论假设，并通过检验模型的假设来证明估计结果的有效性。然而，由于经济数据的性质和在现实中的差异，很少有假设能被满足。对于计量经济学家来说，最困难的工作是如何使用统计技术来克服因违反标准统计假设而造成的问题，以及如何修补统计方法来处理在计量经济建模工作中经常遇到的情况。

计量经济学家和统计学家在分析方法上有很大的不同。当计量经济学家全神贯注于由经济理论建模产生的，且因违反标准统计假设而导致的问题时，统计学家转向一种新的更直接但更复杂的方法——从数据中发现。

2.6.2　博克斯—詹金斯的 ARIMA 方法

20 世纪 70 年代，博克斯—詹金斯开发了一种复杂的外推方法——ARIMA 模型，这是时间序列分析中的一种，被称为博克斯—詹金斯的建模时间序列预测方法。该方法摒弃了基于经济理论所提出的解释变量来计量经济建模，并以此进行解释或预测的方法。相反，它选择只依赖于变量过去的行为（数据）。由尤尔（Yule，1927）[37]和斯拉茨基（Slutsky，1927）[38]提出的时间序列数据的第一个统计模型是自回归 AR(p)和移动平均 MA(q)公式的形式。然而，因为必要的概率观点尚未发展起来，这些模型被认为是拟合曲线的传统方法。柯尔莫哥洛夫（Kolmogorov，1933）[39]在 20 世纪 30 年代中期引入了平稳性和马尔科夫(Markov)相关性的概念。[40]利用这些新概念,沃尔德(Wold, 1938)提出了一种概率观点,将两种公式结合起来形成ARMA(p, q)模型。[41]博克斯—詹金斯的 ARIMA(p, d, q)模型是 AR 模型与 MA 模型的集成,

$$y_t^* = \alpha_0 + \sum_{k=1}^{p} \alpha_k y_{t-k}^* + \sum_{l=1}^{q} \beta_l \varepsilon_{t-l} + \varepsilon_t, \ \varepsilon_t \sim NIID(0, \sigma^2), \ t \in T$$

其中 $y_t^* := \Delta^d y_t$ 利用差分来解决经济时间序列数据的平稳问题,这与时间结构和异质性有关。

博克斯—詹金斯的方法提供了四个主要创新:

(1)预先指定的模型族:用在预先指定的 ARIMA 模型族中的时间序列数据建模被认为充分地捕获了它们的时间依赖性和异质性,包括季节性。

(2)创立了迭代过程的建模方法:经验建模不是一个单一阶段的活动,而是一个迭代过程,包括作出任何预测之前的几个阶段:识别、估计和模型的"诊断检查"(diagnostic checking)。

(3)通过诊断检查进行模型评估:诊断检查基于拟合模型的残差,提供了一种检测模型不足之处的方法,以期改进原始模型。

(4)有保证的探索性数据分析(warranted exploratory data analysis, WEDA):探索性数据分析可以合法地用于预先指定的模型族中,以选择(识别)模型。

博克斯—詹金斯的方法背离了传统计量经济学方法。以前的模型被假定为在单一步骤中设计并集中于系数估计,而博克斯—詹金斯模型则不同,它更多地通过迭代估计过程来处理统计检验,并通过 n 次迭代以识别和找到适当的模型。这在 20 世纪 70 年代早期是一个成功的预测,[42]并使计量经济学家相信,如果他们忽略时间序列数据的时间依赖性和异质性,就会损害其模型的预测能力。[43]

2.7　从静态到动态建模

ARIMA 模型有两个显著的特点:(1)它们在规定时间序列的动态结构方面非常灵活;以及(2)它们忽略了经济理论可能对估计参数施加的限制性

约束。

计量经济学家最初可能忽略了博克斯—詹金斯的方法,尽管在计量经济模型中将残差建模为 ARIMA 过程并不罕见。然而,在 20 世纪 70 年代早期,计量经济学家开始更多地关注这一方法,因为博克斯—詹金斯预测方法已经被证实比传统的计量经济预测模型更好。与此同时,博克斯—詹金斯的方法也得到进一步的发展,它开始不仅仅局限于使用一个变量,而是允许建立多变量模型。得到最广泛推广的是多变量博克斯—詹金斯模型,其中整个变量向量被建模为 ARIMA 过程。

计量经济学家开始认识并承认 ARIMA 模型对数据中的时间依赖性的处理是有效的,并且将 ARIMA 模型作为预测的基准是有用的。然而,计量经济学家并不满意博克斯—詹金斯模型,因为在 ARIMA 模型中排除解释变量将不能解释或帮助理解经济功能的机制。他们认为,现实的模型必须解释和显示为什么和如何这样做。因此计量经济学家开发了新的计量模型,即将传统计量方法和博克斯—詹金斯时间序列方法结合起来。[44]

2.7.1 结构计量经济时间序列方法(SETSA)

SETSA 基于传统结构模型的公式建立,可以视为对传统结构模型的补充,而不是替代。SETSA 是一种基于观测的动态结构方程的计量经济模型,可以看作是多变量时间序列(博克斯—詹金斯)过程的一种特殊情况,在这种情况下,经济理论对参数施加了先验限制。

此外,如果计量经济模型中的外生变量可以看作由 ARIMA 过程产生,那么计量经济模型中每个单独的内生变量可以表示为单变量模型(univariate models)。博克斯—詹金斯的 ARIMA 模型所做的比传统经济模型更好,这是因为计量经济方法对该模式施加了许多不适当的限制。相比之下,博克斯—詹金斯的 ARIMA 模型中的估计没有对模型施加任何限制,提高了预测的准确性。

在 SETSA 中,一个传统的计量经济结构模型被发展为包含了经济理论的输入,并推导了相应的 ARIMA 方程的隐含性质,然后使用时间序列方法来估计 ARIMA 方程,以检查它们与计量经济模型所隐含限制的一致性。若出现不一致之处,计量经济模型会被重新评估。因此,SETSA 是一种发现和修复传统计量经济模型缺陷的程序。

2.7.2　DLM

因果计量经济模型只以一种单向方式描述经济变量之间的关系,即因变量(被解释变量)由自变量(解释变量)决定。然而,经济现实可能并非如此,很多情况下,自变量和因变量是一种双向影响关系,即双向函数关系。例如,在需求与价格的关系中,虽然价格影响需求,但需求反过来又会影响价格。价格下降会增加需求,但如果增加的需求超过了供给,也会反过来推动价格上涨。传统的计量经济结构模型过于静态,不够灵活,无法及时捕捉这种结构变化,所以计量经济模型更需要能捕捉动态的变化。结构时间序列建模,有时也叫做 DLM,就是这一类动态模型。

ARMA 模型通常被认为是 DLM。但是在处理非平稳时间序列或对结构变化建模方面,DLM 比 ARMA 模型提供了更多的灵活性,并且通常更容易解释,因为更一般类别的 DLM 将分析扩展到非高斯和非线性动态系统。

卡尔曼[45]已经于 1960 年强调了 DLM 的一些基本概念,其中,DLM 已经从确定性系统转变为随机系统,即用概率描述由于变量缺失、测量误差等引起的不确定度。因此,模型在给定可用信息的情况下,通过计算感兴趣的量的条件分布来对感兴趣的量进行估计,特别是系统在时间 t 时的状态。

DLM 于 20 世纪 60 年代早期在工程中发展起来,用于监测和控制动态系统。在统计时间序列分析中使用 DLM,如 SSF,主要是在 20 世纪 70 年代至 80 年代发展起来的。在过去的几十年里,SSM 受到了巨大的推动,其应用领域广泛,包括生物学、经济学、地球物理学等。

SSM 是 DLM 的一般形式,并且基于将动态系统(如时间序列)的输出描述为受随机误差影响的、具有简单马尔科夫动态的不可观测状态过程的函数的思想。该模型通过对潜在变量进行调节和递归计算,在数据中对时间依赖性进行建模。当新数据按时间序列产生并被添加到原数据时,可以更新条件分布,并且可以实现新的统计推断。SSM 是当今计量经济学的研究热点,这种令人印象深刻的兴趣增长很大程度上是由于在贝叶斯框架中使用现代蒙特卡罗(Monte Carlo)方法解决计算困难的可能性。

2.7.3 贝叶斯和非贝叶斯方法

统计方法中存在两种截然不同的方法，二者的不同之处集中于它们所应用的截然不同的概率概念：（1）经典的（高斯）频率主义方法或非贝叶斯方法，以及（2）贝叶斯方法。

大多数经济（统计）问题都可以通过高斯频率方法或贝叶斯方法来解决，但高斯频率方法更受欢迎，应用也更广泛。频率主义方法，也叫做古典方法，是最常用的统计方法，在经济计量应用中占主导地位。频率论者和贝叶斯论者之间的显著差异源于定义概率概念的不同方式。频率主义者认为，概率只是可重复的随机事件，如抛硬币的结果所具有的概率，这些概率等于事件发生的长期频率。频率学家仅使用当前实验的数据对实验的基本事实进行预测。相反，贝叶斯方法将概率定义为更一般的概念，它用概率来表示任何事件或假设中的不确定性。贝叶斯统计采用一种更加自下而上的方法来进行数据分析，即，将过去类似实验的知识编码成一种被称为"先验"的统计工具，并将这种先验与当前实验数据相结合，以得出手头测试的结论。

另一个显著差异是关于随机的理解。在频率主义方法中，总体参数是固定但未知的，观测数据是随机的，其抽样分布给出了基于某些总体参数的值，以观测各种结果的概率。但在贝叶斯理论中，观测数据是固定但却是已知的；群体参数是随机的，并且具有基于观察结果的、与它们相关联的概率分布函数。因此，贝叶斯方法中的估计参数被视为随机变量，并且概率被分配给假设；而在不给出概率的情况下，对频率主义方法中的假设进行测试。

频率主义统计学只对随机事件进行概率处理，而不对固定但未知的不确定性（如参数真值的不确定性）进行量化。它们严格根据所掌握的数据得出结论。不同的是，贝叶斯统计先定义了先验概率分布参数的可能值，它从一些先验概率（预先存在的信念）开始，根据最新实验的真实情况更新先验概率。这些修正后的概率可能成为下一次实验分析中的先验概率。

由于非贝叶斯方法和贝叶斯方法之间有着显著差异，一个世纪以来，关于这两种方法的争议一直存在。自 1763 年托马斯·贝叶斯完成《关于解决机会学说中的一个问题的论文》（*An Essay Toward Solving a Problem in the Doctrine of Chances*)以来,这个学术争论一直存在。目前几乎所有的计量经济学教科书都不涉及这一部分,甚至从来没有提到过。争论主要集中在:(1)结果的有效性取决于先验分布的有效性,这种有效性带有很强的主观性质;(2)无法对结果进行统计评估;(3)实际应用中计算的困难程度。然而,随着统计和计算技术的发展,以及足够强大的计算机和足够复杂的软件的出现,学者们可以在贝叶斯框架内利用它们处理现实世界的问题,贝叶斯方法受到了学术界越来越多的关注和工商业界的研究。

2.8　关于 21 世纪统计方法的争论

自费希尔于 1925 年发展了现代统计推断并引入了零假设统计检验(the null hypothesis statistical testing,NHST),从而可以客观地从白噪声中分离出主要关注的"信号"以来,NHST 已成为大多数科学学科中最广为使用,以进行数据分析的方法。[46] 在一个给定的实验假设中,比如,H_0 假设 A 对 B 没有影响,H_1 假设 A 对 B 有影响,p 值被用来衡量或检验这个假设结果,如 H_0 为真或 H_0 为假。p 值高于或低于区分统计显著性的任意阈值(例如 $p < 0.05$)决定了接受 H_0 假设还是接受 H_1 假设。

由于 p 值将信号(估计的信号差)和白噪声(估计信号的随机变化)与将试验数据作为提供的证据强度的单一度量相结合,因此被广泛用于计量经济模型的 NHST 测试,并被认为是最具影响力和变革性的现代计量经济模型中的统计概念。在过去的几十年里,没有人找到比 p 值和显著性检验(the significance test)更重要的和更有效的替代指标。

2.8.1　关于 p 值的争论

尽管此后 p 值作为一种具有统计意义的工具被广泛使用,但 p 值的使用也受到了一些统计学家的质疑。早在 1885 年,埃奇沃斯发表了《统计学方法》(*Methods of Statistics*)一书,阐述了均值比较的显著性检验的应用和解释。[47] 然而,这可能并不为所有统计学家所接受。鲍宁(Boring)在 1919 年就提出,统计的显著性从来就不意味着科学的重要性,p 值检验在被广泛使用后不久,就混淆了两者从而遭受谴责。[48]此外,区分统计显著性的初衷仅仅是将 p 值作为一种工具来指示结果何时需要进一步审查,但由于 p 值被广泛误用,一些统计学家已经不可挽回地丢失了有关 p 值的原始想法。克莱因(Kline)在 2004 年总结了 NHST 方法的历史,概述了它的缺陷,并提供了详细的论述和计算频率置信区间的参考。[49]

关于心理学中显著性检验的局限性的争论和讨论可以追溯到 20 世纪 80 年代末至 90 年代初,[50]争论点主要集中在医学和临床试验领域出现的关于使用统计推断和 p 值是否科学。这是由于许多类型的研究经常不能重复基于已发表的研究结果,虽然这些已发表的研究结果具有 p 值的统计显著性的结果。这是一个严重的问题,因为它限制了临床研究向临床实践转化。这在美国统计协会(American Statistical Association, ASA)中引起了越来越多的关于 p 值使用的争论和深入的讨论。2016 年,ASA 发布了一份关于统计显著性和 p 值的声明,并声称停止使用 p 值从未打算取代科学推理。

更多的变化发生在最近几年。2017 年 10 月,ASA 举办了为期两天的统计推断研讨会,为《美国统计学家》特刊奠定了基调。其中,40 多篇研究论文针对对这些主题感兴趣的各种读者,尽管这期特刊的 43 篇论文中有一些不同的声音,但有一个共同的声音,即 21 世纪是一个学习超越 $p < 0.05$ 的世纪。[51]基于对这期特刊中的文章和更广泛文献的审查,ASA 发布了关于 p 值和统计显著性的声明,并建议停止使用统计显著性的术语和 $p < 0.05$ 的检验方法。

ASA 于 2019 年发表了一系列相关文章,其中三位统计学家在 2019 年呼吁科学家放弃使用统计显著性。两位作者并不呼吁抛弃将 p 值本身作为一种统计工具的方法;相反,他们希望停止将 p 值作为任意的重要性阈值。800 多名研究人员在上面签署了他们的名字以表赞同。[52]

2.8.2 停止使用 p 值的原因

呼吁停止使用 p 值的主要原因是:(1)研究者经常误用和曲解 p 值,或盲目地将其应用于假设检验。[53]格陵兰(Greenland)等人于 2016 年提供了一份解释清单,其中列出了 25 种对 p 值和置信区间的错误解释,他们认为这些解释是完全错误的,却在科学文献中占主导地位;[54](2)在许多情况下,效应为 0 的零假设不可能为真;(3)使用 p 值的结果从而得以发表的研究成果(主要是医学和临床试验领域)的比例相对较高,但无法被复制;(4)由于追求文章发表而使用具有统计学意义的(正偏差)结果的动机导致了出版偏倚现象,即在许多医学、生物学和心理学试验中,具有统计显著性结果的研究比没有统计显著性结果的研究更有可能被发表,而 p 值的误用经常是无法复制具有统计意义的科学发现的原因。[55] p 值的误用和为追求文章发表的可能性而使用 p 值的动机,影响了研究结果的可重复性使用,也导致科学研究不能被转化为科学实践的严重问题;以及(5)在医学、生物学和心理学试验中,$p < 0.05$ 的任意阈值设置是导致复制失败的主要原因。

为此,一些统计学家建议 21 世纪应该是超越 $p < 0.05$ 的世纪,进入 $p < 0.05$ 的后时代。[56]一些期刊,如《基础和应用心理学》《流行病学》和《政治分析》,已经开始禁止使用 p 值,以试图改善其发行文章中的统计推断。[57]

2.8.3 不同意见

并不是所有的学者都支持禁止使用 p 值。卢(Lu)和别利茨卡亚(Belitskaya)于 2015 年提出,禁止 p 值不能解决可重复研究方案。[58]尽管一些人同意不应该将 p 值阈值简单用于推断,但他们仍可能允许将 p 值用于工业质量控制等应用。这些应用需要高度自动化的决策规则,并且在指定阈值时可以仔细权衡错误决策的成本。其他作者认为,在模型拟合和变量选择策略中,这种对 p 值的二分使用是可以被接受的。同样作为自动化工具,这可以为大量潜在的模型或变量进行排序。尽管如此,有些人指出,在物理学、基因组学和成像等领域使用的阈值非常低的 p 值可以被作为大量测试的过滤器,这可以被描述为验证性设置,即在数据收集之前指定研究设计和统计分析。[59]

更多的统计学家追求 p 值的实际替代方案,他们支持的替代统计数据包括:

(1) 使用 S 值而不是 p 值,因为 p 值可以转换为 S 值,$S = -\log2(p)$。[60]这种测量的优点是,它可以确认其他论点,即反对 p 值中所包含的假设的证据并不像许多研究人员所认为的那样有力。规模的变化也使用户减少对 p 值的概率误解。

（2）使用第二代 p 值，即 $SGPV$，这可以提高 p 值，但要考虑实际意义。计算 $SGPV$ 的零假设是一种复合假设，表示一系列实际上或科学上不重要的差异，如在等效性检验中。[61]该范围由实验者预先确定。当 $SGPV=1$ 时，数据仅支持零假设；当 $SGPV=0$ 时，数据与任何零假设都不相容。在 0 和 1 之间的 $SGPV$ 在不同的水平上是不确定的（不确定在 $SGPV=0.5$ 或附近是否最大）。

（3）使用贝叶斯因子界（Bayes factor bound，BFB），在通常合理的假设下，BFB 的值是 $1/(-ep\ln p)$，它代表选择假设与原假设的基于数据的几率之比的上限。[62]BFB 应与连续 p 值一起报告。

（4）两阶段推断方法——一种两阶段的推理方法，在宣布结果是否显著之前，既需要低于预先指定水平的小 p 值，也需要预先指定的足够大的效应大小，以提高相对于单独使用二分法 p 值的性能。[63]

（5）开发一种结合频率主义方法和贝叶斯工具的测试程序，以提供作为样本大小的函数的显著性水平。[64]

尽管学术界对 NHST 进行了尖锐的批评，但不难看出，NFST 仍然是许多科学领域的主要推理方法。世界是否会走向放弃统计显著性的改革时代，可能取决于未来进一步的科学研究。也许目前这种变化还没有达到理想的水平，因为人们对 NHST 的认知不透明，其中：（1）反直觉的 p 值，因为当它很小的时候，它是好的；（2）神秘的零假设，因为人们希望它是错误的；以及（3）明显易混淆的第一类和第二类错误（type I and type II errors）。[65]关键问题也许不在于概率，而在于对假设问题的充分理解。我们将在下一章进一步讨论。

2.9　总结和结论

在本章中，我们综述了自 20 世纪 30 年代以来计量经济学的方法及其发展，综述的目的是加深对计量经济方法论的认识，特别是对现代统计方法的认识，如概率论和统计随机过程，及其以后在计量经济学理论、方法和应用中起的核心作用。我们还综述了 ARIMA 时间序列和 DLM(如 SSM)、贝叶斯方法以及最近关于统计显著性和 21 世纪 p 值使用的争论，并从方法论发展的角度来看待计量经济学的科学与艺术特征。

注释

① 参阅：Frisch，R.(1933)，"Editorial"，*Econometrica* 1(1)，pp.1—4.

② 参阅：Wikipedia，at *Econometrics*-Wikipedia，https：//en. wikipedia. org/wiki/Econometrics；Pesaran，M. H.(1987)，"Global and Partial Non-nested Hypotheses and Asymptotic Local Power"，*Econometric Theory*.

③ 参阅：Samuelson，P. A.，Koopmans，T. C.，Stone，J. R. N.(1954)，"Report of the Evaluative Committee for Econometrica"，*Econometrica*，Vol.22，No.2，April 1954，pp.141—146.

④ 参阅：Spanos，A.(2006). "Econometrics in Retrospect and Prospect"，in the book of *New Palgrave handbook of econometrics*，pp.3—58，Palgrave Macmillan UK.

⑤ 参阅：Spanos，A.(2006).

⑥ 参阅：Marshall，A.(1890)，Chapters 3—4.

⑦ 参阅：Moore，H. L.(1908)，pp.1—2.另参：Spanos，A.(2006).

⑧ 参阅：Marshall(1890)，pp.31—32.

⑨ 参阅：Keynes(1891).另参：Spanos，A.(2006).

⑩ 参阅：Moore，H. L.(1908)，p.12.另参：Spanos，A.(2006).

⑪ 参阅：Fisher，R. A.(1922)，"On the Mathematical Foundations of Theoretical Statistics"，*Philosophical Transactions of the Royal Society A*，222，pp.309—368；Fisher，R. A.(1925)，*Statistical Methods for Research Workers*，Oliver & Boyd，London.

⑫ 这里 student 用的是别名。

⑬ 参阅：Spanos，A.(2006).

⑭ 弗里希在奥斯陆大学学习经济学，1925 年成为一名助理教授。1927 年，他去了美国，结识了著名的数学经济学家，并为 1933 年创立宏观经济学和微观经济学奠定了计量经济学学科的基础。

⑮ 参阅：Frisch，R.(1934)，*Statistical Confluence Analysis by Means of Complete Regression System*，published No.5，University Institute of Economics，Oslo.

⑯ 丁伯根主要受到他的高中朋友的影响，他的妻子蒂内·德·威特(Tine de Wit)则影响了丁伯根向社会主义的转变，他于 1922 年，即他 19 岁时加入荷兰社会民主党，并研究了希法亭的著作和其他马克思主义作家[参阅：Jolink，A.(2003)，p.15，p.21，p.36]。他的政治态度不由自主地帮助他进入了经济学领域。他还受到他的导师埃伦费斯特的影响，埃伦费斯特是当代物理学革命的重要参与者之一，是爱因斯坦、玻尔、海森堡和泡利的朋友，更重要的是，他对社会科学感兴趣。

⑰ 参阅：Boumans，M.(1992)，*A Case of Limited Physics Transfer-Jan Tinbergen's Resources for Re-shaping Economics*，Thesis Publishers，Amsterdam.

⑱ 参阅：Boumans，M.(1992)，p.26.

⑲ 参阅：Morgan，M. S.(1990)；Epstein，R. J.(1987).另参：Spanosy，A.(2006).

⑳ 参阅：Hendry，D.(1980)，"Econometrics-Alchemy or Science"，*Economica*，47，pp.387—406.

㉑ 参阅：Hendry，D.(1980).

㉒ 参阅：Gauss，C. F.(1809)，"Theory of the Motion of Heavenly Bodies"，in the book of *Gauss's*

"*Theoria motus*" *with an Appendix*, published in 1857 under Authority of Navy Department by the Nautical Almanic Smithonia Institution, Little Brown Company, Boston.

㉓ 参阅：Laplace, M. de.(1812), *Théorie Analytique des Probabilités*, Paris：Gauthiers-Villiers, Oeuvres Completes，Vol. VII(1886 edn.).

㉔ 参阅：Legendre, A. (1805), *Nouvelles Méthodes pour la Détermination des Orbites des Comètes*, Paris：Courcier.另参：https：//encyclopediaofmath.org/wiki/Legendre_Adrien-Marie.

㉕ 参阅：Klein, L. R. and Goldberger, A. S. (1955), *An Econometric Model of the United States*, *1929—1952*, North-Holland, Amsterdam.

㉖ LS法本身似乎并不意味着对概率的正式处理，但LS法的应用总是与正态分布有关，正态分布是计量经济学中概率应用的渠道。

㉗ 参阅：Quetelet, Adolphe(1796—1874), Entry in *The Britannica Guide to Statistics and Probability*, edited by Erik Gregersen.另参：*Biographical Index of Former Fellows of the Royal Society of Edinburgh 1783—2002*(PDF), The Royal Society of Edinburgh, July 2006. ISBN 0-902-198-84-X. Archived from the original(PDF) on 4 March 2016, Retrieved 27 January 2018.

㉘ 卡尔·皮尔逊(Pearson, K., 1857—1936)是英国数学家和生物统计学家，他被认为创立了数理统计学科。参阅：Pearson, K.(1895), "Contributions to the Mathematical Theory of Evolution II. Skew Variation in Homogeneous Material", *Philosophical Transactions of the Royal Society of London*, Series A, 186, pp. 343—414. 参阅：Pearson, K. (1920), "The Fundamental Problem of Practical Statistics", *Biometrics*, XIII, pp. 1—16.参阅：Spanos, A. (2006).

㉙ 参阅：Spanos, A.(2006).

㉚ 参阅：Koopmans, T. C. (1910—1985). 另参：Wikipedia at https://en. wikipedia. org/wiki/ Tjalling_Koopmans.

㉛ 哈尔维莫(1911—1999)是奥斯陆弗里希的学生和助手，但在20世纪30年代末和40年代初在美国度过，在那里他与两位早期的统计学先驱奈曼和瓦尔德互动。参阅：Wikipedia at https://en. wikipedia. org/wiki/Trygve_Haavelmo.

㉜ 参阅：Christ, C. F.(1985); Epstein, R. J.(1987); Morgan, M. S.(1990).

㉝ 参阅：Haavelmo, T.(1944), "The Probability Approach in Econometrics", *Econometrica* 12, supplement, pp. 1—118.

㉞ 参阅：Johnston, J.(1987).他使用"扰动项"和"误差"的概念来描述模型的预期值(估计值)与观测值之间的差异。另参：Johnston(1987), pp. 14—15.

㉟ 参阅：Goldberger, A. (1991), *A Course in Econometrics*, Amsterdam：North-Holland, pp. 170—171.

㊱ 参阅：Chatfield. C.(1996), *Time Series Analysis*, Chapman and Hall, 2—6 Boundary Row, SE1 8HN, London.

㊲ 参阅：Yule, G. U.(1926), "Why Do We Sometimes Get Nonsense Correlations Between Time Series—A Study in Sampling and the Nature of Time Series", *Journal of the Royal Statistical Society*, 89, pp. 1—64; Yule, G. U.(1927), "On a Method of Investigating Periodicities in Disturbed Series, with Special Reference to Wolfer's Sunspot Numbers", *Philosophical Transactions of the Royal Society*, A, 226, pp. 267—298.

㊳ 参阅：Slutsky, E.(1927), *The Summation of Random Causes as the Source of Cyclic Processes* (in Russian), English translation in *Econometrica*, 5, 1937.

㊴ 参阅：Kolmogorov, A. N.(1933), *Foundations of the Theory of Probability*, 2nd English edition, Chelsea Publishing Co., New York.

㊵ 参阅:Kolmogorov, A. N.(1933).

㊶ 参阅:Wold, H. O.(1938), *A Study in the Analysis of Stationary Time Series*, Almquist and Wicksell, Uppsala.

㊷ 参阅: Cooper, R. L.(1972), "The Predictive Performance of Quarterly Econometric Models of the United States", in *Econometric Models of Cyclical Behavior*, ed. by Hickman, B. G., Columbia University Press, NY.

㊸ 参阅:Granger, C. W. J. and Newbold, P.(1986),*Forecasting Economic Time Series*, 2nd, ed., Academic Press, London.

㊹ 参阅:Kennedy, P.(1998), *Guide to Econometrics*, The MIT Press, Cambridge, Massachusetts.

㊺ 参阅:Kalman, R.(1960), *A New Approach to Linear Filtering and Prediction Problems*, Trans., AMSE-J Basic Eng(Series D), 82, pp.35—45.

㊻ 参阅:Goodman, S. N.(1990), "Toward Evidence-based Medical Statistics. 1: The P-Value Fallacy", *Ann Intern Med*, 130 (12), pp. 995—1004, DOI: 10. 7326/0003-4819-130-12-199906150-00008; Fisher, R. A.(1925), *Statistical Methods for Research Workers*, Oliver & Boyd, London.

㊼ 参阅:Edgeworth, F. Y.(1885), "Methods of Statistics", first published in 1885, *Journal of the Statistical Society of London*, https://DOI.org/10.1111/j.2397-2343.1885.tb02171.x.

㊽ 参阅:Boring, E. G.(1919). "Mathematical vs. Scientific Significance". *Psychological Bulletin*, 16(10, pp.335—338).

㊾ 参阅:Kline, R. B.(2004), *Beyond Significance Testing*, Washington, DC, American *Psychological Association*.

㊿ 参阅:Wilkinson, L.(1999), "Statistical Methods in Psychology Journals Guidelines and Explanations", *American Psychologist*(PDF, 1999).

(51) 参阅:Wasserstein, R. L., Schirm, A. L. and Lazar, N. A.(2019), "Moving to a World Beyond '$p<0.05$'", *The American Statistician*, ISSN: 0003-1305(Print) 1537-2731(Online) Journal homepage: https://www.tandfonline.com/loi/utas20.

(52) 同㊿。

(53) 参阅:Greenland, S., Senn, S. J., Kenneth J. Rothman, K. J., John B. Carlin, J. B., Poole, C., Goodman, S. N., Douglas G. Altman, D.G.(2016), "Statistical Tests, P-Values, Confidence Intervals, and Power: A Guide to Misinterpretations", *Eur J Epidemiol*(2016) 31, pp.337—350, DOI10.1007/s10654-016-0149-3,https://link.springer.com/content/pdf/10.1007/s10654-016-0149-3.pdf.

(54) 参阅:Greenland, S., Senn, S. J., Kenneth J. Rothman, K. J, John B. Carlin, J. B., Poole, C., Goodman, S. N., Douglas G. Altman, D. G.(2016), "Statistical Tests, P-Values, Confidence Intervals, and Power: A Guide to Misinterpretations", *Eur J Epidemiol*(2016) 31, pp.337— 350, DOI10. 1007/s10654-016-0149-3, https://link. springer. com/content/pdf/10. 1007/s10654-016-0149-3.pdf.

(55) 参阅: Halsey, L.G., Curran-Everett, D., Vowler, S.L., Drummond, G.B.(2015), "The Fickle P-Value Generates Irreproducible Results", *Nature Methods*, 12(3), pp.179—185, DOI:10.1038/nmeth.3288.

(56) 参阅:Wasserstein, R. L., Schirm, A. L. and Lazar, N. A.(2019), "Moving to a World Be-

yond '$p < 0.05$'", *The American Statistician*, ISSN: 0003-1305(Print) 1537-2731(Online) Journal homepage: https://www.tandfonline.com/loi/utas20; 另参: Ruberg, S., Harrell, F., Gamalo-Siebers, M., LaVange, L., Lee J., Price K., and Peck C.(2019), "Inference and Decision-Making for 21st Century Drug Development and Approval," *The American Statistician*, 73, p.10.

㊄ 参阅: Fidler, F., Thomason, N., Cumming, G., Finch, S., and Leeman, J.(2004), "Editors Can Lead Researchers to Confidence Intervals, But Can't Make Them Think: Statistical Reform Lessons 18 from Medicine", *Psychological Science*, 15(2), pp.119—126, https://DOI.org/10.1111/j.0963-7214.2004.01502008.x. 另参: Gill, J.(2018), "Comments from the New Editor", *Political Analysis*, 26(1), pp.1—2, https://DOI.org/10.1017/pan.2017.41. 另参: Trafimow, D., and Marks, M.(2015), Editorial, *Basic and Applied Social Psychology*, 37 (1), pp.1—2, https://DOI.org/10.1080/01973533.2015.1012991. 另参: Wasserstein, R. L., Schirm, A. L. and Lazar, N. A.(2019).

㊄ 参阅: Lu, Y and Belitskaya-Levy, I.(2015), "The Debates About *P*-values", *Shanghai Arch Psychiatry*, 27(6), pp.381—385, DOI: 10.11919/j.issn.1002-0829.216027.

㊄ 参阅: Tong, C.(2019), "Statistical Inference Enables Bad Science Statistical Thinking Enables Good Science", *Am Stat*, DOI10.1080/00031305.2018.1518264. 另参: Calin-Jageman, R. J., Cumming, G.(2019), "The New Statistics for Better Science: Ask How Much, How Uncertain, and What Else Is Known", *Am Stat*, 73(S1), pp.271—280, *Statistical Inference in the 21st Century*, https://DOI.org/10.1080/00031305.2018.1518266.

㊀ 参阅: Amrhein, V., Trafimow, D., and Greenland, S.(2019), "Inferential Statistics as Descriptive Statistics: There Is No Replication Crisis If We Don't Expect Replication", The *American Statistician*, 73.[2, 3, 4, 5, 6, 7, 8, 9].

㊀ 参阅: Blume, J., Greevy, R., Welty, V., Smith, J., and DuPont, W.(2019). "An Introduction to Second Generation *P*-Value", *The American Statistician*, 73.[4]. 另参: Wellek, S. (2017), "A Critical Evaluation of the Current *P*-Value Controversy"(with discussion), *Biometrical Journal*, 59, pp.854—900.[4, 9].

㊀ 参阅: Benjamin, D., and Berger, J.(2019), "Three Recommendations for Improving the Use of *P*-Values", *The American Statistician*, 73.[5, 7, 9].

㊀ 参阅: Goodman, W., Spruill, S., and Komaroff, E.,(2019), "A Proposed Hybrid Effect Size Plus *P*-Value Criterion: Empirical Evidence Supporting Its Use", *The American Statistician*, 73.[5].

㊀ 参阅: Gannon, M., Pereira, C., and Polpo, A.(2019), "Blending Bayesian and Classical Tools to Define Optimal Sample-Size-Dependent Significance Levels", *The American Statistician*, 73.[5].

㊀ 参阅: Calin-Jagemana, R. J. and Cummingb, G.(2019), "The New Statistics for Better Science: Ask How Much, How Uncertain, and What Else Is Known", *The American Statistician*, 2019, 73(S1), pp.271—280, Statistical *Inference in the 21st Century*. https://DOI.org/10.1080/00031305.2018.1518266.

3

简单回归分析方法

3.1 引言

计量经济学是一门有关定量分析的学科,即在给定数据下,应用各种定量分析技术来拟合模型。这些技巧,也许并不太难学。然而,理解这些统计方法却可能很难。在某种程度上,理解这些统计方法的特性比了解定量技术本身更重要。本章先从简单(单元)回归分析开始,下一章再进行多元回归分析。

本章的结构安排如下:3.2 节将对简单(单元)回归分析进行解释和讨论;3.3 节主要讨论 SRF 和 PRF,并讨论用于估计 SRF 以获得 PRF 参数主要的 OLS;3.4 节讨论关于 PRF 估计的标准统计假设;3.5 节讨论最佳线性无偏估计量(best linear unbiased estimators, BLUE)的性质,包括一系列评估回归系数精度的标准;3.6 节解释和讨论对回归模型拟合优度的评估;3.7 节讨论统计推断和零假设统计检验,包括置信区间和显著性检验(p 值);3.8 节探讨并讨论统计科学在 p 值应用方面的危机;3.9 节讨论回归分析中模拟方法(the simulation approach)的应用;最后,本章末尾的 3.10 节中给出小结和结论。

3.2 简单(单元)回归分析

如果模型中只有一个回归量,则单元回归模型可以由下式给出,

$$Y = \beta_0 + \beta_1 X + \varepsilon \qquad (3.1)$$

其中 Y 是 X 的函数，Y 是被解释（因）变量，X 是解释（自）变量。这个简单回归模型由两个分量组成：(1)非随机分量，$\beta_0 + \beta_1 X$，其中 β_0 是截距，β_1 是斜率，它们都是固定量，被称为方程的参数；以及(2)扰动分量 ε。这是一个简单的单元回归模型。我们就从这个最简单的单元回归模型开始对回归模型估计进行说明。

计量经济学模型用调查数据（样本）进行估计，但计量经济学家感兴趣的是总体估计而不是样本估计，即他们想要检测实际的 PRF 关系，而不是 SRF 关系。

3.2.1 PRF

计量经济学是一种用来估计实际的经济关系的方法。经济理论为计量经济学提供了起点，前者确定了决定因变量行为的因素，并指出了它们之间的影响和影响变化的方向。比如需求变量的行为是被解释（因）变量，而与因变量有因果关系的变量是解释（自）变量。解释变量的期望符号表示自变量（解释变量）和因变量（被解释变量）之间因果关系的方向。

以消费需求模型为例，如果需求 Y 是商品价格 X_{p1} 的函数，并且如果其他条件相同，则需求 Y 和价格 X_{p1} 之间的真实关系可以表示为

$$Y = f(X_{pi}) \qquad (3.2)$$

等式(3.2)是一个确定性函数，因为它为每个价格 X_{pi} 生成了在该价格上相应的需求数量 Y_i。如果用实际数据估计该函数，我们就可以获得与每个价格相对应的需求数量的范围。价格为 X_{pi} 时的预期平均消费数量为

$$E(Y \mid X_{pi}) = f(X_{pi}) \qquad (3.2a)$$

公式(3.2a)是条件期望函数（the conditional expectation function，CEF）或者说是 PRF，其由每个价格上的 Y 的总体平均值组成。根据需求定律，p 的期望符号是负的，即价格和需求量之间的负相关关系。因为 $X_{p1} > X_{p2}$，所以 $E(Y \mid X_{p2}) < E(Y \mid X_{p1})$。这个理论关系可以表示为线性形式，由下列公式给出

$$E(Y \mid X_{pi}) = \beta_0 + \beta_1 X_{pi} \qquad (3.2b)$$

等式(3.2b)是 PRF 的规范表达,该函数由每个商品价格 X_{pi} 对应的需求数量 Y 的总体均值组成。等式(3.2b)中给出的消费需求函数的纯数学模型对计量经济学家来说没什么意义,因为它假设消费数量和价格之间存在精确或确定的关系。但经济变量之间的实际关系通常是不确定的。我们如果在纵轴上绘制消费需求数据,在横轴上绘制商品价格数据,就可以看到,不是所有的被观察到的消费需求结果都如我们期望的那样精确地位于价格直线上,如等式(3.2b)所示,因为在现实中,除价格外,收入、家庭规模、家庭成员年龄、家庭宗教信仰等其他变量也可能影响消费行为。假定在点 A 处的实际量是 X^*,X^* 可能会超过或小于 X^* 的平均量,从而实际量 Y 在即定的 X^* 下,实际的 Y 可能会超过或小于平均[或预期的 $E(Y|X^*)$]的 Y 值,即 $Y > E(Y|X^*)$ 或 $Y < E(Y|X^*)$。对于给定的价格,实际 Y 与平均 Y 之间的差异是方程的随机误差或随机扰动项。如果我们将这一项表示为 ε,第 i 次观测的随机误差为

$$\varepsilon_i = Y - E(Y|X_{pi}) \tag{3.2c}$$

重新排列式(3.2c),消费需求的数量可以表示为

$$Y = E(Y|X_{pi}) + \varepsilon_i \tag{3.2d}$$

所以 Y 的实际值由两部分组成:Y 的总体均值 $E(Y|X_{pi})$ 和随机误差项 ε_i。误差项 ε_i 可以看作是一个平衡项,它帮助我们将实际 Y 与平均 Y 联系起来。

实际的 Y 可以被分解成可以解释的部分 X_{pi} 和未解释的部分 ε_i。预期的 Y,即 $E(Y|X_{pi})$,这是所有人在既定的价格下的平均需求量,ε_i 是 Y 的未解释的部分。如果将预期的 Y,即 $E(Y|X_{pi})$ 的线性说明式(3.2b)代入方程(3.2d),我们就可以得到随机 PRF 的线性形式

$$Y_i = \beta_0 + \beta_1 X_{1i} + \varepsilon_i \tag{3.2e}$$

等式(3.2e)就是 PRF 的线性形式,其中 β_0 和 β_1 是需要估计的参数。误差项 ε 是为了捕捉我们可能在这个简单模型中遗漏的所有其他变量,包括:(1)可能不是线性的真实关系;(2)可能引起 Y 变化的其他缺失变量;以及(3)测量误差。通常,方程假设误差项与 X 无关。例如,如果 PRF 的正确理论关系为

$$Y_1 = f(X_{p1}, X_{p2}, I, p^e) \tag{3.2f}$$

其中 X_{p1} 是商品 X_1 的价格,X_{p2} 是商品 X_2 的价格,I 是收入水平,p^e 是 X

的预期(未来商品 X)价格,它的线性表达式为

$$Y_1 = \beta_0 + \beta_1 X_{p1} + \beta_2 X_{p2} + \beta_3 I + \beta_4 p^e + v_i \tag{3.2g}$$

如果等式(3.2g)是 Y 的实际消费需求关系,但却被等式(3.2e)代替,那么在这种情况下,它的实际消费需求关系中的误差项 ε 就变成

$$\varepsilon_i = \beta_2 X_{p2} + \beta_3 I + \beta_4 X P^e + v_i \tag{3.2h}$$

因此,随机误差 ε 变成 $\beta_2 X_{p2} + \beta_3 I + \beta_4 X P^e + v_i$,而实际误差应该只是 v_i。在这种情况下,随机误差不再是经济理论认可的解释变量,而且无法量化解释变量还难以解释人类行为的随意性等。PRF 应该只包括变量的主要子集,这些变量的行为决定了因变量的值,只有不太重要的变量可以省略。

3.2.2 SRF

如果估计的样本系数用 ∧ 表示,则 SRF 可表示为

$$\hat{Y}_i = \hat{\beta}_0 + \hat{\beta}_1 X_i \tag{3.3}$$

等式(3.3)用解释变量的实际值表示预测值 $\hat{Y}_i$。为了根据实际值 Y_i 得出 SRF,我们利用称为方程残差的估计随机误差项,该方程残差定义为

$$\hat{\varepsilon}_i = Y_i - \hat{Y}_i \tag{3.3a}$$

残差仅仅是实际 Y_i 和估计 $\hat{Y}_i$ 之间的差。如果我们重新整理这个等式,就得到

$$Y_i = \hat{Y}_i + \hat{\varepsilon}_i \tag{3.3b}$$

将等式(3.3)的右端代入式(3.3b),Y_i 就可以用估计的系数和残差结果表示

$$Y_i = \hat{\beta}_0 + \hat{\beta}_1 X_i + \hat{\varepsilon}_i \tag{3.3c}$$

等式(3.3c)是 SRF 的随机形式。

3.2.3 PRF 和 SRF 之间的关系

PRF 基于整个总体的值,而整个总体的值本身是未知的。然而,PRF 可以通过等式(3.3c)的 SRF 来估计。等式(3.3)$\hat{Y} = \hat{\beta}_0 + \hat{\beta}_1 X_i$ 是一种非随

机形式,该形式通过考虑估计误差或残差(随机形式)来实现。SRF 的随机形式为

$$\hat{Y} = \hat{\beta}_0 + \hat{\beta}_1 X_i + \hat{\varepsilon}_i \qquad (3.4a)$$

因此,SRF 包含两个部分:$\hat{\beta}_0 + \hat{\beta}_1 X_i$ 和 $\hat{\varepsilon}_i$。如果假定值是从分层随机样本中提取的,例如,如果 X 值基于加权组的设计,这些组被视为代表整个总体,则这些数据在模型中被视为预定的常量值。$\hat{\beta}_0 + \hat{\beta}_1 X_i$ 分量是非随机部分,只有 $\hat{\varepsilon}_i$ 分量是随机部分。但是,如果假设 X_i 是从定义的总体中独立随机抽取的,则 $\hat{\beta}_0 + \hat{\beta}_1 X_i$ 分量才是随机部分。因此,$\hat{\varepsilon}_i$ 则是 PRF 和 SRF 之间的差异,即

$$\hat{\varepsilon}_i = Y_i - \hat{Y}_i \qquad (3.4b)$$

PRF 中 Y 可以表示为 SRF 加上误差项 $\hat{\varepsilon}_i$,即

$$Y_i = \hat{Y}_i + \hat{\varepsilon}_i \qquad (3.4c)$$

将等式(3.3)代入方程(3.4c),我们得到

$$Y_i = \hat{\beta}_0 + \hat{\beta}_1 X_i + \hat{\varepsilon}_i \qquad (3.4d)$$

回顾 PRF 方程(3.2e)中的 $Y_i = \beta_0 + \beta_1 X_{1i} + \varepsilon_i$,可以看出,PRF 中的随机误差项 ε_i 不同于 SRF 中方程(3.4d)中的随机误差项 $\hat{\varepsilon}_i$:$\hat{\varepsilon}_i$ 是样本残差项,ε_i 是 PRF 误差项。

由于我们的任务是基于 SRF 来估计 PRF,并且当 PRF 由 SRF 方程(3.4d)中的 $Y_i = \hat{\beta}_0 + \hat{\beta}_1 X_i + \hat{\varepsilon}_i$ 表示时,$\hat{\varepsilon}_i$ 表示样本的残值,类似于 ε_i 并且可以被视为 ε_i 估计的样本残差项,所以 SRF 是 PRF 的近似值。

虽然 SRF 是 PRF 的近似值,但关键问题是我们如何使 SRF 近似值尽可能地接近 PRF,即如何使 SRF 中的 $\hat{\beta}_0$ 和 $\hat{\beta}_1$ 尽可能地接近真实的 β_0 和真实的 β_1,即使我们永远不知道真实的 β_0 和真实的 β_1。

3.3 SRF 系数的估计方法

由于 PRF 的参数 β_0 和 β_1 是未知的,只能通过样本调查数据 $\hat{Y}_i$ 和 $\hat{X}_i$ 来估计这些未知参数,所以回归分析主要涉及估计因变量的总体均值和样本均值。

3.3.1 总体均值和样本均值

样本均值为 $\bar{Y}\left(\bar{Y}=\dfrac{1}{n}\sum\limits_{i=1}^{n}Y_i\right)$ 和 $\bar{X}\left(\bar{X}=\dfrac{1}{n}\sum\limits_{i=1}^{n}X_i\right)$。与样本均值不同，总体均值 $\bar{\mu}_y$ 提供了变量的单一平均值，回归分析允许我们计算依赖于调查数据的解释变量 X 的参数的不同估计值。我们如果试图估计这些未知的系数，即 $\hat{\beta}_0$ 和 $\hat{\beta}_1$，但使用了不同的调查数据集（样本），运用最小二乘法而生成不同的 SRF 拟合回归线，将导致不同的 SRF 的估计系数和由此产生的不同的最小二乘线。其结果有时会与其总体参数有很大差异，尽管未被观察到的总体回归线不会改变。如果样本均值是总体均值的无偏估计量，[①] 则总体均值 $\bar{\mu}_x$ 等于 X 预期均值，即 $E(\bar{X})$。预期 X 均值 $E(\bar{X})$，是

$$
\begin{aligned}
E(\bar{X}) &= E\left\{\frac{1}{n}(X_1+\cdots+X_n)\right\} \\
&= \frac{1}{n}E(X_1+\cdots+X_n) \\
&= \frac{1}{n}\{E(X_1)+\cdots+E(X_n)\} \\
&= \frac{1}{n}(\bar{\mu}_x+\cdots+\bar{\mu}_x) \\
&= \frac{1}{n}(n\,\bar{\mu}_x) \\
&= \bar{\mu}_x
\end{aligned}
\tag{3.5}
$$

如果我们只有两个观测值 X_1 和 X_2 的样本，那么只要观测值的任何加权平均值加起来等于 1，则估计量的期望值也等于总体平均值。

$$
Z=\lambda_1 X_1+\lambda_2 X_2
\tag{3.5a}
$$

Z 的期望值由下式给出

$$
\begin{aligned}
E(Z) &= E(\lambda_1 X_1+\lambda_2 X_2) \\
&= E(\lambda_1 X_1+\lambda_2 X_2) \\
&= \lambda_1 E(X_1)+\lambda_2 E(X_2) \\
&= \lambda_1(\bar{\mu}_x+\lambda_2\,\bar{\mu}_x) \\
&= (\lambda_1+\lambda_2)(\bar{\mu}_x) \\
&= \bar{\mu}_x
\end{aligned}
\tag{3.5b}
$$

如果 $\lambda_1 + \lambda_2 = 1$，则 $E(Z) = \bar{\mu}_x$，在这种情况下，Z 是 $\bar{\mu}_x$ 的无偏估计量。

由于观测数据的真实关系通常是未知的，并且总体回归线是不可观测的，因此在不知道相关总体参数值的情况下，我们无法评估任何点估计的准确性。然而，我们可以系统地使用相关的估计量，例如 X 的总体均值 $\bar{\mu}_x$，以及我们感兴趣的总体参数的值。离散随机变量能够产生许多不同的点估计值，具体取决于所用样本的参数。正因如此，诸如样本均值之类的估计量是随机变量，因此我们可以将概率附加到不同的可能的点估计值上，并使用离散随机变量（横截面数据）的概率分布或连续时间序列数据的密度函数来汇总此信息。正是概率分布定义了后者，在此范围内，我们可以对估计量与其总体参数之间的关系作出系统的陈述。

3.3.2 LS 法

有几种可以测量线性模型的接近度的方法，[②] 最常用的方法是 LS 法，它使残差之和最小，并使 SRF 的均值等于 PRF 的均值。试回想，等式(3.4d)的两个变量，Y 和 X 中有 n 个观测值($i = 1, 2, \cdots, n$)在两个变量 Y 和 X 上，方程如下

$$Y_i = \hat{\beta}_0 + \hat{\beta}_1 X_i + \hat{\varepsilon}_i$$

其中因变量 Y_i 的下标 i 代表观察值。等式右端的第一项是 $\hat{\beta}_0 + \hat{\beta}_1 X_i$，右端的第二项是残差 $\hat{\varepsilon}_i$，它相当于 $Y_i - \hat{\beta}_0 - \hat{\beta}_1 X_i$。使用最小二乘回归来最小化残差平方和(residual sum of square, RSS)，可得

$$\text{RSS} = \hat{\varepsilon}_1^2 + \cdots + \hat{\varepsilon}_n^2 = \sum_{i=1}^{n} \hat{\varepsilon}_i^2 \tag{3.6}$$

当残差为 $\hat{\varepsilon}_i = (Y_i - \hat{\beta}_0 - \hat{\beta}_1 X_i)$ 时，对残差平方和方程求和，可得

$$\sum_{i=1}^{n} \hat{\varepsilon}_i^2 = \sum_{i=1}^{n} (Y_i - \hat{\beta}_0 - \hat{\beta}_1 X_i)^2 \tag{3.6a}$$

最小化 $\sum_{i=1}^{n} \hat{\varepsilon}_i^2$ 以确定 $\hat{\beta}_0$ 和 $\hat{\beta}_1$ 的值，这涉及对该函数系数中的每一个部分分别进行偏微分，即最小值的一阶条件，$\dfrac{\partial \text{RSS}}{\partial \hat{\beta}_0} = 0$ 和 $\dfrac{\partial \text{RSS}}{\partial \hat{\beta}_1} = 0$。此过程在位于正态方程组之后，联立方程组可得

$$\frac{\partial \mathrm{RSS}}{\partial \hat{\beta}_0} = \sum_{i=1}^{n}(Y_i - \hat{\beta}_0 - \hat{\beta}_1 X_i) = 0 \tag{3.6b}$$

$$\frac{\partial \mathrm{RSS}}{\partial \hat{\beta}_1} = \sum_{i=1}^{n} X_i(Y_i - \hat{\beta}_0 - \hat{\beta}_1 X_i) = 0 \tag{3.6c}$$

重新整理方程(3.6b)，可以得到

$$\sum_{i=1}^{n} \hat{\beta}_0 = \sum_{i=1}^{n} Y_i - \hat{\beta}_1 \sum_{i=1}^{n} X_i \tag{3.6d}$$

方程(3.6d)的左端 $\sum_{i=1}^{n}\hat{\beta}_0$ 等于 $n\hat{\beta}_0$，因为 $\hat{\beta}_0$ 是常数，$\bar{Y} = \frac{1}{n}\sum_{i=1}^{n}Y_i$，$\bar{X} = \frac{1}{n}\sum_{i=1}^{n}X_i$，代入式(3.6d)并将两端除以 n，

$$n\hat{\beta}_0 = \sum_{i=1}^{n} Y_i - \hat{\beta}_1 \sum_{i=1}^{n} X_i$$

$$\hat{\beta}_0 = \frac{1}{n}\sum_{i=1}^{n}\hat{Y}_i - \frac{1}{n}\hat{\beta}_1 \sum_{i=1}^{n} X_i$$

或

$$\hat{\beta}_0 = \bar{Y} - \hat{\beta}_1 \bar{X} \tag{3.6e}$$

等式(3.6e)是最小平方截距估计量的公式。由于点 $(\bar{Y}, \bar{X})$ 满足该方程，样本回归通过均值点，从而满足估计技术的期望先决条件之一。估计斜率的公式是从第二个正态方程中得到的。然后，等式(3.6c)所示的第一乘法将求和运算应用于每个结果项，得

$$\sum_{i=1}^{n} X_i Y_i = \hat{\beta}_0 \sum_{i=1}^{n} X_i + \hat{\beta}_1 \sum_{i=1}^{n} X_i^2$$

然后将等式(3.6e)代入上述方程

$$\sum_{i=1}^{n} X_i Y_i = (\bar{Y} - \hat{\beta}_1 \bar{X}) \sum_{i=1}^{n} X_i + \hat{\beta}_1 \sum_{i=1}^{n} X_i^2$$

$$= \bar{Y} \sum_{i=1}^{n} X_i - \hat{\beta}_1 \bar{X} \sum_{i=1}^{n} X_i + \hat{\beta}_1 \sum_{i=1}^{n} X_i^2$$

其中 $\bar{X} = \frac{1}{n}\sum_{i=1}^{n}X_i$ 和 $\bar{Y} = \frac{1}{n}\sum_{i=1}^{n}Y_i$ 两个都是样本均值

因为 $\sum_{i=1}^{n} X_i = n\,\bar{X}$，等式可简化为

$$\sum_{i=1}^{n} X_i Y_i = n\,\bar{Y}\,\bar{X} - \hat{\beta}_1 n\,\bar{X}^2 + \hat{\beta}_1 \sum_{i=1}^{n} X_i^2$$

重新整理这个方程，我们得到

$$\sum_{i=1}^{n} (X_i Y_i - n\,\bar{Y}\,\bar{X}) = \hat{\beta}_1 \left(\sum_{i=1}^{n} X_i^2 - n\,\bar{X}_i^2 \right)$$

然后求解

$$\hat{\beta}_1 = \left(\sum_{i=1}^{n} X_i Y_i - n\,\bar{Y}\,\bar{X} \right) \Big/ \left(\sum_{i=1}^{n} X_i^2 - n\,\bar{X}_i^2 \right)$$

因为 $\left(\sum_{i=1}^{n} X_i Y_i - n\,\bar{Y}\,\bar{X} \right) = \sum_{i=1}^{n} (X_i - \bar{X})(Y_i - \bar{Y})$

和 $\sum_{i=1}^{n} (X_i^2 - n\,\bar{\mu}_x^2) = \sum_{i=1}^{n} (X_i - \bar{\mu}_x)^2$

因此，最小二乘估计量的斜率($\hat{\beta}_1$)为

$$\hat{\beta}_1 = \sum_{i=1}^{n} (X_i - \bar{X})(Y_i - \bar{Y}) \Big/ \sum_{i=1}^{n} (X_i - \bar{X})^2 \tag{3.6f}$$

等式(3.6e)和(3.6f)定义了简单线性回归的最小二乘系数估计。对 $\hat{\beta}_0$ 和 $\hat{\beta}_1$ 进行估计是找到能够很好地拟合可用数据的最佳最小二乘直线的估计过程。

3.4 标准统计假设

前文讨论的最小二乘估计量的所有公式都与 SRF 有关。由于计量经济模型利用 SRF 的估计量来估计 PRF 的系数，因此模型通过一组观察(调查)数据来计算给定回归模型的最小二乘线。

由于 SRF 中的估计量是随机变量，因此任何估计量(如 X_i)以及观测值 $\hat{Y}_i$(SRF)与真实值 Y(PRF)之间都存在随机误差。每一个估计量和观测值都对应一个均值和方差，以及误差的每个离散随机变量 X 的概率分布。因

此,伴随 Y 的每个条件分布的是扰动项的条件分布。为了更好地用 SRF 来估计 PRF,我们对 PRF 作了以下几个重要的假设,用于处理随机误差。

3.4.1　PRF 估计的统计假设

PRF 估计通常有如下五个假设:

(1) 与每个 X_i 值相关联的平均误差为零,即,对于给定的 X_i 值,$E(\varepsilon_i)=0$ 或 $E(\varepsilon_i|X_i)=0$。零期望误差表示所有被省略的因素对 Y 的平均值的影响正好相互抵消。如果估计方程忽略了一个有影响的变量,就违反了这一假设。因为忽略单个有影响的解释变量将导致这个变量成为 PRF 中误差的一部分。这又会导致方程违反一个或多个模型假设。例如,如果正确指定的 PRF 为

$$Y_i=\beta_0+\beta_1X_i+\beta_2Z_i+\varepsilon_i$$

如果方程忽略变量 Z_i,则 PRF 将为

$$Y_i=\beta_0+\beta_1X_i+v_i$$

在这个方程中,$v_i=\beta_2Z_i+\varepsilon_i$,平均误差是

$$
\begin{aligned}
E(v_i)&=E(\varepsilon_i)+E(\beta_iZ_i)\\
&=\beta_iE(Z_i)\neq0
\end{aligned}
$$

即使 ε_i 满足了零均值假设,但当这种情况发生时,最小二乘估计量通常会偏离理想的期望估计量特性。

(2) 同方差性(homoscedasticity),即 $\mathrm{var}(\varepsilon_i)=\sigma_\varepsilon^2$。也就是所有的条件误差分布都具有相同的(常数)方差 σ_ε^2,这就是所谓的同方差性,即同分布。当这一前提被违反时,扰动项就是称谓的"异方差"(heteroscedastic)。当 Y (因而 ε)值的范围随某些变量上升或下降时,"异方差"就随之产生了,异方差是横截面数据的一个主要问题。

(3) 误差之间的协方差为零,即,$\mathrm{cov}(\varepsilon_i,\varepsilon_j)=0$。方程中误差之间的零协方差表示序列相关(serial correlation)的缺失。当满足该假设时,扰动项是成对不相关的,并且 Y 围绕其均值的偏差完全由随机波动产生。序列相关是一个时间序列问题,其中,来自一个时间段的扰动项与来自另一个时间段的扰动项相关。如果误差是串行相关的,则它们将显示非随机模式。Y

在一个时间段内与其平均值的偏差由先前的偏差确定。经济数据最常包含的是正序列相关性，其中正（即高于平均水平）误差往往跟随正误差，反之亦然。一大串正误差或负误差被视为序列相关性存在的证据。

（4）X 是非随机的，或者如果是随机的，则它与 ε 不相关。

① X 非随机时，即，$E(X)=X$ 和 $E[X-E(X)]=X-E(X)$。

② 协方差是 0，即，$\mathrm{cov}(\varepsilon_i,\ \varepsilon_j)=0$，也就是

$$
\begin{aligned}
\mathrm{cov}(\varepsilon_i,\ \varepsilon_j) &= E[x_i-E(x_i)][\varepsilon_i-E(\varepsilon_i)\ ]\\
&= [x_i-E(x_i)]E(\varepsilon_i)\\
&= 0[\text{因为 } E(\varepsilon_i)=0]
\end{aligned}
$$

③ 如果 x_i 是随机的，且假设 x_i 和 ε_i 是随机独立的，则协方差也是 0。即，$\mathrm{cov}(X_i,\ \varepsilon_i)=E(x_i,\ \varepsilon_i)=E(x_i)E(\varepsilon_i)$。如果 x_i 和 ε_i 是独立的，则 $E(x_i,\ \varepsilon_i)=E(x_i)E(\varepsilon_i)$。$\varepsilon_i$ 和 x_i 之间的零协方差意味着方程误差与解释变量不相关，并且 PRF——$Y_i=\beta_0+\beta_1 X_i+\varepsilon_i$——包含对 X 和 ε 的不同影响。这使我们能够用 LS 法确定这些项中的每一项对 Y 的单独贡献。假设 1 至假设 3 与扰动项的条件分布有关，其中每一个都有一个零均值和一个恒定的方差，并且单个误差是未经校正的，这些假设都没有规定与随机误差相关的概率分布。由于随机误差反映了 PRF 中被忽略的许多因素的总和，我们增加了正态分布的假设 5。

（5）每一个 ε_i 均遵循正态分布。这是一个重要的假设，它使我们能够根据 SRF 中的系数来推断 PRF 中的系数。

3.4.2　回归模型中的正态分布

正态分布有两个参数：均值（μ）和标准差（σ）或方差（σ^2）。正态分布是用于查看数据分布的概率密度函数。均值表示分布的集中趋势，它定义了正态分布的峰值位置。标准差（σ）或方差（σ^2）度量变异性，即围绕均值或平均值的数据点分布，它们决定了点或值的分布有多宽，以及值倾向于偏离平均值多远。标准差高意味着样本更分散，具有更大的可变性，而标准差低意味着样本更紧密地聚集在均值周围。

在假设（5）中，在每个 ε_i 都遵循正态分布的情况下，因变量 Y 也呈正态分布，这是由于因变量 Y 是正态分布随机变量的线性函数。如果因变量 Y_i

呈正态分布,则它的均值为

$$E(Y_i)=\beta_0+\beta_1 X_i=\bar{\mu}_y \tag{3.7}$$

Y_i 的方差为

$$\mathrm{var}(Y_i)=E[Y_i-E(Y_i)]^2$$

将式$(3.7)E(Y_i)$代入 $\mathrm{var}(Y_i)$公式,可以得到

$$
\begin{aligned}
\mathrm{var}(Y_i)&=E[\beta_0+\beta_1 X_i+\varepsilon_i-\beta_0-\beta_1 X_i]^2\\
&=E[\beta_0+\beta_1 X_i-\beta_0-\beta_1 X+\varepsilon_i]^2\\
&=E[\varepsilon_i]^2\\
&=\sigma_\varepsilon^2
\end{aligned} \tag{3.7a}
$$

将 Y 的正态性与方程(3.7)和$(3.7a)$相结合,我们可以总结出 Y 的分布信息

$$Y_i \sim (\beta_0+\beta_1 X_i,\ \sigma_\varepsilon^2) \tag{3.7b}$$

正如式$(3.7b)$所示,估计的 β_0 和 β_1 等价于估计 PRF 中因变量的均值。由于真实数据的真实关系通常是未知的,并且总体回归线是不可观测的,所以我们如果试图对这些未知的总体系数(β_0 和 β_1)使用不同的调查(样本)数据集来进行估计,将得出不同的最小二乘线。

如果不知道相关总体参数的值,我们就无法评估任何点估计的准确性。然而,我们可以系统地将估计量的结果与总体参数联系起来。随机变量能够产生许多不同的点估计,例如样本均值,这取决于所使用的样本。因此,我们可以将概率附加到不同的可能点估计上,并用概率分布(或密度函数)来概括这些信息。正是利用了概率分布,我们才能对估计量及其总体参数之间的关系作出系统的陈述。

与不同估计量相关联的概率分布通常具有集中趋势和离差。这种分布的集中趋势就是这个估计量的期望值。相反,也就是我们在使用该估计量时,可以期望获得的平均值。离差或方差也是一个重要的考虑因素。这种变化越大,可能的点估计的范围就越分散。这使得我们更有可能获得与我们的总体参数有很大不同的点估计。

我们可以看到,LS 法本身并不意味着对概率的正式处理,但 LS 法的应用总是与正态分布有关,而正态分布是将概率应用于计量经济学的桥梁。因此,正态分布的检验(G-M 定理)在回归模型的 LS 中是极其重要的。[③]

3.5　最佳线性无偏估计量

如果上述描述的假设能被满足,则具有最小平方的 PRF 将产生回归参数 β_0 和 β_1 的"BLUE",即,最佳(best)、线性(linear)、无偏(unbiased)和估计量(estimators),简写为 BLUE。"最佳"意味着这是一个最小方差(线性)估计量;"线性"意味着这是最有效的 Y_i 的线性组合;"无偏估计量"意味着该估计量的抽样分布以其总体参数为中心。值得注意的是,最佳线性无偏估计量 μ_x 的条件是大样本性质。要使样本均值具有一致性,就需要使用足够大的样本。由于样本均值一致的估计量是和样本大小和估计的方差(以及 $\hat{\mu}_x$ 的抽样分布)相关的性质,所以样本大小 n 如果可以从预期的 $n=5$ 增加到 $n=10$ 或 $n=20$,也就是采用的样本更大,就有可能提高估计的精度。由于样本均值的方差等于 σ_x^2/n,因此对于样本量为 5 的样本,在给定的 σ_x^2 下,其抽样分布的方差将是样本量为 10 时的两倍。最小二乘回归系数是随机变量的一种特殊形式,其性质取决于方程中扰动项的性质。无偏估计量可以首先从理论上被证明为斜率估计量。

3.5.1　无偏估计

我们可以证明 SRF 的斜率 $\hat{\beta}_1$ 的估计是无偏的。这可从 PRF 的随机形式开始

$$Y_i = \beta_0 + \beta_1 X_i + \varepsilon_i \qquad (3.8)$$

对等式(3.8)的两端求和,然后除以 n,可以得到

$$\sum Y_i = \sum \beta_0 + \sum \beta_1 X_i + \sum \varepsilon_i \qquad (3.8a)$$
$$= n\beta_0 + \beta_1 \sum X_i + \sum \varepsilon_i$$

以此可以得到 PRF 的偏差形式

$$\bar{Y} = \frac{1}{n}\sum Y_i = \frac{1}{n}n\beta_0 + \beta_1 \frac{1}{n}n\bar{X}_i + \bar{\varepsilon}（因为 n\bar{X} = \sum X_i） \qquad (3.8b)$$
$$= \beta_0 + \beta_1 \bar{X} + \bar{\varepsilon}$$

SRF 给出了 n 个观测值的样本

$$\hat{Y}_i = \hat{\beta}_0 + \hat{\beta}_1 X_i$$

根据方程(3.6f)中 $\hat{\beta}_1$ 的计算公式

$$\hat{\beta}_1 = \sum_{i=1}^{n} (X_i - \bar{X})(Y_i - \bar{Y}) \bigg/ \sum_{i=1}^{n} (X_i - \bar{X})^2$$

$\hat{\beta}_1$ 具有随机分量，$(X_i - \bar{X})(Y_i - \bar{Y})$ 取决于 Y_i 的值，而 Y_i 的值取决于扰动项的值 ε。如果扰动项的值 ε 在 n 个观测值中是不同的，我们就会得到不同的 Y_i 值和 $\sum_{i=1}^{n} (X_i - \bar{X})(Y_i - \bar{Y})$ 的值，以及 $\hat{\beta}_1$ 的值。因为

$$\begin{aligned}
\sum_{i=1}^{n} (X_i - \bar{X})(Y_i - \bar{Y}) &= \sum_{i=1}^{n} (X_i - \bar{X})[(\beta_0 + \beta_1 X_i + \varepsilon_i) \\
&\quad - (\beta_0 + \beta_1 \bar{X} + \bar{X})] \\
&= \sum_{i=1}^{n} (X_i - \bar{X})[\beta_1 (X_i - \bar{X}) + (\varepsilon_i - \bar{\varepsilon})] \\
&= \beta_1 \sum_{i=1}^{n} (X_i - \bar{X})^2 + \sum_{i=1}^{n} [(X_i - \bar{X})(\varepsilon_i - \bar{\varepsilon})]
\end{aligned}$$

$$(3.9)$$

所以

$$\begin{aligned}
\hat{\beta}_i &= \sum_{i=1}^{n} (X_i - \bar{X})(Y_i - \bar{Y}) \bigg/ \sum_{i=1}^{n} (X_i - \bar{X})^2 \\
&= \beta_1 \sum_{i=1}^{n} (X_i - \bar{X})^2 + \sum_{i=1}^{n} [(X_i - \bar{X})(\varepsilon_i - \bar{\varepsilon})] \bigg/ \sum_{i=1}^{n} (X_i - \bar{X})^2 \\
&= \beta_1 + \sum_{i=1}^{n} (X_i - \bar{X})(\varepsilon_i - \bar{\varepsilon}) \bigg/ \sum_{i=1}^{n} (X_i - \bar{X})^2 \\
&= \beta_1
\end{aligned}$$

$$(3.9a)$$

因为 $\sum_{i=1}^{n} (\varepsilon_i - \bar{\varepsilon}) = 0$，所以 $\hat{\beta}_i = \beta_1$

这表明，从任何样本中获得的回归系数 $\hat{\beta}_i$ 由一个等于真值 β_i 的固定分量和一个依赖于样本中扰动项值的随机分量组成。因此，最小二乘斜率估计量等于其总体参数加上与方程误差相关的项。如果 $\hat{\beta}_1$ 的期望值等于 β_1，则估

计量是无偏的。那么我们需要证明方程（3.9a）右端的 $\sum_{i=1}^{n}(X_i-\bar{X})(\varepsilon_i-$

$\bar{\varepsilon})\Big/\sum_{i=1}^{n}(X_i-\bar{X})^2=0$，这可以通过下面的方程（3.9b）来证明，

$$\sum_{i=1}^{n}(X_i-\bar{X})(\varepsilon_i-\bar{\varepsilon})=\sum_{i=1}^{n}(X_i-\bar{X})\varepsilon_i-\bar{\varepsilon}\sum_{i=1}^{n}(\hat{X}_i-\bar{X})$$
$$=\sum_{i=1}^{n}(X_i-\bar{X})\varepsilon_i-\bar{\varepsilon}\sum_{i=1}^{n}(X_i+n\bar{X}\bar{\varepsilon})$$
$$=\sum_{i=1}^{n}(X_i-\bar{X})\varepsilon_i$$

因为 $\sum_{i=1}^{n}X_i=n\bar{X}$ 　　所以 $-\hat{\varepsilon}\sum_{i=1}^{n}X_i+n\bar{X}\bar{\varepsilon}=0$

因此，

$$\hat{\beta}_i=\sum_{i=1}^{n}(X_i-\bar{X})(Y_i-\bar{Y})\Big/\sum_{i=1}^{n}(X_i-\bar{X})^2$$
$$=\beta_1+\sum_{i=1}^{n}\left\{(X_i-\bar{X})\Big/\sum_{i=1}^{n}(X_i-\bar{X})^2\right\}\varepsilon_i \qquad (3.9b)$$
$$=\beta_1+\sum_{i=1}^{n}a_i\varepsilon_i$$

其中

$$a_i=(X_i-\bar{X})\Big/\sum_{i=1}^{n}(X_i-\bar{X})^2$$

$$\sum_{i=1}^{n}a_i=\sum_{i=1}^{n}\left\{(X_i-\bar{X})\Big/\sum_{i=1}^{n}(X_i-\bar{X})^2\right\}\sum_{i=1}^{n}(X_i-\bar{X})=0$$

因为 $\sum_{i=1}^{n}(X_i-\bar{X})=\sum_{i=1}^{n}X_i-n\bar{X}=n\bar{X}-n\bar{X}=0$

应当注意，这只要求其期望值为零，而并不要求该项的实际值为零。此外，括号中的项可以表示为该值的加权平均值。根据假设（4），X 是一个非随机的解释变量，因此等于它的期望值，以及根据假设（1），$E(\varepsilon_i)=0$，式（3.9a）可以表示为 $E(\hat{\beta}_1)=\beta_1+0=\beta_1$，即 $\hat{\beta}_1$ 是 β_1 的无偏估计量。只要 X 是非随机的或 ε 是无偏的，SRF 没有忽略影响 Y 的主要变量，并且 $E(\varepsilon_i)=0$，那么，最小平方斜率估计量就是无偏的。

类似地，我们可以证明 LS 法中的截距估计量 $\hat{\beta}_0$ 等于 β_0。如方程（3.6e）

所示,为

$$\hat{\beta}_0 = \bar{Y} - \hat{\beta}_1 \bar{X}$$

因为在方程(3.9b)中, $\hat{\beta}_i = \beta_1 + \sum_{i=1}^{n} a_i \varepsilon_i$, 代入式(3.6e)

$$
\begin{aligned}
\hat{\beta}_0 = \bar{Y} - \hat{\beta}_1 \bar{X} &= (\beta_0 + \beta_1 \bar{X} + \bar{\varepsilon}) - \bar{X}\left(\beta_1 + \sum_{i=1}^{n} a_i \varepsilon_i\right) \\
&= \beta_0 + \frac{1}{n} \sum_{i=1}^{n} \varepsilon_i - \bar{X} \sum_{i=1}^{n} a_i \varepsilon_i \\
&= \beta_0 + \sum_{i=1}^{n} c_i \varepsilon_i \\
&= \beta_0
\end{aligned}
\tag{3.9c}
$$

其中 $c_i = \frac{1}{n} - a_i \bar{X}$ 和 $\sum_{i=1}^{n} \varepsilon_i = 0$, 所以 $\hat{\beta}_0 = \beta_0$。如果 $\hat{\beta}_0$ 的期望值等于 β_0,则该估计量是无偏的。方程的期望值为

$$E(\hat{\beta}_0) = \beta_0 + \bar{X} E(\beta_1 - \hat{\beta}_1) + E(\bar{\varepsilon})$$

根据假设(4), X 的值在重复样本中是固定的,且 $\bar{X}$ 是恒定的,这就允许我们将该值移动到期望算子之外。既然是总体误差均值的无偏估计量,那么当满足模型假设(1)时, $E(\varepsilon_i = 0)$, $E(\bar{\varepsilon} = 0)$,最后一项消失。只要 β_1 的无偏性所需的假设是满足的, $E(\beta_1 - \hat{\beta}_1) = 0$。那么,当 $E(\varepsilon_i = 0)$ 和 X 是非随机的或者与 ε 不相关时,除 β_0 之外的所有项都将从上述表达式中被删除,则 $\hat{\beta}_0$ 是对 β_0 的无偏估计。

如果满足关于 PRF 的所有假设,则最小二乘估计量 $\hat{\beta}_0$ 和 $\hat{\beta}_1$ 分别是 β_0 和 β_1 的总体参数的 BLUE。然而,尽管最小二乘法提供了总体参数的最小方差线性无偏估计量和回归函数,但这并不意味着单一估计的所有结果都是总体参数的线性无偏估计。例如,如果小样本估计量的特性是估计量的抽样分布,或者方程违反了一个或多个基本假设,则最小二乘估计量可能会失去其期望的估计量的特性。

3.5.2 效率假设

假如我们有一个无偏但方差相对较大的估计量 A,还有一个总体特征

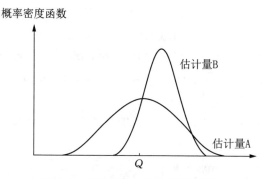

图 3.1　无偏性和方差之间的平衡

的替代估计量 B,其方差较小但有偏,如下图 3.1 中的二次曲线所示。

由于估计量 B 的概率密度函数比估计量 A 的概率密度函数更集中,更有可能给出准确的估计,因此估计量 B 更有效。无偏性是估计量的一个理想特征,但不是唯一的特征,因为 $\hat{\beta}_0$ 和 $\hat{\beta}_1$ 的无偏性并不能保证各个估计量相等,并且我们每次都使用 LS 法,它是重复采样的。

　　估计量的无偏性仅建立在其抽样分布的均值与 β_0 和 β_1 相一致上。因此,当采样和估计过程重复多次时,这些参数的最小二乘估计等于 β_0 和 β_1 的平均估计值。无偏估计量也不意味着估计量是最好的,因为无偏并不表示估计的回归系数的精度,精度还需要估计量能以尽可能高的概率给出接近总体特征的估计,即其概率密度函数尽可能集中在真值附近,换句话说,这就要求其总体方差尽可能小。估计量的最优性质应该比所有无偏估计量的方差都小。

　　我们需要注意以下三点:(1)样本平均值具有最小的估计量方差,这意味着它在真实平均值周围具有最集中的概率分布,并且从概率意义上来看它是最准确的;(2)然而,效率是一个比较的概念,即,只有在比较替代估计量时才奏效;以及(3)一个估计量的方差通常随着样本容量的增加而减少,因此,只有当它们使用相同的信息时,我们才能比较不同估计量的效率,例如对几个随机变量使用相同的观察集。

3.5.3　回归系数的精度

　　评估样本回归系数有几个标准,在评估 SRF 的性能是否可接受时,应考虑以下几个因素,包括:(1)回归系数的总体方差和均值;(2)X相对于样本均值的偏差大小;(3)回归系数的标准误差(standard error, SE);(4)均方误差(mean squared error, MSE)和均方根误差(root mean squared error, RMSE);以及(5)变异系数(coefficient of variance, C.V)。

(1) 回归系数的方差

如果考虑有关$\hat{\beta}_0$和$\hat{\beta}_1$总体均值的总体方差,$\hat{\beta}_0$的总体方差公式为

$$\sigma_{\hat{\beta}_0}^2 = \sigma_{\varepsilon}^2 \left[\frac{1}{n} \frac{\overline{X}^2}{\sum_{i=1}^{n}(X_i - \overline{X})^2} \right] \tag{3.10}$$

$\hat{\beta}_1$的总体方差公式为

$$\sigma_{\hat{\beta}_1}^2 = \left[\frac{\sigma_{\varepsilon}^2}{\sum_{i=1}^{n}(X_i - \overline{X})^2} \right] \tag{3.10a}$$

(2) X 相对于样本均值的偏差大小

如果我们集中于式(3.9a),可以看出,$\sum_{i=1}^{n}(X_i - \overline{X})^2$ 越大,$\hat{\beta}_1$ 方差越小。然而,$\sum_{i=1}^{n}(X_i - \overline{X})^2$ 的大小取决于两个因素:观察值的数量和 X 相对于样本均值的偏差大小。为了区分它们,我们可以方便地定义 X 的均方差(mean square deviation, MSD)。MSD(X)可以表示为

$$\text{MSD}(X) = \frac{1}{n}\sum_{i=1}^{n}(X_i - \overline{X})^2 \tag{3.10b}$$

使用 MSD(X)重写 $\sigma_{\hat{\beta}_1}^2$,得

$$\sigma_{\hat{\beta}_1}^2 = \frac{\sigma_{\varepsilon}^2}{\sum_{i=1}^{n}(X_i - \overline{X})^2} = \frac{\sigma_{\varepsilon}^2}{n\text{MSD}(X)} \tag{3.10c}$$

可以看出,如果 MSD 保持不变,$\hat{\beta}_1$ 的方差与样本中的观察数 n 成反比。还可以看出,$\hat{\beta}_1$ 的方差与扰动项的方差成正比,扰动项的方差越大,参数的估计越差。$\sigma_{\hat{\beta}_1}^2$ 和 MSD(X)的相对大小,而非绝对大小,非常重要。在实践中,我们无法计算 $\hat{\beta}_0$ 或 $\hat{\beta}_1$ 的总体方差,因为 σ_{ε}^2 是未知的。然而,我们可以从

残差中得到一个 σ_ε^2 估计量。残差的 MSD 可以从以下公式中被导出

$$\text{MSD}(\varepsilon) = \frac{1}{n} \sum_{i=1}^{n} (\hat{\varepsilon}_i - \bar{\varepsilon})^2 = \frac{1}{n} \sum_{i=1}^{n} \hat{\varepsilon}_i^2 \tag{3.10d}$$

因为 $\bar{\varepsilon} = 0$

$\hat{\sigma}_\varepsilon^2$ 的 MSE 可以从方程(3.10c)导出,因为只有一个解释变量,MSD(ε)的期望值为 $\frac{n}{n-2} \hat{\sigma}_\varepsilon^2$,

$$\hat{\sigma}_\varepsilon^2 = \frac{n}{n-2} \text{MSD}(\varepsilon) = \frac{n}{n-2} \frac{1}{n} \sum_{i=1}^{n} \varepsilon_i^2 = \frac{1}{(n-2)} \sum_{i=1}^{n} \varepsilon_i^2 \tag{3.10e}$$

（3）回归系数的 SE

因为最小二乘估计是样本数据的函数,但数据可能由于样本与样本的不同而变化,因此估计值也会因数据不同(采用不同的样本)而变化。最小二乘估计量的精度由其 SE 来衡量。根据式(3.10)、(3.10a)和(3.10e)我们可以推导出回归系数 $\hat{\beta}_0$ 和 $\hat{\beta}_1$ 的 SE,

$$\text{SE}(\hat{\beta}_0) = \sqrt{\sigma_\varepsilon^2 \left[\frac{1}{n} + \frac{\bar{X}^2}{\sum_{i=1}^{n} (X_i - \bar{X})^2} \right]}$$
$$\text{SE}(\hat{\beta}_1) = \sqrt{\frac{\sigma_\varepsilon^2}{\sum_{i=1}^{n} (X_i - \bar{X})^2}} \tag{3.10f}$$

我们如果想要假设这些 SE 是有效的,就需要假设每个观测值的误差 ε_i 与一个共同的方差 σ_ε^2 不相关。这显然不是真的,但这个公式仍然是一个很好的近似值。

注意,在 SE($\hat{\beta}_0$)公式中,当 X_i 更分散时,SE($\hat{\beta}_0$)更小;直观地,在这种情况下,我们有更多的平均值来估计斜率。我们还看到,假如 $\bar{X}$ 是零,SE($\hat{\beta}_0$)将等同于 SE($\hat{\beta}_1$)。在这种情况下,$\hat{\beta}_0$ 将等于 $\bar{Y}$。回归系数的 SE 会被任何统计软件自动计算,并作为它的结果的一部分被输出。

（4）MSE 和 RMSE

最小平方技术试图最小化残差的平方和以产生零平均残差。这些估计量的抽样分布依赖于误差项的方差。具体地说,方程(3.10)和(3.10a)中,$\hat{\beta}_0$ 和 $\hat{\beta}_1$ 方差的分子是 ε_i^2 的函数。在计算最小二乘估计量的样本分布的参数

之前，我们必须估计这个方差。总体误差方差的无偏估计量由所谓的 MSE 给出，具体如下，

$$\hat{\sigma}_{\epsilon}^{2} = \sum \hat{\epsilon}_{i}^{2}/(n-2) \tag{3.11}$$

该表达式中的分母为自由度数（degree of free, $d.f$），它是由观察数 n 减去独立变量数所得到的（这里的例子是 2 个独立变量）。用它代替 n，得到了 σ_{ϵ}^{2} 的一个无偏估计量。该表达式中的分子完全是根据已知值的估计误差表示的。注意，因变量和误差需具有相同的测量单位（the same unit of measurement）。

我们还可以从方程（3.11）的 MSE 导出 RMSE 或 SE，

$$\hat{\sigma}_{\epsilon} = \sqrt{\sum \hat{\epsilon}_{i}^{2}/(n-2)} \tag{3.11a}$$

式（3.11a）为估计的 SE 或回归的 SE。它只是 Y 值与估计回归线的标准偏差。

RMSE 是 $\hat{\sigma}_{\epsilon}$ 的度量单位。该估计量的值测量与 SRF 相关联的平均误差。具有较低 SE 的 SRF 会被认为是更好的估计。SE 也经常被用作估计回归线的"拟合优度"（goodness of fit）的汇总度量（a summary measure）。

（5）C.V

由于 SE 需要使用测量单位，因此只有在两个估计模型将相同的测量单位作为因变量时，比较它们的 SE 才有意义。如果不是在这种情况下，相对 SE 即所谓的 C.V，它以百分比形式表示，可以被用作比较两个模型的 SE 的替代方法，

$$C.V = \hat{\sigma}_{\epsilon}/\bar{Y} \quad 或$$
$$C.V = (\hat{\sigma}_{\epsilon}/\bar{Y}) \times 100 \tag{3.12}$$

C.V 衡量 SRF 相对于 Y 均值的平均误差。C.V 越低，SRF 的性能越好。通常，如果 C.V 不大于 0.2（20%），则方程中的 SE 被视为令人满意。超过 0.2（20%）的 C.V 值表示残差很大，不被接受。

此外，SE 仅针对回归系数的可能准确性给出了一般指导，如果我们单独使用它，则结果相对不准确。这是因为虽然 SE 能帮助我们对总体参数进行推断，并让我们判断估计的 $\hat{\beta}_0$ 和 $\hat{\beta}_1$ 是否具有可靠性，然而，它不能告诉我们它来自哪里，以及它位于所有可能的总体参数值的哪一部分，还是在总

体参数值的尾部。

3.6 精度评估和模型评估

正如我们已经从 3.3 节关于 PRF 中的方程 $Y_i = \hat{Y}_i + \hat{\varepsilon}_i$ 中所看到的,方程(3.3b)将实际 Y_i 分为解释部分 $\hat{Y}_i$ 和未解释部分 $\hat{\varepsilon}_i$。因为在 $\hat{Y}_i = \hat{\beta}_0 + \hat{\beta}_1 \hat{X}_i$ 中,观察到的 $\hat{Y}_i$ 的行为包括解释变量 $\hat{X}_i$。而 Y 的变化由 $\hat{Y}_i$ 的行为和残差 $\hat{\varepsilon}_i$ 的行为来解释。$\hat{\varepsilon}_i$ 则代表了其他因素,如省略的变量和人类行为的随机性等。因此,我们需要评估模型的准确性,即模型中所包含的所有选择的 $\hat{X}_i$ 能否解释所观察到的因变量 Y 的行为,以及模型是否符合实际数据。

以下两种检验与线性回归拟合的质量有关,可帮助检验模型是否符合数据(1)剩余标准误差(residual standard error,RSE)和(2)拟合优度 R^2 统计量。

3.6.1 RSE

RSE 是标准差 μ 的估计值。它是基于以下公式计算的偏离真实回归线的平均量

$$\text{RSE} = \sqrt{\frac{1}{n-2}\text{RSS}} = \sqrt{\frac{1}{n-2}\sum_{i=1}^{n}(Y_i - \hat{Y}_i)^2}$$

$$= \sqrt{\frac{1}{n-2}\sum_{i=1}^{n}\hat{\varepsilon}_i^2} \tag{3.13}$$

其中 RSS 由以下公式定义

$$\text{RSS} = \sum_{i=1}^{n}(Y_i - \bar{Y}_i)^2 = \sum_{i=1}^{n}\varepsilon_i^2 \tag{3.13a}$$

由于 RSE 是以 Y 为单位测量的,因此我们并不总是清楚构成符合模型的良好 RSE 的因素。R^2 统计量提供了另一种拟合度量。

3.6.2 拟合优度 R^2

有关 R^2 的计算，回想一下方程(3.3b)

$$Y_i = \hat{y}_i + \hat{\varepsilon}_i$$

如果对公式(3.3b)的两边进行平方，并对平方求和，我们得到

$$\sum Y_i^2 = \sum \hat{Y}_i^2 + \sum \hat{\varepsilon}_i^2 + 2\sum \hat{Y}_i \hat{\varepsilon}_i$$

因为 $\hat{Y}_i \hat{\varepsilon}_i = 0$，所以

$$\sum Y_i^2 = \sum \hat{Y}_i^2 + \sum \hat{\varepsilon}_i^2$$

因为 $\hat{Y}_i^2 = \hat{\beta}_2^2 \hat{x}_i^2$，所以

$$\sum Y_i^2 = \hat{\beta}_2^2 \sum \hat{x}_i^2 + \sum \hat{\varepsilon}_i^2 \tag{3.14}$$

由于用 $(Y_i - \bar{Y})$ 这些项的和来表示的总变化总是等于零，所以我们取 $(Y_i - \bar{Y})$ 偏差的平方和。为了对要解释的变化进行比较，总变化可以表示为 $(Y_i - \bar{Y})$，实际 Y 可以表示为 Y 的预测 $(\hat{Y}_i)$ 和平均值 $(\bar{Y})$，加上残差 $(\hat{\varepsilon}_i)$，即

$$(Y_i - \bar{Y}) = (\hat{Y}_i - \bar{Y}) + \hat{\varepsilon}_i \tag{3.14a}$$

如果我们对方程(3.14a)中的各项求和然后平方，则总平方和(the total sum of squares，TSS)为

$$\sum Y_i^2 = \sum (Y_i - \bar{Y})^2 \tag{3.14b}$$
$$= \sum [(\hat{Y}_i - \bar{Y}) + \hat{\varepsilon}_i]^2$$

Y 在式(3.14b)变化的结果度量称为 TSS，它是实际 Y 值关于其样本均值的总变化。将右端的括号平方展开，它就变成了

$$\text{TSS} = \sum (\hat{Y}_i - \bar{Y})^2 + \sum \hat{\varepsilon}_i^2 + 2\sum (\hat{Y}_i - \bar{Y}) \hat{\varepsilon}_i \tag{3.14c}$$

式(3.14c)右端的第一项 $\sum (\hat{Y}_i - \bar{Y})^2$ 是被解释部分或回归平方和(regression sum of square，ESS)

$$\text{ESS} = \sum (\hat{Y}_i - \bar{Y})^2 \tag{3.14d}$$

ESS 反映了 SRF 所说明的 Y 中的总变化的部分。式(3.14a)右端的第二项 $\sum \hat{\varepsilon}_i$ 是 RSS,即

$$\text{RSS} = \sum \hat{\varepsilon}_i \tag{3.14e}$$

这是 TSS 中的未被解释部分。它测量在执行回归后留下的未被解释的变化量,或称为关于回归的 Y 值的未被解释的变化。因为 TSS 中的第三项为零,也就是

$$2\left[\sum (\hat{Y}_i - \bar{Y})\,\hat{\varepsilon}_i\right] = 2\left[\sum (\hat{\beta}_0 - \hat{\beta}_1 X_1 - \bar{Y})\,\hat{\varepsilon}_i\right]$$
$$= 2\left[\beta_0 \sum \hat{\varepsilon}_i + \hat{\beta}_1 \sum X_i \hat{\varepsilon}_{ii} - \bar{Y}\hat{\varepsilon}_i\right] = 0$$

因为 $\sum \hat{\varepsilon}_i = 0$ 和 $\sum X_i \hat{\varepsilon}_i = 0$

因此,TSS=ESS+RSS。ESS 表明 Y 中总变化的一部分由 SRF 解释。ESS 和 TSS 均以 Y 的平方为单位。如果将 ESS 除以 TSS,我们可以得到由 SRF 所解释的 Y 的总变异的比例,称为系数测定效率(the coefficient of determination, R^2),即

$$R^2 = \frac{\text{TSS} - \text{RSS}}{\text{TSS}} = \frac{\text{ESS}}{\text{TSS}} = \frac{\sum (\hat{Y}_i - \bar{Y})^2}{\sum (Y_i - \bar{Y})^2} \tag{3.14f}$$

或

$$1 = \frac{\text{ESS}}{\text{TSS}} + \frac{\text{RSS}}{\text{TSS}} = \frac{\sum (\hat{Y}_i - \bar{Y})}{\sum (Y_i - \bar{Y})^2} + \frac{\sum \hat{\varepsilon}_i^2}{\sum (Y_i - \bar{Y})^2} \tag{3.14g}$$

回归模型的总体拟合优度由决定系数 R^2 衡量,由此产生的 Y 变化的度量被称为 TSS。它度量了由解释变量或回归变量所解释的因变量变化的比例。

R^2 测量 SRF 能解释的 Y 中的总变化的比例。如果 R^2 接近 1,则回归模型中的大部分可变性已由 SRF 解释了。如果 R^2 接近 0,则 SRF 不能解释回归模型中的大部分可变性;这可能是因为线性模型是错误的,或有误差 σ^2 很高,或者两者都有。R^2 是最常用的对样本回归线拟合优度的度量。

与 RSE 式(3.13)相比,R^2 统计量式(3.14f)具有解释优势,因为与 RSE 不同,R^2 总是介于 0 和 1 之间。首先应当注意,较大的 R^2 并不总能反映 X 在确定 Y 时的重要性,因为省略的变量可能是形成这些结果的原因。二是

时间序列数据总能比横截面数据产生更高的 R^2 值,因为横截面数据包含大量的随机变化或白噪声,这使得能被解释的变化相对于 TSS 较小。由于 SRF 中包含着不正确的解释变量,低 R^2 值不是必须被处理的结果,因此,没有一个标准足以判断 SRF 的性能,我们需要同时应用几个标准来检验已有的模型。

3.7 零假设统计检验

NHST 是在计量经济学和大多数科学学科中被最为广泛应用的、以进行数据分析和模型估值的方法,且它还可以用于评估模型中估计误差的大小是否可被接受。

NHST 是统计推断的核心。NHST 与置信区间估计有关,在置信区间估计中,我们将"点估计"转换为我们期望观察到的、能被作为抽样误差结果的"区间估计"可能值的范围(range likely values);NHST 还与显著性检验有关,后者通常使用 p 值检验法。

3.7.1 置信区间估计

置信区间的定义为可与点估计相关联的区间值范围。它的方差和概率分布与它的抽样分布相关联,抽样分布描绘了我们可以预期的点估计可能值的范围。"很可能"是指发生的可能性很大。因此,统计推断涉及总体参数可能采用的假设值,它首先估计这些参数,然后使用该估计值,连同其方差或标准差及其抽样分布的知识,以判断观察到估计参数值和假设参数值之间的实际偏差的可能性。该区间宽度的另一个决定因素是所选择的"置信度"(the level of confidence),它表示总体参数落在该区间内的可能性。假设 PRF 为

$$Y_i = \beta_0 + \beta_1 X_1 + \varepsilon_i$$

SRF 为

$$\hat{Y}_i = \hat{\beta}_0 + \hat{\beta}_1 \hat{X}_1 + \hat{\varepsilon}_i$$

最小二乘法产生点估计量,并产生具有单个值(点)的近似总体参数。最小二乘估计量是我们对这些值产生影响的来源。到目前为止,我们讨论的点估计量都是单值的近似总体参数。点估计量的例子是样本均值 $\bar{X}$,和最小二乘系数 $\hat{\beta}_0$ 与 $\hat{\beta}_1$。根据 G-M 定理,每一个估计量都是其总体参数的 BLUE。但值得注意的是,无偏估计量的值与使其总体参数一致的平均值,不是单个估计值。平均而言,无偏估计量的抽样误差为零。对于单个估计,由于估计值与其总体参数的偏差,抽样误差 ε 可能存在。特定估计值与其总体参数之间的差异是由样本误差造成的。

由于我们感兴趣的总体参数是未知的,所以抽样误差的实际大小也是未知的。为了使存在抽样误差的可能性可以被接受,我们需要设置一个置信区间,该区间被定义为值的范围。这些值是根据点估计值得出的,其方差和概率分布与其抽样分布相关联,该抽样分布描绘了可能采取的点估计可能值的范围。为了结果的评估,我们需要设置一个 NHST。

1. NHST

如果我们用 β_1^0 表示 β_1 在零假设中的值,则假设抽样误差等于 $\hat{\beta}_1 - \beta_1^0$,即假设检验用零假设中的值 β_1^0 代替总体参数,则假设可写为:

$$H_0 : \hat{\beta}_1 = \beta_1^0$$

$$H_a : \hat{\beta}_1 \neq \beta_1^0$$

因此,零假设的统计检验,即 $H_0 : \hat{\beta}_1 = \beta_1^0$ 或 $\hat{\beta}_1 - \beta_1^0 = 0$,是在假设 H_0 正确的情况下进行的。在这种情况下,实际样本误差被假设的样本误差所取代,假设的样本误差测量点估计值与原假设中所述参数值的偏差。

2. 置信区间的估计

置信区间是判断原假设是否可被接受的关键。估计值的抽样分布为我们提供了关于假设的样本误差($\hat{\beta}_1 - \beta_1^0$)的信息,该信息决定了假设的样本误差的大小是否落在可被接受的范围。当($\hat{\beta}_1 - \beta_1^0$)的差异落在置信区间范围内时,我们不能拒绝零假设,因为 $\hat{\beta}_1$ 和 β_1^0 之间的差异可以被认为是变化的结果。如果偏差($\hat{\beta}_1 - \beta_1^0$)落在置信区间的范围之外,我们将拒绝 H_0 并接受 H_1。对于大样本量 n,比如 $n > 30$,我们可以通过使用 Z 检验(或 Z 分数)来得出置信区间。如果估计值是随机变量系数 $\hat{\beta}_1$,β_1^0 则是 $\hat{\beta}_1$ 的特定零值,其中假设 $\hat{\beta}_1$ 遵循正态分布,$\hat{\beta} \sim N(\beta_1^0, \sigma^2)$,Z 检验的

标准化形式是

$$Z=(\hat{\beta}_1-\beta_1^0)/\sigma_{\hat{\beta}_1} \text{ 或 } Z=\frac{(\hat{\beta}_1-\beta_1^0)}{\sigma/\sqrt{n}} \tag{3.15}$$

其中 $\sigma_{\hat{\beta}_1}$ 是 $\hat{\beta}_1$ 的标准偏差。Z 分数被定义为回归估计与假设值之间的差距除以标准偏差。由于 $\hat{\beta}_1$ 为正态分布，因此可以从单位正态表中该期望对应的置信度水平导出该值。例如，如果选择 95％的置信度水平，则在该分布的每个尾部限制 2.5％（＝0.025）的范围，Z 值为 1.96。因此，单位正态随机变量的所有值有 95％的可能性落在 -1.96 到 $+1.96$ 的范围内，或者

$$-1.96<Z<1.96 \quad \text{或} \tag{3.15a}$$

$$-1.96<\frac{(\hat{\beta}_1-\beta_1^0)}{\sigma/\sqrt{n}}< 1.96 \tag{3.15b}$$

这也可以用 $\hat{\beta}_1$ 标准偏差表示，如下

$$-1.96 \text{ sd}(\hat{\beta}_1)\leqslant(\hat{\beta}_1-\beta_1^0)\leqslant1.96 \text{ sd}(\hat{\beta}_1) \tag{3.15c}$$

可得

$$-1.96 \text{ sd}(\hat{\beta}_1)+\beta_1^0\leqslant\hat{\beta}_1\leqslant\beta_1^0+1.96 \text{ sd}(\hat{\beta}_1) \tag{3.15d}$$

方程(3.15d)给出了在 5％显著性水平的接受区间内不会被拒绝时的特定零假设 $\hat{\beta}_1=\beta_1^0$ 的值，如图 3.2 所示。

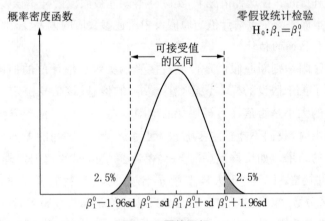

图 3.2 置信区间

这是点 $\hat{\beta}$ 估计值的 95% 置信区间,也可以写为

$$\hat{\beta}_1 = \beta_1^0 \pm 1.96 \text{ sd}(\hat{\beta}_1) \tag{3.15e}$$

从式(3.15e)可以看出,点 $\hat{\beta}$ 被转换成落在计算系数下限和置信上限的区间。根据中心极限定理(central limit theorem, CLT),该估计值服从均值 μ 和方差 σ^2/n 的正态分布,假如 $\beta_1^0 = 1$,$\sigma^2 = 144$,$n = 36$,则 $\text{sd}(\hat{\beta}_1) = \sigma_{\hat{\beta}_1} = \sqrt{(\sigma^2/n)} = \sqrt{144/36} = 2$。该下限为 -2.92,上限为 4.92,即 $1 \pm 1.96 \times 2$,抽样误差为 $3.92(=1.96 \times 2)$。注意,这并不意味着 β_1^0 有 95% 的概率落在 -2.92 和 4.92 之间,因为一旦我们用一个特定的值式(3.15e)代替 β_1^0,并且因为间隔是固定的,所以概率陈述不再有效。正确的解释是,如果我们构建了大量这样的区间,那么平均来看,β_1^0 将包含 95% 的置信区间。位于置信区间之外的值被称为位于拒绝区(rejection region),通常设置所有值的 5% 出现在该区域的正态分布中。

将置信区间区域与拒绝区域分开的值被称为临界值,其包括上临界(C_u)值和下临界(C_L)值。如果存在两个临界值(cut-off),则双尾检验(a two-tail test)有效,如果 $\hat{\beta}_1 > C_u$,则这是一个单尾测试。

3.7.2 统计显著性检验

另一个决定该区间宽度的因素是置信水平,这表示总体参数落在该区间内的可能性。我们假设标准误差为 $\text{sd}(\hat{\beta}_1)$[④],$\hat{\beta}_1$ 到目前为止是已知的,但在实践中它是最不可能已知的。正态分布只有在随机变量的总体方差已知的情况下才能被使用,因为这些估计值的实际方差也是未知的(σ^2 是未知的),另一种方法是显著性检验方法,该方法由费希尔独立开发,并由奈曼(Neyman)和皮尔逊联合开发。[⑤] 从广义上讲,统计显著性检验是用样本结果来验证零假设真假的程序。显著性检验背后的关键思想是检验统计量(估计值)和它们在零假设下的抽样分布。显著性检验是一种试验。t 统计量包括 t 检验、p 值等。

1. t 检验

在样本量相对较小(如 $n < 30$)的大多数情况下,t 检验也可用于确定统计结果的显著性。显著性检验背后的关键思想是检验统计量(估计值)和它

们在零假设下的抽样分布。接受或拒绝 H_0 的决定基于在正态假设下从手头数据获得的检验统计量的值。如果我们假设 $\hat{\beta}_1$ 的标准偏差是已知的——这在实践中大多是未知的——它通常用于估计 $\hat{\beta}_1$ 的 SE。当变量服从具有 $(n-2)d.f$ 的 t 分布时，$\hat{\beta}_1$ 的 SE 可以通过方程(3.10f)被估计，如下所示

$$SE(\hat{\beta}_1) = \sqrt{\frac{\sigma_\epsilon^2}{\sum_{i=1}^{n}(X_i - \bar{X})^2}}$$

t 检验又称 t 统计量，[6] 其计算公式为

$$t = \frac{\hat{\beta}_1 - \beta_1^0}{SE(\hat{\beta}_1)} \tag{3.16}$$

其中，$SE(\hat{\beta}_0)$ 和 $SE(\hat{\beta}_1)$ 是截距和斜率估计值的估计 SE，β_0^0 和 β_1^0 分别是 $\hat{\beta}_0$ 和 $\hat{\beta}_1$ 的特定值。用 t 检验计算观察到的显著性水平也被称为 p 值统计量。对于样本量非常小的情况，如 $n<30$，建议使用学生 t 检验。[7]

我们将 t 的临界值表示为 t_{crit}，以此来代替式(3.15e)中的数字 1.96。t 检验包括将 t 统计量与 t_{crit} 进行比较。回归估计不会使得零假设 $H_0: \hat{\beta}_1 = \beta_1^0$ 被拒绝的条件是

$$-t_{crit} \leq \frac{\hat{\beta}_1 - \beta_1^0}{SE(\hat{\beta}_1)} \leq t_{crit} \tag{3.16a}$$

2. p 值

p 值(p-$value$)与通过 NHST 的推断是不可分割的。在计量经济模型中，如果 PRF 为

$$Y_i = \beta_0 + \beta_1 X_i + \epsilon_i$$

H_0 是 X 不影响 Y，如果 H_0 为真，则 X 的系数为 0，即 $H_0: \beta_1 = 0$。备择假设是 H_1，如果我们拒绝 H_0，那么我们接受非零的备择假设 H_1。例如，如果 X 和 Y 是反相关的，那么为了确定 X 是否属于 Y 的方程，我们可以将零假设设置为 $H_0: \beta_1 = 0$，那么 $H_1: \beta_1 < 0$ 或 $\beta_1 > 0$。

在假设过程中，你想拒绝所有不正确的假设，留下正确的假设，但在这个过程中你不可避免地会犯一些错误：(1)拒绝一个被称为 I 型错误(the type Ⅰ error,通常使用 α 来表示),或有时被称为假阳性(false positives)的真零假设;以及(2)不拒绝被称为Ⅱ型错误(the type Ⅱ error,通常用 β 来表示),或被称为假阴性(false negatives)的错误零假设。

　　p 值可用于确定结果的统计显著性。对于相对较大的样本量(如 $n > 30$),可使用 Z 检验计算 p 值;对于较小的样本量(如 $n < 30$),可使用 t 检验(3.16)计算 p 值。Z 检验使用以下公式计算标准分数

$$Z = \frac{\bar{X} - \mu_0}{\sigma/\sqrt{n}} \tag{3.16b}$$

其中,$\bar{X} = \frac{1}{n} \sum_{k=1}^{n} X_k$,$\bar{X}$ 是总体基线或对照的算术平均值,μ_0 是观察平均值,而 $\sigma/\sqrt{n}$ 是平均值的 SE。p 值可以用概率符号表示为:

$$p\text{-}value = p(X_0) = p[d(X_r) > d(X_0); \text{H}_0]$$

其中,X_0 是零假设下的观察数据(X_{01}, X_{02}, $\cdots$, X_{0n}),d 在这里代表一种特殊函数符号(例如,计算 Z 分数时),X_r 是零假设的抽样分布中的随机样本(X_{r1}, X_{r2}, $\cdots$, X_{rn})。因此,p 值,或概率值,被认为是观察到的或确切的显著性水平,或犯Ⅰ型错误的确切概率。

　　与 p 值可以控制的Ⅰ型错误(α)的假阳性率不同,Ⅱ型错误(β)控制假阴性率。控制 β 的大小不像控制Ⅰ型错误率那样简单。Ⅱ型错误率将取决于(1)各组之间的实际差异的大小;(2)检验原假设的数据方差;以及(3)数据点的数量(样本量大小),其中只有样本量是可以被控制的,因此Ⅱ型错误率的计算更加复杂。检验统计量的值,即样本量 $n > 30$ 的 Z 分数,或样本量 $n < 30$ 的 t 检验,可用于确定假设的观察显著性水平。当显著性水平最小时,我们可以拒绝 H_0。

双尾检验得 p 值定义为

$$p_r(|t| \geqslant test\ statistic) = p\text{-}value \tag{3.17}$$

从式(3.17)可以看出,p 值是用来检验假设的统计测试。不同的统计测试有不同的假设,会产生不同的检验统计结果。我们应该选择最适合自身的数据且能与想要测试的效果或关系相匹配的统计检验。p 值也基于自由度,包含在检验中的自变量的数量会改变检验统计量的大小,以生成相同的 p

值。这表示具有适当自由度的 t 随机变量的绝对值超过我们的检验统计量的概率。两条尾部的 p 值等于 t 变量超过检验统计量的概率的两倍，因为这种类型的检验同时涉及上临界区和下临界区。我们是否拒绝零假设的关键在于显著性水平（α），或犯 I 型错误的概率。

3. p 值和显著性水平

正如我们在第 3.6.1 节中看到的，置信区间提供了二维信息，即点估计（信号）和置信区间的宽度（白噪声），因此，它可能比 p 值提供更多信息，应始终被报告。此外，基于置信区间的关于接受或拒绝零假设的决策规则与基于 p 值的决策规则会产生相同的结论，即每当 95% 置信区间排除参数的空（null）值时，就会有相应的 p 值小于 0.05。然而，置信区间是"单位"依赖的（unit-dependent），因此，我们很难在不同的研究之间进行比较。p 值将信号和白噪声（估计信号的随机变化）与由研究数据提供的证据强度的单一度量相结合。

首次使用 p 值的单一统计量并推导出 p 值的是 18 世纪末得皮埃尔·西蒙·拉普拉斯（Pierre Simon Laplace）。[8] 20 世纪初，皮尔逊正式引入了统计显著性计算。[9] 将 5% 的统计显著性水平作为临界值，并以此确定是拒绝还是接受无效假设的是费希尔。费希尔在他 1925 年的论文中提出，将 $p <$ 0.05 作为统计显著性检验的临界值。从那时起，$p < 0.05$ 就作为一种科学方法被应用于许多科学类型的研究中，一个多世纪以前就已被接受了。

事实上，将 p 值设置为 0.05 有其独特的原因。这是因为，在 20 世纪早期，统计学教科书报告了许多具有长系列 p 值的表，费希尔将一个特殊的状态归结为 0.05（20 中有 1），以简化用户在决策中对概率的选择，[10] 便于用户以此 p 值来判断是否能接受偏差，它被认为是重要的限制。[11] 从那时起，p 值就被认为是现代科学中最具影响力和变革性的统计概念。在大多数情况下，研究者喜欢选择显著性水平的方法。在医学文献中，研究者通常将 5% 的显著性水平作为临界值，以确定是拒绝还是接受零假设 H_0。

在计量经济学文献中，应用计量经济学家通常遵循将 α 的值设置在 1% 或 5%，至多 10% 的做法。选择测试统计量将使犯 II 型错误的概率尽可能小，因为 1 减去犯 II 型错误的概率（例如，$1 - 95\%$）被称为检验的功效。如果数据不支持零假设，则在零假设下获得的 t 的绝对值（$|t|$）将是大的，因此获得 $|t|$ 值的 p 值将是小的。换句话说，对于给定的样本量大小，$|t|$ 值增

加,p 值减小,因此可以拒绝零值越来越自信的假设。

应用计量经济学家通常喜欢同时报告 1%、5% 和 10% 的显著性水平,其原因是,他们试图平衡Ⅰ型错误和Ⅱ型错误之间的风险,因为临界概率越低,Ⅰ型错误的风险越小。我们选择的显著性水平如果是 5%,就会在 5% 的情况下拒绝一个正确的假设。如果选择 1%,由于 1% 的显著性水平高于 5%,我们可能只有 1% 的概率出现Ⅰ类错误。另一方面,如果零假设为假,则较高的显著性水平意味着Ⅱ型错误的风险相对较高,因为我们可能不会拒绝错误的零假设。类似地,如果我们选择低显著性水平,则在零假设为真的情况下,我们犯Ⅰ型错误的风险可能相对较高。使用不同临界值(如 1%、5% 和 10%)的优点是可以比较不同的结果,以控制假阳性率的风险。从这个角度来看,在某个水平上任意放弃固定的 α,而简单地选择检验统计量的 p 值,可能会更好。[12] 在这种情况下,我们不需要依赖单一信息,而是可以将所有其他信息都考虑在内。

3.8　统计科学的危机

自费希尔于 1925 年发展了现代统计推断并引入了 NHST,从而要寻找的信号和白噪声这二者能客观地被分离出来后,NHST 就成了在大多数科学学科中最广泛应用,以进行数据分析的方法。[13] 由于 p 值将估计的信号或者说"估计信号差"(the estimated signal difference),和白噪声或者说"估计信号的随机变化"(random variation of the estimated signal)与数据所提供的证据强度的单一度量相结合,因此它在计量经济模型的 NHST 测试中被广泛采用,并被认为是现代统计学和计量经济学中最具影响力和变革性的统计方法。

然而近年来,统计科学在 p 值方面出现了危机。正如我们在前一章 2.6.4 节中所回顾的,关于 p 值的使用存在越来越多的争议。2019 年,三位统计学家呼吁科学家放弃使用统计显著性。作者本身并不要求将 p 值作为一种统计工具并将其抛弃,相反,他们希望结束将 p 值作为一个任意的重要的临界值来使用的方法。800 多名研究人员赞成这个观点,并作为赞成者签署了他们的名字以表支持。ASA 于 2019 年发表了一系列相关文章。从那时起,统计显著性方法受到了前所未有的质疑和挑战。[14]

p 值的广泛使用受到批评的主要原因有以下三点:(1)研究者经常曲解 p 值,或盲目地应用假设检验;(2)零假设中的零假设是不现实的,因为在许多情况下,效应为 0 的零假设不太可能为真;以及(3)在使用 p 值的已发表的(主要是医学和临床试验)学术论文中,将 p 值作为检验方法的论文占比相对较高,但无法被复制。

3.8.1　对 p 值的错误解释

假设检验是统计学的基础之一,用于评估大多数研究的结果。统计显著性是我们经常听到但可能并不真正理解的术语之一。格陵兰等人(Greenland, Senn, Rothman, Carlin, Poole, Goodman, Altman and Douglas)于 2016 年列举了关于 p 值、置信区间和统计功效的 25 种错误解释,这些解释可能完全是错误的,但却在大部分科学文献中占主导地位。[15] 他们认为,人们引用的对 p 值的最常见误解是: p 值是检验假设的概率,这种解释是不正确的。 p 值严格来说是关于数据的概率,而不是关于假设或变量效应的概率。 p 值假设检验为真,但它不是假设概率。另一个对 p 值的常见误解是“ $p \leqslant 0.05$ 的重要测试结果意味着测试假设是错误的或是应该被拒绝的”。这也是不正确的,因为较小的 p 值可能是由其他因素(如较大的随机误差)引起的,或者因为违反了某些假设,但不符合检验假设。我们经常在文献中看到另一种误解,例如“统计显著性表明已经检测到科学上或实质上的重要关系”,这也是不正确的,因为非常小的影响或小的假设违规行为可能导致对大型研究的零假设进行具有统计学意义的测试。[16]

3.8.2　 p 值的误用

p 值被设计为在给定模型假设下反对原假设证据强度的指南,包括感兴趣的变量之间不存在任何效应,或者例如双尾中的两组之间没有差异。然而, p 值的一个常见误用是它经常被错误地解释为对两个变量或两组关系强度的度量。在这种情况下,人们可能没有意识到这个结论有其前提条件,因为 p 值是一个一维指标,在实验中以信号与噪音之比(signal-to-noise ratio)来衡量证据的强度。但是,与所有统计量一样,p 值是根据数据估计的,并且受随机变化的影响,因此其置信区间可能非常宽,特别是当原始数据来自相对较小的样本量时。因此,一个单独的 p 值的实验结果可能不能正确地解释 NHST 中的关系。p 值应被正确应用于重复实验得到研究结果,这在医学或临床试验中可能特别重要,并且也许可以解释为什么一些发表在医学或临床试验杂志上的研究论文中的 p 值虽然较低,却不能被他人复制。但重复研究的问题可能不是由 p 值方法本身造成的,而可能是由如何使用它的问题造成的,即这项研究必须能够被重复无限次,但科学研究结果缺乏可重复性。

3.8.3　$p<0.05$ 的任意临界值

另一个主要争论集中在 $p<0.05$ 的任意临界值。有必要设定一个标准来证明统计显著性水平,即 $p<0.05$(5%,或 20 个中的 1 个)。作为一个任意的临界值(通常称为 α),$p<0.05$ 是一个判断假设标准,即 p 值是否低于任意临界值,如果 p 值低于任意临界值,则接受零假设,反之亦然。但这也是非常有争议的。一种解释是,"$p=0.05$ 意味着在测试假设下,被观察到的关联只会在 5% 的可能性内发生",这种解释也是错误的。p 值不仅指我们观察到的,还指比我们观察到的更极端的观察。$p<0.05$ 的平均值仅仅存在于重复实验中,但如果随后的研究也产生了显著的 p 值,那么人们就可以得出结论,观察到的影响不太可能仅仅是偶然的结果。

虽然作为一个任意的临界值,$p<0.05$ 对于区分显著和不显著的结果是必要的,但将 $p<0.05$ 作为唯一的仲裁者来证明假设是否可被接受可能会导致一些有偏见的分析。一些假阳性被夸大了,而一些真正的影响因素被忽视了。这是因为(1)统计显著性取决于统计模型,并且完整的假设集中体现在支撑该方法的统计模型中。每种统计推断方法都依赖于复杂的假设。这些假设以非常简单的方式使用数据变异性的数学表示。在实践中,所有这些假设很难被满足和验证。(2)所有统计方法和解释都以模型假设为前提,即假设模型提供了我们期望在数据集中看到的变化的有效表示。然而,统计模型通常以高度抽象的形式呈现,因此,许多假设没有被标记或没有被

注意到，并且通常不被用户识别。（3）代表零效应的"零假设检验"值（平均结果没有差异）在现实中是不现实的。这表明 p 值检验有其局限性。[17]

3.8.4 p 值在实践中可用的替代方案

鉴于对 p 值的误解是影响科学研究质量的严重问题之一，一些统计学家提出了一些实际的 p 值替代方案。他们提出的替代统计包括置信区间、贝叶斯因子、效应大小估计值或假阳性率。[18]

置信区间的二维信息能够比 p 值提供更多的信息，应始终被报告。但是，有关接受或拒绝基于置信区间结果的零假设的决策规则将得出与基于 p 值的决策规则相同的结论，因为每当 95% 的置信区间排除参数的值时，就会有相应的小于 0.05 的 p 值。

贝叶斯统计中的"贝叶斯置信区间"（Bayesian credible interval）类似于频率统计中的置信区间，是 p 值的另一种可能的替代方案。[19]但是，贝叶斯统计量（像 p 值一样）在决定接受或拒绝假设时也会导致误报和漏报，并且可能会被错误地解释为表示新发现的重要性。

实际上，统计上的误解可能不限于 p 值；其他替代方法也可能经常被误解。没有一种统计方法不会被误解和误用，但统计数据的使用者应避免特别容易被严重滥用的方法。误用、曲解 p 值，或盲目地应用假设测试可能会导致错误的结论。因此，了解什么是 p 值、p 值的用途以及如何正确地解释 p 值结果非常重要。由于所有的这些统计方法，无论是置信区间还是贝叶斯因子等，都对导致所呈现结果的事件顺序进行了广泛的假设，不仅在数据生成方面，而且在分析选择方面。研究人员应详细报告导致统计数据提交的整个时间序列的所有结果，包括研究的动机、设计、原始分析计划、用于纳入和排除数据的标准、受试者（或研究），以及对所有分析的详细描述，而不应仅仅基于 p 值。

3.9 模拟方法

除了用于评估回归系数的 NHST 之外，模拟方法是另一种用于评估 LS

法实际性能的、日益增长的现代统计方法。最小平方估计过程基于 SRF 估计单个估计值的未知总体参数（系数）。然而，在实际应用中，我们无法观察估计值的抽样分布，我们必须确定这些估计系数与总体参数的真值相同。为了验证这一点，我们可以使用蒙特卡罗模拟方法。与需要样本数据，再使用 LS 法来估计未知参数的最小二乘估计过程不同，蒙特卡罗模拟方法是一个逆过程。如果 PRF 是 $Y_i = \beta_0 + \beta_1 X_i + \varepsilon_i$，假设参数的真值已知，例如 $\beta_0 = 20$ 以及 $\beta_1 = 0.6$，选择样本 X_i 的数量 n，例如 $n = 30$ 或任何其他数字；固定 X_i 的每个观察值；然后从随机数表中选择随机数来生成新的数据集。因为我们如果知道 β_0、β_1、X_i 以及 ε_i 上面的 PRF 模型，就可以生成一个新的数据集，例如本例中的 30 个样本量。然后，您可以根据新的数据集对模型进行回归，以估计新的系数 β_0 和 β_1 的值，重复该实验多次，比如 99 次、999 次，或任何更多次数，然后检查结果：如果这些平均值与步骤 1 中假设的 β_0 和 β_1 真值相同（或接近），这意味着模拟结果与原始估计值匹配，即 $E(\hat{\beta}_0) = \beta_0$ 且 $E(\hat{\beta}_1) = \beta_1$，并且估计的参数是无偏的。这样的模拟实验经常被用来研究和估计总体参数的统计性质。它们对于研究小样本或有限样本中估计值的行为特别有用，还是大多数经典统计推断的基础。

3.10 总结和结论

本章的目的是加深对回归分析统计方法特性的理解。本章重点解释了简单（单元）回归模型的估计方法。

1. PRF 或 CEF 是简单回归分析的关键概念。在实践中，我们不太可能访问整个感兴趣的总体，而是从总体中获取观测样本，因此，PRF 的估计是通过随机 SRF 进行的。进行简单的回归分析只是为了找出因变量的平均值随时间的变化情况、解释变量（或自变量）的给定值。

2. LS 法提供了一种获得 SRF 系数的科学方法，在此过程中，随机扰动项对 PRF 的估计起着至关重要的作用。

3. 回归分析的基本框架是 CLR。最小二乘估计量具有 G-M 定理中总结的某些假设性质。通过使用 LS 法，我们能够估计参数 β_0、β_1 和 ε。在

CLR 的假设下，我们能够证明这些参数 $\hat{\beta}_0$、$\hat{\beta}_1$ 和 $\hat{\varepsilon}$ 的估计值满足一些期望的统计性质，如无偏性、最小方差等，即 BLUE。

4. 由于估计量 $\hat{\beta}_0$、$\hat{\beta}_1$ 和 $\hat{\sigma}^2$ 是随机变量，它们的值随着样本的不同而变化。我们如果使用不同的样本，则需要找出样本如何接近整体。因此，我们需要找出它们的概率分布。

5. 但是，LS 法没有对 ε_i 概率性质作出任何假设，这对从 SRF 中得出关于 PRF 的推论几乎没有帮助。因此，$\hat{\beta}_1$（包括 $\hat{\beta}_0$）的概率分布将取决于对 ε_i 的正态分布所作的假设。因此，LS 法本身并不意味着概率思想，而是通过将 LS 估计量的概率分布与概率相关联，以推断其总体值。正态分布检验（G-M 定理）在回归模型的 LS 法中是极其重要的。

6. 回归系数的方差可以检验估计的回归系数的准确性，R^2 的拟合优度是衡量回归模型适用性的主要标准。

7. NHST 在大多数科学学科中被广泛使用，用于进行数据分析，并且与置信区间估计和显著性检验有关。置信区间提供了一组关于未知参数值的似是而非的假设。如果零假设值位于置信区间内，不拒绝零假设；如果它位于该区间之外，则拒绝零假设。

8. 显著性检验是包括 t、F、χ^2 和 p 值等的检验统计量。p 值将信号（估计的信号差）和白噪声（估计的信号的随机变化）与由数据提供的证据强度的单一度量相结合，且在计量经济模型 NHST 测试中被广泛采用。如果这个 p 值很小，我们可以拒绝零假设，但如果它很大，我们可能不会拒绝零假设。构成小或大 p 值的因素取决于对 I 型和 II 型错误的研究。

9. 误用和曲解 p 值，或者盲目地进行假设检验，都可能导致错误的结论。在许多情况下，效应为 0 的零假设不太可能为真；将 $p < 0.05$ 作为判断假设是否可被接受的唯一指标，可能会导致一些有偏的分析。一些假阳性被夸大了，而一些真正的影响因素被忽视了。

10. 模拟方法是一种日益现代化的统计方法，用于评估 LS 法的实际性能。

注释

① 注意"估计量"（estimator）和"估计"（estimate）这二个概念之间的差异，我们可能会在后期经

常使用这两个概念。估计量的概念是指一般规则，通常只是一个公式，用于在给定数据样本的情况下估计未知的总体参数。它根据$\{X_1, X_2, \cdots, X_n\}$定义。一旦我们获得了特定的样本$\{x_1, x_2, \cdots, x_n\}$，我们就使用它来获得我们在估计值时描述的特定数字。因此，估计量是一个公式，而估计则是一个数字。

② 术语"线性"可以表示两种不同的含义：(1)变量中的线性；(2)参数中的线性。线性的第一个含义是Y的条件期望是X_i的线性函数，线性的第二种解释是，Y、$E(Y|X_i)$的条件期望是参数的线性函数，它在变量中可能是线性的，也可能不是线性的。本书中提到的所有线性都与第二种解释有关。非线性(在参数中)回归模型将不在本书中讨论。

③ 正态性检验包括：残差直方图(histogram of residuals)、正态概率图(normal probability Plot，NPP)、雅克—贝拉检验(the Jarque-Bera test)，这是对 OLS 残差的渐近或大样本检验。详细信息参阅：Gujarati, D.N. (2003), *Basic Econometrics*, McGraw Hill Higher Education, Section 5.12, New York.

④ 我们也可以用 sigma(σ)来代表标准差。

⑤ 参阅：Fisher, R.A. (1925), *Statistical Methods for Research Workers*. London：Oliver & Boyd；Neyman, J. and Pearson, E. S. (1933), "On the Problem of the Most Efficient Tests of Statistical Hypotheses", *Phil. Trans. of the Royal Society*, A, 231, pp.289—337.

⑥ t 检验用于计算观测到的显著性水平(p 值统计量)。建议对非常小的样本量进行学生 t 检验，例如，$n < 30$。

⑦ 如果我们使用 t 分布，我们必须标准化将最小二乘估计转换为检验统计量中包含的系数。

⑧ 参阅：Mayo, D.G., Spanos A. (2006), "Severe Testing as a Basic Concept in a Neyman-Pearson Philosophy of Induction", *British Society for the Philosophy of Science*, 57, pp.323—357. Mayo, D.G., Spanos, A. (2010), "Error Statistics", in P. S. Bandyopadhyay & M. R. Forster(Eds.), *Philosophy of Statistics*, 7, pp.152—198, *Handbook of the Philosophy of Science*, The Netherlands：Elsevier.

⑨ 参阅：Georgiev, G. Z. (2017), "Statistical Significance in A/B Testing-a Complete Guide", ［online］ http：//blog. analytics-toolkit. com/2017/statistical-significance-ab-testing-complete-guide/(accessed Apr 27, 2018)；Georgiev, G.Z. (2018), "Confidence Intervals & P-values for Percent Change/Relative Difference", ［online］ http：//blog. analytics-toolkit. com/2018/confidence-intervals-p-values-percent-change-relative-difference/(accessed May 20, 2018).

⑩ 参阅：Soliani, L. (2007), *Statistica applicata alla ricerca e alle professioni scientifiche*, Manuale di statistica univariata e bivariate, Uninova-Gruppo Pegaso, Parma, pp.8—11, http：//www.dsa.unipr.it/soliani/soliani.html, Accessed 2 May, 2019.

⑪ 参阅：Fisher, R.A. (1956), *Statistical Methods for Research Workers*, Hafner, New York, p.44.

⑫ 参阅：Lehman, E. L. (1959), *Testing Statistical Hypotheses*, John Wiley & Sons, New York.

⑬ 参阅：Goodman, S. N. (1990), "Toward Evidence-based Medical Statistics. 1：The P-Value Fallacy", *Ann Intern Med*, 130 (12), pp. 995—1004. DOI：10. 7326/0003-4819-130-12-199906150-00008. Fisher, R.A. (1925), *Statistical Methods for Research Workers*, Oliver & Boyd, London.

⑭ 参阅：Wasserstein, R. L., Schirm, A.L. and Lazar, N.A. (2019), "Moving to a World Beyond $P < 0.05$", *The American Statistician*, ISSN：0003-1305 (Print) 1537—2731 (Online), https：//www.tandfonline.com/loi/utas20.

⑮ 参阅：Greenland, S., Senn, S. J., Rothman, K. J., Carlin, J. B., Poole, C., Goodman, S. N., Altman, Douglas G. (2016), "Statistical tests, *p* values, Confidence Intervals, and Power: A Guide to Misinterpretations", *Eur J Epidemiol*, 31, pp.337—350, DOI 10.1007/s10654-016-0149-3 https://link.springer.com/content/pdf/10.1007/s10654-016-0149-3.pdf.

⑯ 参阅：Greenland, S. et al. (2016).

⑰ 有关一般问题的更详细讨论,参阅：Greenland, S., et al. (2016).

⑱ 参阅：Cumming G. (2008), "Replication and p Intervals: *P*-Values Predict the Future Only Vaguely, but Confidence Intervals Do Much Better". *Perspect Psychol Sci*, 3(4), pp.286—300, DOI: 10.1111/j.1745-6924.2008.00079.x.; Blume, J., Peipert, J.F. (2013), "What Your Statistician Never Told You About *P*-Values", *J Am Assoc Gynecol Laparosc*, 10(4), pp.439—444.

⑲ 参阅：Lee, P.M. (2012), *Bayesian Statistics: An Introduction*, 4th edition, Wiley.

4

多元回归分析方法

4.1 引言

在前一章中,我们讨论了简单的线性回归。简单线性回归是基于单个预测变量进行预测反应的有用方法。然而,在现实中,经济学家研究的因果关系大多不是二元的而是多元的。尽管大部分多元回归模型是单元回归模型的直接扩展,但多元回归模型中的因变量被假设为依赖于多个解释变量。对给定解释变量对因变量的影响的评估与对单一回归分析的评估并不完全相同。我们必须了解新问题:(1)区分一个解释变量效应和其他解释变量效应之间的关系;(2)解决模型设定问题,即确定哪些影响变量应被包括在回归方程中,哪些应被排除;(3)处理自变量之间相关性较高的问题,或更严重的多重共线性问题。

本章的结构安排如下:4.2 节解释和讨论多元线性回归的方法,特别是有关"偏斜率"(the partial slop)问题;4.3 节以两个解释变量模型为示例,解释和说明多元回归模型中的最小二乘估计;4.4 节解释多元回归模型的标准统计假设和多元回归系数的 OLS 估计;4.5 节讨论多元回归模型的问题,如模型说明偏差、测量误差等;4.6 节中讨论多重共线性问题、检验方式和一些解决方案;4.7节讨论拉索回归;4.8 节讨论机器学习;最后,4.9 节是本章总结和结论。

4.2 多元线性回归方法

多元回归分析通常包括回归模型中的多个解释变量,而不是只有一个。

以前一章讨论的消费需求函数为例，将理论上的多元回归模型表示为

$$Y_i = f(X_{p1}, X_{p2}, I, p^e) \tag{4.1}$$

公式(4.1)是一个多变量函数，它表示需求量 Y_i 是商品 X_1 的价格 X_{p1}、商品 X_2 的价格 X_{p2}、收入水平 I 和商品 X 的预期（未来）价格 p^e 的函数。

在单一回归模型中，总体回归模型中估计的 Y_i 条件均值只是 X_{p1} 单一变量的函数，即 $E(Y_i | X_{p1})$，使用逼近条件均值的方法实现。与单一回归模型不同，多元回归模型如式(4.1a)所示，Y_i 的条件均值不再是 X_{p1} 单一变量的函数，而是一组变量 X_{p1}、X_{p2}、I 和 p^e 的函数。即

$$E(Y_i | X_{p1}, X_{p2}, I, p^e) = \beta_0 + \beta_1 X_{p1} + \beta_2 X_{p2} + \beta_3 I + \beta_4 p^e \tag{4.1a}$$

因此，PRF 应在 SRF 中包括这些变量中的每一个。如果我们假设该模型为线性模型，并将其表示为随机形式，PRF 将是

$$Y_i = \beta_0 + \beta_1 X_{p1} + \beta_2 X_{p2} + \beta_3 I + \beta_4 p^e + \varepsilon \tag{4.1b}$$

如果用特定值代替式(4.1b)中的每个解释变量，那么我们可以得到 Y_i 的平均值的近似值。如果方程中的一个或多个解释变量的值改变，则 Y_i 的条件平均值也改变，其变化量由所涉及的系数的大小和符号决定。多元回归模型与单一模型对系数的解释不同。例如，在多元回归模型中，每个解释变量的系数 β_1 是"偏变化率"（partial rates of changes），即在假定 X_{p2}、I 和 p^e 既定且不变的条件下，Y_i 条件均值给出的"偏变化率"随着 X_{p1} 的变化而变化。因此，多元回归中的解释变量的系数是偏斜率。

在公式(4.1b)中，如果假设 X_{p1}、X_{p2}、I 和 p^e 是决定因变量 Y_i 行为的主要变量，则所有这些变量都应包括在 PRF 中。缺失任何一个或多个变量或添加其他未受影响的变量都将影响估计的结果。识别模型中应包含哪些主要变量是找到正确模型的关键步骤。

与单一回归模型的估计一样，总体多元回归函数的估计也是由 SRF 给出的。总体多元回归模型和其 SRF 之间的关系与总体单一回归模型和其 SRF 之间的关系非常相似。我们如果回到一般情况，即，因变量是 Y，有 k 个解释变量 X_k，就可以将 PRF 表示为

$$E(Y_x | X_{1i}, X_{2i}, \cdots, X_{ki}) \quad \text{或者}$$
$$Y_i = \beta_0 + \beta_1 X_{1i} + \beta_2 X_{2i} + \cdots + \beta_k X_{ki} \tag{4.1c}$$

SRF 可用于估计总体系数以及 X_k 的值,以生成 Y 的观测值。这些观测值是我们对 Y 的条件均值的估计,

$$E(\hat{Y}_x \mid \hat{X}_{1i}, \hat{X}_{2i}, \cdots, \hat{X}_{ki}) \text{ 和}$$

$$\hat{Y}_i = \hat{\beta}_0 + \hat{\beta}_1 X_{1i} + \hat{\beta}_2 X_{2i} + \cdots + \hat{\beta}_k X_{ki} \tag{4.1d}$$

与单一回归模型估计相同,Y 的实际值和估计值之间的差值是 $\hat{\varepsilon}_i$,即

$$\hat{\varepsilon}_i = (Y_i - \hat{Y}_i) \tag{4.1e}$$

$$Y_i = (\hat{Y}_i + \hat{\varepsilon}_i) \tag{4.1f}$$

将式(4.1d)代入式(4.1f),

$$Y_i = \hat{\beta}_0 + \hat{\beta}_1 X_{1i} + \hat{\beta}_2 X_{2i} + \cdots + \hat{\beta}_k X_{ki} + \hat{\varepsilon}_i \tag{4.1g}$$

公式(4.1g)是一个一般的多元回归模型。与单一回归模型不同,在多元回归模型中,因变量的条件均值不是一个解释变量的函数,而是一组解释变量的函数。在多元回归模型中,每个解释变量的系数是一个解释变量的条件均值(偏斜率)的偏变化率,并假设其他变量是常数。

模型中回归参数的系数可以使用 LS 法获得。使用 LS 法获得的 Y_i 的平均观测值与因变量的均值相同。给定观测值的残差 $\hat{\varepsilon}_i$ 是没有用观测值 $\hat{Y}_i$ 的观测校正过的值。多元回归模型的系数估计采用的方法是 LS 法。

4.3　多元回归模型中的最小二乘估计

为简单起见,我们仅以多元回归模型中的两个解释变量 X_1 和 X_2 为例,PRF 为

$$Y_i = \beta_0 + \beta_1 X_{1i} + \beta_2 X_{2i} + \varepsilon_i \tag{4.2}$$

对应的 SRF 为:

$$\hat{Y}_i = \hat{\beta}_0 + \hat{\beta}_1 X_{1i} + \hat{\beta}_2 X_{2i} + \hat{\varepsilon}_i \tag{4.2a}$$

同样使用 LS 法来估计参数,该 LS 法最小化残差的平方,RSS $= \sum \varepsilon_i^2$,然后求解 SRF 中的系数。重新排列式(4.2a)可得

$$\varepsilon_i = Y_i - \hat{Y}_i \ \text{或} \ \varepsilon_i = (Y_i - \hat{\beta}_0 - \hat{\beta}_1 X_{1i} - \hat{\beta}_2 X_{2i}) \tag{4.2b}$$

其中 ε_i 是观察值 i 中的残差，即总体值 Y_i 与观测值 $\hat{Y}_i$ 之间的差，对残差的平方求和，并对方程两端求平方，[①]

$$\text{RSS} = \sum_{i=1}^{n} \varepsilon_i^2 = \sum_{i=1}^{n} (Y_i - \hat{\beta}_0 - \hat{\beta}_1 X_{1i} - \hat{\beta}_2 X_{2i})^2 \tag{4.2c}$$

极小值的一阶条件为 $\dfrac{\partial \text{RSS}}{\partial \hat{\beta}_0} = 0$，$\dfrac{\partial \text{RSS}}{\partial \hat{\beta}_1} = 0$，和 $\dfrac{\partial \text{RSS}}{\partial \hat{\beta}_2} = 0$，由此可得以下公式，

$$\frac{\partial \text{RSS}}{\partial \hat{\beta}_0} = -2 \sum_{i=1}^{n} (Y_i - \hat{\beta}_0 - \hat{\beta}_1 X_{1i} - \hat{\beta}_2 X_{2i}) = 0 \tag{4.2d}$$

$$\frac{\partial \text{RSS}}{\partial \hat{\beta}_1} = -2 \sum_{i=1}^{n} X_{1i}(Y_i - \hat{\beta}_0 - \hat{\beta}_1 X_{1i} - \hat{\beta}_2 X_{2i}) = 0 \tag{4.2e}$$

$$\frac{\partial \text{RSS}}{\partial \hat{\beta}_2} = -2 \sum_{i=1}^{n} X_{2i}(Y_i - \hat{\beta}_0 - \hat{\beta}_1 X_i - \hat{\beta}_2 X_{2i}) = 0 \tag{4.2f}$$

因此，我们可以用三个公式来表示三个未知参数 $\hat{\beta}_0$、$\hat{\beta}_1$，和 $\hat{\beta}_2$。第一个 $\hat{\beta}_0$ 可以很容易地重新排列，同样地，$\hat{\beta}_1$、$\hat{\beta}_2$ 也可以表示为由 Y_i、X_{1i}，和 X_{2i} 组成的数据

$$\hat{\beta}_0 = (\bar{Y} - \hat{\beta}_1 \bar{X}_{1i} - \hat{\beta}_2 \bar{X}_{2i}) \tag{4.2g}$$

$$\hat{\beta}_1 = \frac{\left(\sum_{i=1}^{n} Y_i' X_{1i}'\right)\left(\sum_{i=1}^{n} X_{2i}'\right) - \left(\sum_{i=1}^{n} Y_i' X_{2i}'\right)\left(\sum_{i=1}^{n} X_{1i}' X_{2i}'\right)}{\left(\sum_{i=1}^{n} X_{1i}'\right)\left(\sum_{i=1}^{n} X_{2i}'\right) - \left(\sum_{i=1}^{n} X_{1i}' X_{2i}'\right)^2} \tag{4.2h}$$

$$\hat{\beta}_2 = \frac{\left(\sum_{i=1}^{n} Y_i' X_{2i}'\right)\left(\sum_{i=1}^{n} X_{1i}'^2\right) - \left(\sum_{i=1}^{n} Y_i' X_{1i}'\right)\left(\sum_{i=1}^{n} X_{1i}' X_{2i}'\right)}{\left(\sum_{i=1}^{n} X_{1i}'\right)\left(\sum_{i=1}^{n} X_{2i}'^2\right) - \left(\sum_{i=1}^{n} X_{1i}' X_{2i}'\right)^2} \tag{4.2i}$$

其中 $X_{1i}' \equiv (X_{1i} - \bar{X}_1)$，$X_{2i}' \equiv (X_{2i} - \bar{X}_2)$，$Y_i' \equiv (Y_i - \bar{Y})$，从式 $(4.2g)$、$(4.2h)$ 和 $(4.2i)$ 中可得

（1）用 LS 法获得的 Y_i 平均观测值与因变量的平均值相同，即，$\bar{\hat{Y}}_i = \bar{Y}$，证明如下

$$\hat{Y}_i = \hat{\beta}_0 + \hat{\beta}_1 X_{1i} + \hat{\beta}_2 X_{2i} \tag{4.2j}$$

将式(4.2g)代入式(4.2j)，

$$\hat{Y}_i = (\bar{Y} - \hat{\beta}_1 \bar{X}_{1i} - \hat{\beta}_2 \bar{X}_{2i}) + \hat{\beta}_1 X_{1i} + \hat{\beta}_2 X_{2i} \qquad (4.2k)$$

收集涉及偏斜率项，

$$\sum \hat{Y}_i = \sum \bar{Y} + \hat{\beta}_1 \sum (X_{1i} - \bar{X}_{1i}) + \hat{\beta}_2 \sum (X_{2i} - \bar{X}_{2i}) \quad (4.2l)$$

因为 $\sum (X_{1i} - \bar{X}_{1i}) = \sum (X_{2i} - \bar{X}_{2i}) = 0$

所以用 LS 法获得的 Y_i 平均观测值与因变量的平均值相同，

即，$\hat{\bar{Y}}_i = \bar{Y}$。

　　(2) 给定观测值 $\hat{Y}_i$ 下的残差 $\hat{\epsilon}_i$ 与对观测值 $\hat{Y}_i$ 观测的 Y 不相关，即 $cor(\hat{\epsilon}_i, \hat{Y}_i) = 0$，协方差的求和公式忽略了涉及自由度的形式，但均值残差总和为零，因为

$$\begin{aligned} cor(\hat{\epsilon}_i, \hat{Y}_i) &= \sum \hat{\epsilon}_i (\hat{Y}_i - \bar{Y}) \\ &= \sum \hat{\epsilon}_i \hat{Y}_i - \bar{Y} \sum \hat{\epsilon}_i \\ &= \sum \hat{\epsilon}_i \hat{Y}_i \end{aligned}$$

替代 $\hat{Y}_i$，我们得到

$$\begin{aligned} &= \sum \hat{\epsilon}_i \hat{Y}_i \\ &= \sum \hat{\epsilon}_i (\hat{\beta}_0 + \hat{\beta}_1 X_{1i} + \hat{\beta}_2 X_{2i}) \\ &= 0 \end{aligned} \qquad (4.2m)$$

因为 $\sum \hat{\epsilon}_i = 0$，所以 $cor(\hat{\epsilon}_i, \hat{Y}_i) = 0$，这表明 $\hat{\epsilon}_i$ 和 $\hat{Y}_i$ 之间没有相关性，这是对它们之间的线性关系的假设。如果变量 Y 依赖于 $k-1$ 个解释变量 $X_1, \cdots, X_{k-1}$，则系数的估计在原理上与上述两个解释变量的情况相同。多元回归分析允许我们区分解释变量的影响，允许它们可能相关。每个 X 变量的回归系数提供了其对 Y 的影响的估计，并控制了所有其他 X 变量的影响。如果模型是被正确说明的并且满足 G-M 条件，估计量是无偏的。如在简单回归情况下，回归系数应被认为是特殊类型的随机变量，其随机分量可归因于模型中扰动项的存在。每个回归系数被计算为 Y 和样本中的解释变量的函数，而 Y 又由解释变量和扰动项决定。因此，回归系数由解释变量和扰动项的值决定，特别地，它们的性质主要取决于后者的性质。

4.4　多元回归模型的假设

多元回归模型中最小二乘估计量的性质是通过一组关于随机误差项和 PRF 的其他元素的假设来确定的。假设 PRF 的形式为式(4.2)的两个解释变量 X_{1i} 和 X_{2i}。

4.4.1　多元回归模型的假设

假设满足 G-M 条件，即：

(1) 对于每一对变量 (X_{1i}, X_{2i})，$E(\varepsilon_i)=0$ 或 $E(\varepsilon_i|X_{1i}, X_{2i})=0$，即，如果模型中被省略的变量对因变量的行为没有重要影响，则随机误差的均值等于零或所有条件误差分布的均值为零。

(2) $\mathrm{var}(\varepsilon_i)=\sigma_\varepsilon^2$，这意味着误差方差不会因任何观测或解释变量的不同值而改变，即方差相同，也就是同方差。

(3) $\mathrm{cov}(\varepsilon_i, \varepsilon_j)=0$，对于 $i\neq j$，如果满足该假设，则随机误差项是成对不相关的。对于时间序列数据，这表明模型中不存在序列相关性。

(4) 每个解释变量要么是非随机的，要么是随机的，它与方程误差不相关。

(5) X_{1i} 和 X_{2i} 不完全共线。

(6) ε_i 是正态分布的随机变量。

如果满足假设(1)到(5)，那么根据 G-M 定理，最小二乘估计量 $\hat{\beta}_0$、$\hat{\beta}_1$ 和 $\hat{\beta}_2$ 就是它们各自的总体系数的 BLUE。在这种情况下，

$$E(\hat{Y}_i)=E(\hat{\beta}_0+\hat{\beta}_1X_{1i}+\hat{\beta}_2X_{2i})$$
$$=\hat{\beta}_0+\hat{\beta}_1X_{1i}+\hat{\beta}_2X_{2i}$$
$$=E(Y_i) \tag{4.3}$$

因此，从最小二乘系数中获得的 Y 的观测值提供了 Y 均值的无偏估计。[2]

对于简单回归分析，G-M 定理证明了 OLS 技术能够对多元回归进行最有效的线性估计，在这个意义上，只要模型满足 G-M 条件，使用相同的样本信息就不可能找到具有较低方差的其他无偏估计。[3]

4.4.2 多元回归系数的精度

我们研究了具有两个解释变量的多元回归模型的回归系数可能的精度。类似的考虑适用于具有两个以上变量的更一般的情况,但是后一种分析变得复杂并且需要使用矩阵代数,我们在这里不作扩展。多个统计指标可以用来评估多元回归系数的精度。如果两个变量的真实关系是

$$Y_i = \beta_0 + \beta_1 X_{1i} + \beta_2 X_{2i} + \varepsilon_i$$

拟合的回归线为

$$\hat{Y}_i = \hat{\beta}_0 + \hat{\beta}_1 X_{1i} + \hat{\beta}_2 X_{2i}$$

1. 多元回归系数的方差

使用适当的数据,$\hat{\beta}_1$ 概率分布的总体方差 $\sigma_{\hat{\beta}_1}^2$ 由下式给出

$$\sigma_{\hat{\beta}_1}^2 = \frac{\sigma_\varepsilon^2}{\sum (X_{2i} - \bar{X}_2)} \times \frac{1}{1 - r_{X_{1i} X_{2i}}^2} \tag{4.3a}$$

其中 σ_ε^2 是 ε 的总体方差,$r_{X_{1i} X_{2i}}^2$ 是 X_1 和 X_2 之间的相关性。通过将 $\mathrm{var}(X_1)$ 替换为 $\mathrm{var}(X_2)$,我们可以获得 $\hat{\beta}_2$ 的总体方差的平行表达式,即

$$\sigma_{\hat{\beta}_1}^2 = \frac{\sigma_\varepsilon^2}{n\,\mathrm{MSD}(X_1)} \times \frac{1}{1 - r_{X_{1i} X_{2i}}^2} \tag{4.3b}$$

其中,$\mathrm{MSD}(X_1)$ 是 X_1 的均方差,是由下式 $\frac{1}{n} \sum (X_{1i} - \bar{X}_1)^2$ 给出。由公式 (4.3b) 可得,在简单回归分析的情况下,假如 n 和 $\mathrm{var}(X_1)$ 都很大,则最为理想的,因为 n 和 $\mathrm{var}(X_1)$ 大,意味着 σ_ε^2 小。然而,X_1 和 X_2 之间的相关项 $r_{X_{1i} X_{2i}}^2$ 应该是低的,因为 $r_{X_{1i} X_{2i}}^2$ 的大意味着很难区分解释变量对 Y 的影响,使得估计变得不太准确。

2. 误差方差的估计量

根据上述模型假设(6),方程误差是正态分布的随机变量。正态分布随机变量的特征是均值和方差,一旦获得了这些值,我们就知道了关于该变量的所有信息。

根据模型假设(1)、(3)和(6),个体误差是具有零均值和常方差 σ_ε^2 特征

的独立且遵循正态分布的随机变量。结果，误差方差的估计量是我们所需要的关于方程误差分布的全部必要信息。无偏且一致的估计量 σ_ε^2 由下式给出

$$\hat{\sigma}_\varepsilon^2 = \sum \hat{\varepsilon}_i^2 \big/ (n-3) \tag{4.3c}$$

公式(4.3c)的分母是该估计量的自由度的数量。当 SRF 包含 k 个估计系数（包括截距）时，自由度有 $(n-k)$ 个，其成为公式(4.3c)的分母。

3. 估计量的标准偏差

估计量的测量单位是因变量单位的平方。由于这个原因，回归的 SE $\hat{\sigma}_\varepsilon^2$ 通常优先于估计的 SE 被报告，因为 SE 具有与因变量相同的测量单位。方程的 SE 越低，SRF 对数据的拟合就越好。$\hat{\beta}_1$ 分布的标准偏差是方差的平方根。在简单回归的情况下，$\hat{\beta}_1$ 的 SE 是标准差的估计值。我们需要先估计 σ_ε^2。残差平方的样本平均值 s_ε 提供了一个有偏的估计量

$$E\left\{\frac{1}{n} \sum_{i=1}^n \varepsilon_i^2\right\} = \frac{n-k}{n}\sigma_\varepsilon^2 \tag{4.3d}$$

其中 k 是回归方程中的参数个数。然而，我们可以获得无偏估计量，用 s_ε^2 除以 $n-k$，而不是 n，来抵消偏差，

$$s_\varepsilon^2 = \frac{1}{n-k} \sum_{i=1}^n \varepsilon_i^2 = \frac{1}{n-k}\text{RSS} \tag{4.3e}$$

SE 由下式给出，

$$\text{SE}(\hat{\beta}_1) = \sqrt{\dfrac{s_\varepsilon^2}{\displaystyle\sum_{i=1}^n (X_{1i} - \bar{X}_{1i})^2 \times \dfrac{1}{1 - r_{x_1,x_2}^2}}} \tag{4.3f}$$

s_ε 可以直接从回归结果输出中获得，s_ε^2 等于残差平方和除以 $(n-k)$，n 是观察值的个数，k 是回归方程中参数的个数。

4. 回归系数的 t 检验和置信区间

以与简单回归分析相同的方式对回归系数进行 t 检验。当 t 的临界水平处于任何给定的显著性水平时，它将取决于自由度 $(n-k)$，即观测数减去估计的参数数。置信区间也以与简单回归分析相同的方式构建，即取决于自由度的数量。然而，在多元回归模型的情况下，t 检验更加复杂。如果方

差是估计值,则该值将根据 t 分布进行。否则,如果误差分布的方差是已知的,那么我们就得到了 Z 分布。事实上,如果模型被断言是复合模型,则我们更难以计算 p 值。

我们将基于残差平方和残差项中的自由度的乘积与测量或误差项的总数的比率来估计未知 σ。因此,我们可以得到许多不同的 p 值,这会导致多重比较的困难。由于这个原因,一些研究人员更喜欢使用贝叶斯方法,其中贝叶斯先验分布指定无论测试多少个假设,概率都是恒定的,并假定所有零假设都为真。相比之下,当 A 和 B 是关于真效应的断言时贝叶斯推理反映了 $P(A \cup B) \geqslant \max(P(A), P(B))$ 和 $P(A \cap B) \leqslant \min(P(A), P(B))$。④

5. 多重决定系数

在多元回归,如 $Y_i = \hat{Y}_i + \hat{\varepsilon}_i$ 中,$\hat{Y}_i$ 是 Y_i 的解释部分,$\hat{\varepsilon}_i$ 是未解释部分。在多元回归中,$\hat{Y}_i$ 和 $\hat{\varepsilon}_i$ 都是公式中一组解释变量的函数。正因为如此,在多元回归模型中,R^2 被称为多元决定系数。在计算该度量时使用的 Y 的总变化或 TSS 可以定义为

$$\text{TSS} = \sum (Y_i - \bar{Y}_i)^2$$

如果分解 PRF 和 SRF 之间关系,TSS 也可以表示为

$$\text{TSS} = \sum (Y_i - \bar{Y}_i)^2$$
$$= \sum (\hat{Y}_i - \bar{Y}_i)^2 + \sum \hat{\varepsilon}_i^2$$

公式右端的第一项是 ESS,而最后一项给出了 RSS,因此

$$\text{TSS} = \text{ESS} + \text{RSS}$$

R^2 的多重决定系数

$$R^2 = \text{ESS}/\text{TSS}$$
$$= 1 - \text{RSS}/\text{TSS}$$

由于 $\hat{Y}_i$ 和 $\hat{\varepsilon}_i$ 都是公式中包含的一组被解释变量的函数,因此在公式中添加或删除解释变量将会对 R^2 产生影响。此外,在多元回归模型中,即使所包含的解释变量都不具有统计显著性,R^2 也有可能接近 1。

因此,R^2 具有潜在弱点:当它被视为多元回归模型中方程性能的度量时,很高的 R^2 不一定代表多元回归模型很好,因为高的 R^2 可能是由:(1)一

个存在虚假的相关性的解释变量,而不是一个正确的因果因素;(2)诸如时间序列中的相关性;以及(3)Y 和 $\ln(Y)$ 等因变量的形式不同引起的。

此外,当向 SRF 添加额外的解释变量时,R^2 可能永远不会减少。如果我们用 Y 和 ε_i,展开式(4.3g),就可以看到增加一个变量却没有降低 R^2 的原因,

$$R^2 = 1 - \sum \hat{\varepsilon}_i^2 / (Y_i - \bar{Y})^2 \tag{4.3g}$$

当 SRF 增加变量时,表达式右端的分母不变,但如果增加的变量降低了一个或多个方程残差,则分子下降,从而导致 R^2 增加。在这种情况下,我们可使用调整的自由度或调整的 R^2。

6. 调整的 $\bar{R}^2$

调整的 $\bar{R}^2$ 的定义为

$$\begin{aligned}
\bar{R}^2 &= 1 - \hat{\sigma}_\varepsilon^2 / \hat{\sigma}_y^2 \\
&= 1 - \frac{\sum \hat{\sigma}_\varepsilon^2 / (n-k)}{\sum (Y_i - \bar{Y})^2 / (n-1)}
\end{aligned} \tag{4.3h}$$

如果在既定的样本大小 n 下,将附加的解释变量添加到 SRF 中,则表达式右端中的分母保持不变,但式(4.3h)中的分子可以上升、下降或保持不变。只有当 $\hat{\sigma}_\varepsilon^2$ 下降且增加另一个变量时,R^2 才会上升,或者只有当增加残差平方和的影响大于抵消自由度减少所产生的影响时,R^2 才会下降。$\bar{R}^2$ 可用于查看添加额外的预测值能否改进回归模型。

R^2 和 $\bar{R}^2$ 之间最重要的区别在于,调整后的 $\bar{R}^2$ 模型考虑并测试了不同的独立变量,而 R^2 则没有。因此,在比较具有相同因变量和不同解释变量数量的方程时,调整后的 $\bar{R}^2$ 方程更可取,除非解释变量的数量不同,尽管这一点仍有争议。

4.5 多元回归模型估计的问题

影响多元回归模型误差估计的因素很多。如果公式中的解释变量高度或完全相关时,或者如果违反了多元回归模型的假设,比如出现“模型设定

误差"(specification error)，又或者出现多重共线性时，则会导致潜在的严重估计问题。

4.5.1 模型设定误差

当估计方程遗漏了一个或多个有影响的解释变量时，或者当它包含不属于模型说明的解释变量时，或者当所包含的变量被错误地测量时，它们中的任何一个问题都将导致这些变量成为 PRF 中的误差的一部分。这又会导致模型违反一个或多个假设。模型设定误差包括忽略有影响的变量（influential variables）和包含无影响的变量（noninfluential variables）。

1. 忽略有影响的变量

如果真实模型应该是

$$Y_i = \beta_0 + \beta_1 X_{1i} + \beta_2 X_{2i} + \varepsilon_i \tag{4.4}$$

但是估计的模型省略了变量 X_{2i}，PRF 将是

$$Y_i = \beta_0 + \beta_1 X_{1i} + V_i \tag{4.4a}$$

在这种情况下，$V_i = \beta_2 X_{2i} + \varepsilon_i$。基于公式（4.4）的假设，公式（4.4a）的平均误差将不为零，即

$$E(V)_i = E(\beta_2 X_{2i} + \varepsilon_i) = \beta_2 X_{2i} \neq 0$$

此外，排除变量 X_{2i} 后，V_i 将与 X 相关，公式（4.4a）中的误差项不再独立于所包括的解释变量，结果在这两种情况下，公式（4.4a）的最小二乘估计量将不具有几个理想期望的性质。特别地，β_0 和 β_1 的最小二乘估计是有偏的和不一致的。因为在省略了 X_{2i} 的解释变量后，拟合公式（4.4a）模型的回归分析是

$$\hat{Y}_i = \hat{\beta}_0 + \hat{\beta}_{1i} X_{1i} \tag{4.4b}$$

$\hat{\beta}_{1i}$ 的估计量是

$$\hat{\beta}_{1i} = \frac{\sum_{i=1}^{n}(X_i - \bar{X})(Y_i - \bar{Y})}{\sum_{i=1}^{n}(X_i - \bar{X})^2} \tag{4.4c}$$

如果 $E(\hat{\beta}_{1i})$ 等于 β_{1i}，则 $\hat{\beta}_{1i}$ 是无偏估计量。然而，如果公式(4.4)中的两个解释变量 X 和 Y 具有相关性，则预期的 $\hat{\beta}_{1i}$ 是

$$E\left[\frac{\sum (X_{1i}-\bar{X}_1)(Y_{1i}-\bar{Y}_1)}{\sum (X_{1i}-\bar{X}_1)^2}\right]=\beta_{1i}+\beta_{2i}\frac{\sum (X_{1i}-\bar{X}_1)(X_{2i}-\bar{X}_2)}{\sum (X_{2i}-\bar{X}_2)^2}$$

(4.4d)

因此，在估计方程中省略 X_2 之后，$\hat{\beta}_{1i}$ 被描述为受省略变量偏差的影响。省略了应被包含在回归中的受影响解释变量的另一个严重后果是，系数的 SE 和检验统计量通常是无效的。这意味着原则上我们不能用这样的回归结果来检验任何假设。

2. 包含一个无影响的变量

类似地，如果真实模型为

$$Y_i = \beta_0 + \beta_1 X_{1i} + \varepsilon_i$$

(4.4e)

但是估计模型包括如下式的不相关变量，该不相关变量在估计方程中是无影响的解释变量，

$$Y_i = \beta_0 + \beta_1 X_{1i} + \beta_2 X_{2i} + v_i$$

(4.4f)

由于 X_{2i} 属于无影响的解释变量，是对公式(4.4e)的不正确说明，所以公式(4.4e)的总体函数系数 β_2 应该为零。然而，估计的方程包括了 X_{2i}，样本误差可能造成 β_2 估计的系数不为零。因此，当估计方程包含非影响变量时，我们仍然可以认为该方程中系数的最小二乘估计是无偏的和一致的，并且 β_2 的期望值为零。事实上，这个系数的估计 $\beta_2 \neq 0$ 是我们实际方程中抽样误差的结果。未受影响变量也导致估计的方差大于真实模型中估计的方差，从而使其参数估计精度变低，效率变低。

3. 测量误差

考虑两种情况：(1)因变量的测量误差；以及(2)解释变量的测量误差。

(1) 因变量的测量误差

如果真实总体模型为

$$Y_i = \beta_0 + \beta_1 X_i + \varepsilon_i$$

(4.4g)

但 Y 的真实值是无法被观测到的，观测值 $\hat{Y}_i$ 与 Y 的真实值有差异。现

有的有效数据 $\hat{Y}_i$ 包含测量误差,也就是

$$\hat{Y}_i = Y_i + \eta_i \tag{4.4h}$$

其中,η_i 是观测值 $\hat{Y}_i$ 中的测量误差,η_i 为正态分布,方差 σ_η^2 为常数的正态分布且均值为 0;将公式(4.4h)变形为 $Y_i = \hat{Y}_i - \eta_i$,使得估计方程变为

$$\begin{aligned}(\hat{Y}_{io} - \eta) &= \beta_0 + \beta_1 X_i + \varepsilon_i \ 或 \\ \hat{Y}_{io} &= \beta_0 + \beta_1 X_i + (\varepsilon_i + \eta_i) \\ &= \hat{Y}_{io} = \beta_0 + \beta_1 X_i + v_i\end{aligned} \tag{4.4i}$$

估计模型中的随机误差也具有 0 的期望值,但其方差超过具有实际 Y 的真实模型的误差,因为

$$\begin{aligned}\mathrm{var}(v_i) &= E(\varepsilon_i + \eta_i)^2 \\ &= \sigma_{\varepsilon_i}^2 + \sigma_{\eta_i}^2\end{aligned} \tag{4.4j}$$

尽管最小二乘斜率估计量是无偏的,但实际方程中的因变量很少被无误差地测量,即使 Y 的测量误差与所包含的解释变量不相关,则最小二乘估计量也将是不精确的。

（2）解释变量中的测量误差

解释变量中的测量误差也会导致最小二乘估计量失去其理想的性质。同样地,如果真实的总体模型是

$$Y_i = \beta_0 + \beta_1 X_i + \varepsilon_i \tag{4.4k}$$

当解释变量被错误地测量,而观察到的 $\hat{X}_i$ 由实际 X 加上随机测量误差 η_{xi} 组成,即,

$$\hat{X}_i = X_i + \eta_i \ 或 \ X_i = \hat{X}_i - \eta_i \tag{4.4l}$$

式(4.4i)使得估计方程为

$$Y_i = \beta_0 + \beta_1(\hat{X}_i - \eta_i) + \varepsilon_i \tag{4.4m}$$

估计的公式可以写为

$$\begin{aligned}Y_i &= \beta_0 + \beta_1(\hat{X}_i) + (\varepsilon_i - \beta_1 \eta_i) \\ &= \beta_0 + \beta_1(\hat{X}_i) + v_i\end{aligned} \tag{4.4n}$$

从式(4.4m)和(4.4n)可以看出,解释变量变成了随机变量,"测量误差"变成

了"方程误差"。

观察到的 $\hat{X}_i$ 由实际 X 和随机测量分量（η）组成，并且由于实际 X 与方程误差不相关，因此 $E(\varepsilon_i)=0$。

$$\mathrm{cov}(\hat{X}_i, \varepsilon_i)=E(\hat{X}_i, \varepsilon_i)[\text{因为 } E(\varepsilon_i)=0]$$
$$=[(\hat{X}_i+\eta_i), \varepsilon_i]=E(\hat{X}_i, \varepsilon_i)+E(\varepsilon_i, \eta_i)$$

然而，剩余项是观测到的 $\hat{X}_i$ 误差和测量得出的 $\hat{X}_i$ 误差之间的协方差，协方差不等于 0

$$\mathrm{cov}(\hat{X}_i, \eta_i)=E(\hat{X}_i, \eta_i)，\text{因为 } E(\eta_i)=0$$
$$=E[(\hat{X}_i+\eta_i)\eta_i]=E[(\hat{X}_i, \eta_i)+E(\eta_i)^2]=\sigma_\eta^2\neq 0$$

因为这个协方差不为零，所以观测值与其测量误差相关。最小二乘斜率估计量是有偏的，因为偏差的幅度不随样本量的增加而减小，且最小二乘斜率估计也是不一致的。

4.5.2 不必要变量的检测

由于经济学的非实验性质，我们永远无法确定观察到的数据是如何产生的，因此我们需要对计量经济模型进行迭代调整，以检测模型中不必要变量的存在。对于 k 解释变量模型

$$Y_i=\beta_0+\beta_1 X_{1i}+\beta_2 X_{2i}+\cdots+\beta_k X_{ki}+\varepsilon_i \tag{4.5}$$

如果我们不确定哪些变量 X_{ki} 应属于该模型，那么理想情况下，我们希望通过尝试许多不同的模型来进行变量选择，每个模型包含解释变量的不同子集。例如，我们可以考虑以下几个模型：（1）不含变量的模型；（2）仅含 X_1 的单个解释变量的模型；（3）仅含 X_2 的模型；以及（4）同时包含 X_1 和 X_2 的模型。然后用 t 检验，即 $t=\hat{X}_{ki}/\mathrm{SE}(\beta_k)$ 来检验估计系数的显著性，再根据变量的统计显著性来决定模型应该保留哪些变量，并对各模型的结果进行比较，这是一个反复过程并会一直进行，直到找到最佳模型为止。模型选择的标准基于各种统计量，包括 Mallow 的 CP、Akaike 的 AIC（信息准则）、贝叶斯的 BIC（信息准则）和"正确"的符号，其统计显著性基于 t 检验、F 检验和 R^2 值。

残差检验是另一种检测自相关性或异方差性的很好的视觉诊断。查看残差是检查模型拟合的好方法。残差越大,R^2 越小,模型拟合越差。但是这些残差也可以被检验,特别是在横截面数据中,它将显示显著模式的残差图。

4.6 多重共线性

在多元回归模型中,模型中的每个解释变量应该提供关于因变量的单独且独立的影响信息,因此对每个解释变量的观察能提供可用于估计方程的单独且独立的信息。这也是第五个假设,即,多元回归模型没有多重共线性。

4.6.1 完全多重共线性

如果两个解释变量不能彼此区分,并且是线性相关的,换句话说,一个解释变量 X_{1i} 是另一个解释变量 X_{2i} 的精确线性函数,则会导致多重共线性。例如,假设多重回归方程为

$$Y_i = \beta_0 + \beta_1 X_{1i} + \beta_2 X_{2i} + \varepsilon_i \tag{4.5a}$$

假设解释变量 X_{1i} 的样本值为 2、4、6、8,而 X_{2i} 是 1、2、3、4,即 X_{2i} 是 X_{1i} 的精确线性函数,且 X_{2i} 与 X_{1i} 线性相关。这意味着变量 X_{2i} 与 X_{1i} 是"完全共线"的。

在这种情况下,$X_{1i} = 2X_{2i}$ 可以写成 $1X_1 - 2X_2 = 0$,因此结果可以是 $\omega_1 = 1$,$\omega_2 = -2$,假如 $\omega_1 = \omega_2 = 0$ 是这个方程的唯一解(the trivial solution),且是线性无关的。因此,要假定这个方程是不存在完全共线性,就要求 X_{1i} 和 X_{2i} 是线性无关的。[5]三个或更多变量之间的相互关系被称为多重共线性。

当多重共线性发生时,我们不可能获得每个变量对因变量的线性相关性所涉及的单独影响的估计。最初,模型中估计的系数表示偏变化率,现在我们无法保证每个变量对其他变量的影响保持不变。因此,当出现多重共

线性时,最小二乘估计是不确定的,这点可以通过评估来自公式(4.5b)的最小二乘估计量的表达式更清楚地看到。

$$\hat{\beta}_1 = \frac{\left(\sum Y_i' X_{1i}'\right)\left(X_{2i}'^2\right) - \left(\sum Y_i' X_{2i}'\right)\left(\sum X_{1i}' X_{2i}'\right)}{\sum \left(X_{1i}'^2\right)\sum \left(X_{2i}'^2\right) - \left(\sum X_{1i}' X_{2i}'\right)^2} \tag{4.5b}$$

其中,$X_{1i}' \equiv X_i - \hat{\mu}_x$ 且 $Y_i' \equiv Y_i - \hat{\mu}_y$,假设 X_{1i}' 和 X_{2i}' 与 $X_{2i}' = \omega X_{1i}'$ 线性相关。我们将其应用于方程(4.5b)中涉及的 X_{2i}' 项,这些项就变为

$$\sum (X_{2i}')^2 = \sum (\omega X_{1i}')^2 = \omega^2 \sum (X_{1i}')^2$$

$$\sum (Y_i' X_{2i}')^2 = \sum Y_i' (\omega X_{1i}')^2 = \omega \sum (X_{1i}' Y_i')$$

$$\sum (X_{1i}' X_{2i}')^2 = \sum X_{1i}' (\omega X_{1i}')^2 = \omega \sum (X_{1i}')^2$$

将这些表达式代入方程(4.5b),可得最小二乘估计量为

$$\hat{\beta}_1 = \frac{\left(\sum Y_i' X_{1i}'\right)\left(\omega^2 \sum X_{1i}'^2\right) - \left(\omega \sum Y_i' X_{1i}'\right)\left(\omega \sum X_{1i}'\right)^2}{\sum (X_{1i}'^2)\left(\omega^2 \sum X_{1i}'^2\right) - \left(\omega \sum X_{1i}'^2\right)^2}$$

$$= \frac{\left(\omega^2 \sum Y_i' X_{1i}'\right)\left(\sum X_{1i}'^2\right) - \left(\omega^2 \sum Y_i' X_{1i}'\right)\left(\sum X_{1i}'\right)^2}{\sum \left(\omega^2 \sum X_{1i}'^2\right)^2 - \left(\omega^2 \sum X_{1i}'^2\right)^2}$$

$$= \frac{0}{0} \tag{4.5c}$$

因为最小二乘估计量是两个零的比值,所以这个估计量的值是不确定的。因此,CLR 模型的第五个假设指定独立变量之间不存在精确的线性关系,如果该假设被违反,则 OLS 估计不可能被计算,即估算程序由于数学原因而崩溃,就像有人试图用一个数被零除一样。

完美的多重共线性问题也会出现在公式(4.5a)中的每个偏斜率的方差中。根据式(4.5a),式中的每个偏斜率的方差与解释变量之间的简单相关系数直接相关。$\hat{\beta}_1$ 的方差为

$$\sigma_{\hat{\beta}_1}^2 = \sigma_\varepsilon^2 \Big/ \left[\sum X_{1i}'^2 (1 - \hat{\rho}_{x_{1i}, x_{2i}}^2)\right] \tag{4.5d}$$

其中 $\hat{\rho}_{x_{1i}, x_{2i}}$ 等于1,当 X_{1i} 和 X_{2i} 完全共线时为真。偏斜率的方差为无穷大。$\hat{\beta}_2$ 的偏斜率的方差也是如此。由于不能分离 X_{1i} 和 X_{2i} 对 Y 的影响,因此在估计这些变量的系数时会缺乏精确性,完全多重共线性的后果是极其严

重的。然而,实际数据很少出现"完全"的多重共线性。问题是如何处理不完全多重共线性问题。

4.6.2　不完全多重共线性

如果方程中的解释变量是相关的,但这种相关不是完全相关,这意味着存在不完全共线性。实际上,每个多元回归方程的解释变量之间都包含一定程度的相关性。

这个问题在时间序列回归中特别常见,其中,数据由几个时期内变量的一系列观测数据组成。如果两个或两个以上的解释变量具有很强的时间趋势,它们将高度相关,这种情况可能会导致多重共线性。

4.6.3　多重共线性序列

假如两个解释变量 X_{1i} 和 X_{2i} 在公式(4.2)中的关系可以表示为 $X_{2i} = \omega X_{1i} + \eta_i$,并且 η_i 是一个随机变量,可以被视为 X_{1i} 和 X_{2i} 的线性关系中的误差。如果 η_i 非零,则其非零值可防止 X_{1i} 和 X_{2i} 之间的完美相关,这就是不完全多重共线性。不完全多重共线性允许我们获得方程中系数的估计量。严格地说,只要所有的 CLR 假设仍然能被满足,在存在多重共线性的情况下,系数的 OLS 估计量仍然是最佳线性无偏的和一致的。R^2 统计量也不受影响,并且 OLS 估计量保持其所有期望的性质。

1. 对最小二乘估计方差的影响

然而,不完美的多重共线性的主要不良后果是共线性变量的参数的 OLS 估计的方差相当大。对于三个或更多个解释变量,变量 X_{ji} 的偏斜率的方差由以下表达式给出

$$\sigma_j^2 = [\sigma_\epsilon^2 / X_{ji}'^2 (1 - R_j^2)] \tag{4.6}$$

其中 R_j^2 是 X_{ji} 辅助回归对原方程中所有其他解释变量的多重决定系数。这个表达式可以改写为

$$\sigma_j^2 = (\sigma_\epsilon^2 / X_{ji}'^2)[1/(1 - R_j^2)] \tag{4.6a}$$

公式(4.6a)右端的第一项是 Y 对 X_{ji} 的双变量回归中 $\hat{\beta}_j$ 的方差。表达式中的第二项是以下各项 X_{ji} 的方差膨胀因子(the variance inflation factor,

VIF）

$$VIF_j = [1/(1-R_j^2)] \qquad (4.6\text{b})$$

VIF 指数还反映了一个事实,即方程中的解释变量之间的强相互关联导致 R^2 的高值。根据式(4.6b),$\hat{\beta}_j$ 的方差可以表示为

$$\sigma_j^2 = (\sigma_\varepsilon^2 / X_{ji}'^2)(VIF) \qquad (4.6\text{c})$$

可以看出,如果 R_j^2 升高,VIF 以接近无穷大的增长率增加,当方程具有完全的多重共线性,即 $R_j^2 = 1$ 时,VIF 也接近 1。因此,多重共线性会显著降低系数估计的精度。正如我们之前所讨论的,如果基于不存在多重共线性的假设,$\hat{\beta}_1$ 估计的方差较小,而由于存在多重共线性,$\hat{\beta}_1$ 估计的方差较大。虽然多重共线性不会产生 $\hat{\beta}_1$ 偏差,并且抽样分布集中于 β_1,但对于受到多重共线性不利影响的估计量而言,获得不良估计的概率很大。高方差意味着参数估计不精确且假设检验不强大。

2. 对置信区间的影响

因此,多重共线性影响任何置信水平的置信区间的宽度。最小二乘系数的置信区间是点估计与抽样误差的和,该系数的误差与多重共线性直接相关。回想一下,抽样误差的幅度与 t 值及该点估计的标准差有关。对于三个解释变量,X_{ji} 的系数的 95% 置信区间为

$$\hat{\beta}_1 \pm t_{0.025,\,n-4}\,\hat{\sigma}_j$$

标准偏差 $\hat{\sigma}_j$ 可以由式(4.6a)导出

$$\sigma_j^2 = (\sigma_\varepsilon^2 / \sum X_{ji}'^2)[1/(1-R_j^2)]$$
$$= (\sigma_\varepsilon^2 / \sum X_{ji}'^2)(VIF_j)$$

$$t_{0.025,\,n-4}\sigma_j = t_{0.025,\,n-4}\sqrt{(\sigma_\varepsilon^2 / \sum X_{ji}'^2)(VIF_j)} \qquad (4.6\text{d})$$

因此,通过提高 $\hat{\beta}_1$ 的标准偏差,多重共线性增加了抽样误差的容限,这又扩大了系数的置信区间。因为不完全多重共线性改变了与最小二乘估计相关的方差和置信区间,所以关于这些系数的统计推断也受到影响。t 统计量和接受区都对多重共线性很敏感。通常,具有不完全多重共线性的系数的 t 统计量将倾向于小于不存在多重共线性的那些方程(t 值更小)。

3. 对协方差的影响

多重共线性不仅影响最小二乘估计的方差,而且影响它们的协方差。如果协方差容易被改变,则符号反转的可能性增加。对于两个解释变量,$\hat{\beta}_1$ 和 $\hat{\beta}_2$ 之间的协方差为

$$\mathrm{cor}(\hat{\beta}_1, \hat{\beta}_2) = -[\sigma_\epsilon^2/(\sqrt{\sum X_{1i}'^2}\sqrt{\sum X_{2i}'^2})][\hat{r}_{x_{1i}, x_{2i}}/(1-(\hat{r}_{x_{1i}, x_{2i}})^2)]$$

(4.6e)

当 X_{1i}' 和 X_{2i}' 不相关时,这些系数之间的协方差等于 0,并且 X_{1i}' 和 X_{2i}' 之间的相关性符号相反,因为除 $\hat{r}_{x_{1i}, x_{2i}}$ 之外,式(4.6e)中的所有括号项都是正数。如果 X_{1i}' 和 X_{2i}' 正相关,$\hat{\beta}_1$ 和 $\hat{\beta}_2$ 之间的协方差为负,这表明 $\hat{\beta}_1$ 被高估,而 $\hat{\beta}_2$ 被低估。负协方差的一种可能的表现形式是符号反转,其中当预期符号为正时获得负系数估计。这是因为多重共线性影响这对系数的方差和协方差。添加或删除几个观测值就可以使最小二乘系数发生实质性变化。

应该注意的是,多重共线性的存在并不意味着该模型是错误的。回归系数保持无偏,SE 保持有效,因为大部分 R^2 和调整后的 R^2 以及方程 F 统计量都不受不完全多重共线性的影响。这主要是因为这些指标关系到整体方程,并被一组解释变量联合在一起。然而,有问题的多重共线性表现在各个系数的符号、量值和 t 统计量中,其不能分离每个变量对因变量的单独影响。而 LS 法产生具有最小方差特性的最小无偏估计量,这些方差通常比在没有多重共线性的情况下可达到的方差大得多,SE 也将大于在没有多重共线性情况下的 SE,所以回归估计是不可靠的。

4.6.4 多重共线性的检测

以下几个指标显示可能的多重共线性:
(1) 估计的回归系数符号与理论常识不符(正号变负号,或反之)
(2) 系数的值不可接受(太小或太大);
(3) 系数不具有统计学意义;
(4) 重要变量具有不显著的 t 值;
(5) 每当删除一个解释变量时,各种回归结果都会发生实质性的变化。

然而,这些条件都不是存在多重共线性的必要条件或充分条件,我们可能需要进行统计检验。检测多重共线性的常用方法有:

1. VIF 指标检验

方差膨胀因子 $VIF=1/(1-R_j^2)$ 是估计多元回归模型中多重共线性的主要指标之一。如果方程中的解释变量之间存在很强的关联，则会导致很高的 R_j^2 值。当所有的解释变量都不相关时，多重共线性会使得 $\hat{\beta}_j$ 的方差值提高。当 $R_j^2=0$ 且 VIF 小于 10 时，不存在相互关联。当 VIF 超过 10 时，方程通常被视为存在有问题的多重共线性（$R^2=0.9 \rightarrow VIF=10$；$R^2=0.95$，$VIF \rightarrow 20.0$）。

2. F 检验

F 检验用于判断方程中包含的全部解释变量是否共同影响因变量。F 检验相当于两侧（two sides）t 检验，t 检验检验了各变量系数的显著性，F 检验检验了它们的联合解释力。我们希望拒绝的无效假设是该模型没有解释力。如果证明 Y 与任何解释变量无关，则该模型将没有解释力。如果模型是

$$Y_i = \beta_0 + \beta_1 X_{1i} + \cdots + \beta_k X_{ki} + \varepsilon_i \tag{4.6f}$$

F 检验的零假设是所有的斜率系数都为零，即 $H_0: \beta_1 = \cdots = \beta_k = 0$。

3. 假设检验

选择假设是至少有一个斜率系数不为零。F 统计量为

$$F_{(k-1, n-k)} = \frac{ESS/(k-1)}{RSS(n-k)} \text{或}$$

$$F_{(k-1, n-k)} = \frac{R^2/(k-1)}{(1-R^2)/(n-k)} \tag{4.6g}$$

由式（4.6g）导出的结果可与 F 分布统计表中 F 的临界值（1% 显著性水平）进行比较。式（4.6g）也可以被看作一种统计显著性的检验，尽管这种方法目前受到了严峻的挑战[⑥]。

应该注意的是，由于存在伪相关等因素，R^2 可能较大，因此使用方程（4.6g）有时会导致我们拒绝真的零假设，从而导致我们犯 I 类错误。在相反的极端情况下，估计方程中的所有系数都可能使单个 t 检验失败，但同时，F 统计量建立了同一组变量的联合显著性，这可能是由严重的多重共线性引起的。我们在将 R^2 和 F 检验作为评估估计方程性能的唯一标准时，需要非常小心。

4. 计算相关矩阵

检测多重共线性的另一种流行方法是相关矩阵。大多数回归软件包都

可以打印出来,包括所有成对自变量(all pairs of the independent variables)之间的简单相关系数矩阵。非对角线元素包含简单相关性 n 给定数据集的系数。对角线元素都是单位元素,因为每个变量都与其自身完全相关。这些相关系数之一的高值(大概为 0.8 或绝对值约为 0.8)表明其所指的两个独立变量之间的高相关性。这种方法确实删除了两个特定变量之间的共线性,因此可以就哪种额外信息(例如,其中一个变量系数为零)在解决问题时可能最有用给出建议,但它不允许检测三个或更多变量共线的情况,不会像两个单独使用时那样表现出高相关性。

检测多重共线性的一种不太常见但更令人满意的方法是运用数据的条件指数(the condition index)或数量,即 $X'X$ 的最大与最小特征根之比的平方根。高条件指数反映共线性的存在。

4.6.5 多重共线性的消除

需要重申的是,多重共线性总是存在于非实验数据中,并且每个多元回归方程的解释变量之间都包含一定程度的相关性。多重共线性的存在可能会大大降低最小二乘系数估计的精度。因此,对多重共线性的评估总是在适当指定的公式的范围内,因为公式可能包含模型说明偏差和多重共线性。在识别多重共线性时,重要的是检查最终的公式是否包括所有的基本变量或一些不影响的变量。如果公式中的变量基于其对经济理论是有影响的,则其影响必须在估计的方程中说明。在这种情况下,重要的不是是否需要纳入而是如何纳入一个有影响的变量。这不仅是一门科学,也是一门艺术,因为它依赖于研究人员的知识和工作经验。

去除估计方程中多重共线性的常用方法有:(1)利用与原始数据共线性更小的新数据去除估计方程中的多重共线性;(2)删除被认为造成多重共线性问题的观测值;(3)如果额外的新数据不可用,则改为使用横截面和时间序列数据池;(4)最简单的方法是去除方程中一些非影响变量;(5)一般情况下,只要偏斜率具有相似的大小和相反的预期符号,将变量组合成比率是可被接受的方式;(6)使用变量变换来处理有问题的多重共线性。变量转换既包括被解释变量,也包括解释变量。一种常用的方法是"一阶差分的变换"(the first difference)。如果解释变量和其原始形式高度共线,并且它们的组合没有经济意义,则以一阶差分形式(first difference form)估计原始方程时可以消除多重共线性问题。最后，(7)如果线性相关性涉及解释变量，则有时因变量转换为比率。例如，如果方程的因变量是储蓄水平(SAV)，而GDP是有问题的解释变量，则SAV/GDP或储蓄率可以作为因变量，但这种补救办法可能会引起异方差问题。

多重共线性总是存在于非实验数据中。与大多数其他估计问题不同，这个问题是由可用的特定样本引起的。数据中的多重共线性可能由以下几个原因造成：(1)所有自变量可能共享一个共同的时间趋势；(2)一个自变量可能是滞后跟随趋势的另一个的固定值；(3)由于数据收集的基础不够广泛，一些自变量可能一起变化；(4)部分回归变量之间可能存在某种近似关系。如果数据可以通过受控实验的方式收集，例如，如果数据是在一个设计良好的环境中收集的，则适当的数据收集设计试验可以消除多重共线性问题。

4.7 拉索回归

对于多元回归模型，尤其是具有多重共线性的模型，模型选择是最重要也是最困难的。由于经济学的非实验性质，我们永远无法确定观测数据是如何产生的，因此需要对多元回归模型进行迭代调整，直到找到最佳模型。另一方面，在我们的分析中，模型选择的迭代过程可能导致过度拟合(over-fitting)或拟合不足(under-fitting)问题。

4.7.1 过度拟合问题

过度拟合是一个问题，即我们的分析过于接近或精确地对应于特定的数据集，因此可能无法拟合额外的数据或可靠地预测未来的观测结果。过度拟合模型包含的参数比数据所能证明的更多。过度拟合的本质是在不知不觉中提取一些残余变化(白噪声)，并把这些残余变化当成基本的模型结构。

当计量经济模型不能充分捕捉数据的基本结构时，就会出现拟合不足的情况。拟合不足模型是指在正确指定的模型中出现的某些参数或项缺失的模型。例如，当将线性模型拟合到非线性数据时，会发生欠拟合。这样的模型往往具有较差的预测性能。存在过度拟合是由于用于选择模型的标准与用于判断模型适用性的标准不同。

4.7.2 拉索回归技术

拉索回归类似于线性回归,但主要用于解决所谓的过度拟合问题。当回归模型迭代并重新计算系数和偏差值时,它有时看起来像一个好模型,但该模型过度拟合会导致模型低精度。研究人员可以使用规则化(regularisation)方法将一些错误的系数规则化或收缩为零。拉索回归是一种在特殊情况下用于提高线性回归模型性能的流行技术。

一般线性回归和拉索回归之间的区别在于,在线性回归中,通过最小化残值来选择最佳模型,而在拉索回归中,通过使用规则化或所谓的收缩技术来将某些确定系数向零收缩。这种类型的回归特别适用于数据集显示高度多重共线性的情况,或者希望自动消除变量的情况。

拉索技术的规则化是拉索回归的重要概念,并且是广泛用于克服回归模型的过度拟合的方法之一。规则化的主要特点是通过在从数据中得到的最佳拟合中加入惩罚项,以实现与测试数据的较小方差,并通过压缩其系数来限制预测变量对输出变量的影响。在规则化中,我们可以保持相同数量的特征,但将系数的大小减小到零,以克服过度拟合的问题。

有两种主要的规则化技术:(1)拉索回归或"L1 规则化",和(2)岭回归(ridge regression),又叫"L2 规则化"。这两种方法都可以用来解决过度拟合问题,不同之处在于它们对系数分配惩罚的方式。

拉索回归使用收缩进行更准确的预测。收缩是指数据值向作为平均值的中心点收缩。L1 规则化增加了对等于系数大小的绝对值的惩罚。这种规则化类型可以产生具有很少系数的稀疏模型。某些系数可能会变为零,并从模型中消除。损失越大,系数值越接近于零,这对于生成更简单的模型是理想的。另一方面,L2 规则化不会导致稀疏模型或系数的任何消除。因此,与岭回归相比,拉索回归更容易解释方程。

4.7.3 拉索回归方程

考虑一个由 n 个案例组成的样本,每个案例由 p 个协变量(covariates)

和一个单一结果(a single output)组成。设 y_t 是对第 i 个案例的单一结果，$X_i := (X_1, X_{i2}, \cdots, X_p)$ 是协变量向量(the covariate vector)，即 $X_i := (X_1, X_{i2}, \cdots, X_p)$ 是对第 i 个案例的协变量向量。$\beta_j := (\beta_1, \beta_2, \cdots, \beta_p)$ 是系数向量(the coefficient vector)，拉索回归方程可以表示为

$$\sum_{i=1}^{n} \left(y_i - \sum_j x_{ij}\beta_j \right)^2 + \lambda \sum_{j=1}^{p} |\beta_j| \qquad (4.7)$$

公式(4.7)由残差平方和和 λ 乘数组成，后者是系数幅度的绝对值之和(the sum of the absolute value of the coefficient magnitude)。

在式(4.7)中，λ 表示收缩的大小。$\lambda = 0$ 意味着拉索回归等价于线性回归，我们仅考虑预测模型的残差平方和；$\lambda = \infty$ 意味着它消除了越来越多的特征，并且在拉索回归中没有特征被考虑；当 λ 增大时，方差减小，而当 λ 减小时，方差增大。这种特定类型的回归非常适合于显示高水平多重共线性的模型或适合于模型选择，如变量选择或参数消除。我们不打算在这里介绍拉索回归方法的机制，但读者如果对这种方法感兴趣，可以去"机器学习"在线网站上寻求充足的资源。[7]

4.8 机器学习

机器学习是一种自动建立分析模型的数据分析方法。机器学习的目标通常是理解数据的结构，并将数据拟合到模型中，以便系统从数据中学习，识别模式并作出决策。它不同于传统的计算方法：在传统的计算方法中，算法是计算机用于估计我们所需模型的显式程序的集合。而在机器学习中，算法允许计算机使用输入数据和统计方法来分析数据并输出落在特定范围内的值。

4.8.1 机器学习的含义

机器学习一词由计算机游戏和人工智能(AI)领域的先驱阿瑟·塞缪尔(Arthur Samuel)于 1959 年创造。[8]早期的机器学习，如 20 世纪 60 年代初

由雷神公司开发的一种名为塞伯坦(Cybertron)的带有穿孔纸带存储器的实验性学习机,利用基本的强化学习(由操作员反复训练)来分析声呐信号、心电图和语音,以识别模式使其重新评估不正确的决策。[9]这是最早的模式分类的机器学习。

机器学习是 AI 的一个子领域。在 AI 还是一门早期学科时,一些研究人员试图用各种符号方法进行神经网络研究,即让机器从数据中学习。机器后来被发现实际采用统计的广义线性模型,[10]还采用了概率推理,尤其是在自动化医疗诊断中。[11]

机器学习后来成为一个独立的领域,在 20 世纪 90 年代开始蓬勃发展。该领域将其目标从实现 AI 转变为解决可解决的实际问题,焦点从继承来自人工智能的符号方法转移到了借鉴来自统计学、模糊逻辑和概率论等的方法和模型。[12]

机器学习算法广泛用于各种应用,例如医学、电子邮件过滤、语音识别、农业和计算机视觉。在这些应用中,开发常规算法来执行所需任务是困难或不可行的。机器学习算法基于样本数据(称为训练数据)建立模型。机器学习的子集与计算密切相关 NAL 统计[13],它专注于使用计算机进行预测,又被称为预测分析,但并非所有的机器学习都是统计学习。

机器学习程序可以在没有明确编程的情况下,从所提供的数据中作出预测或决定,即从所提供的数据中学习。对于分配给计算机的简单任务,我们可以通过编程算法告诉机器如何执行解决问题所需的所有步骤。就方法而言,机器学习和统计学是密切相关的,但它们是两种不同的统计建模,即数据模型和算法模型。算法模型或多或少意味着类似"随机森林"(random forest)的机器学习算法。[14]统计学从样本中得出总体推断,而机器学习则发现可推广的预测模式。一些统计学家采用了机器学习的方法,形成了一个他们称为组合的统计学习领域。

现代机器学习有两个目标:一是基于已开发的模型对数据进行分类,二是基于这些模型对未来结果进行预测。

4.8.2 机器学习方法

两种最广泛采用的机器学习方法:(1)监督学习(supervised learning),以及(2)无监督学习(unsupervised learning)。监督学习是基于示例输入和输出来标记数据并训练算法,无监督学习是向算法提供无标记数据以允许其在其输入数据内发现结构。二者的差别在于:监督学习向计算机提供示例输入及其期望输出,而无监督学习只有示例输入,没有期望输出;在监督学习中,目标根据许多输入度量来预测结果度量的值,在无监督学习中,没有结果度量,目标描述一组输入度量之间的关联和模式。拉索回归可以从监督学习中学习。

监督算法为一组包含示例输入和期望输出的根据数据建立的数学模型,该数据被称为训练数据,并且由一组训练示例组成。在数学模型中,每个训练示例由阵列或向量(或称为特征向量)表示,并且训练数据由矩阵表示。通过目标函数的迭代优化,监督算法可用于预测与新输入相关联的输出函数。最优函数将允许算法正确地确定不属于训练数据的输入的输出。随着时间的推移,算法可以提高其输出或预测的准确性。监督学习算法的类型包括主动学习、分类和回归。[15] 当输出被限制为有限的一组值时,使用分类算法,而当输出可能是范围内的任何数值时,使用回归算法。

无监督学习不给学习算法贴标签,而让它自己寻找输入中的结构。无监督学习本身可以是一个目标(发现数据中隐藏的模式),也可以是实现目标的一种手段(特征学习)。无监督学习算法采用一组仅包含输入的数据,并在数据中找到结构,例如数据点的分组或聚类。因此,算法从未标记、未分类或分类的测试数据中学习。无监督学习算法不是响应反馈,而是识别数据中的共性,并对每个新数据中是否存在此类共性作出反应。无监督学习的核心应用是统计学中的密度估计领域,例如用于寻找概率密度函数等。[16]

4.8.3 模型选择和函数选择

许多经济应用都围绕着对 y 和 x 之间关系的未知参数 β 进行估计,即围绕着由 x 产生 y 的预测引发的相关的 β 参数估计问题,机器学习提供了新的预测工具。要执行机器学习首先要进行模型选择:线性函数模型还是回归树模型;然后处理其数据以进行预测,例如将回归树作为预测模型,就从回归树上寻找关于项目的观测值和目标值的结论。它是用于统计、数据挖掘和机器学习的预测建模方法之一。目标变量可以取一组离散值的“树”模型,称其为分类树。在这些“树”结构中,叶子表示类标签,而分支表示产生那些类标签特征的合取。目标变量取连续值（通常为实数）的回归树称为决策树。在决策分析中，决策树可用于直观和明确地表示决策和决策制定。在数据挖掘中，决策树描述数据，最终的分类树可以是为决策提供输入。

监督学习算法能够很好地预测样本的函数。例如，我们可以根据样本的数量 y_i 和可观察到的样本特征 x_i 来预测 y 的值。该算法可以将损失函数 $L(\hat{y}, y)$ 作为输入，并在来自同一分布的新数据点上搜索具有低预期预测损失 $E(y, x)$，即 $L(\widehat{f(x)}, y)$ 的函数 $\hat{f}$。

机器学习会自动搜索回归模型。例如，它的预测函数采用回归树的模型，与线性函数模型一样，回归树将 x 特征的每个向量映射到 y 预测值上。预测函数采用树的形式，在每个节点上再一分为二。单个变量在树的每个节点上的值取决于是左侧子节点还是右侧子节点，到达终端节点（叶）时，将返回预测。机器学习算法通常具有与之关联的规则化。通过适当地选择规则化级别，我们可以获得灵活的函数形式。

通常，机器学习模型需要大量可靠的数据使模型执行准确的预测。在训练机器学习模型时，工程师需要定位并收集大量具有代表性的数据样本。来自训练集的数据可以多种多样，如文本语料库、图像集合、传感器数据以及从服务的各个用户处收集的数据。机器学习侧重于对从训练数据中学习到的已知属性进行预测，其算法现在在技术上易于使用：我们可以在 R 或 Python 中下载方便的安装包，它们可以适应决策树、随机森林或拉索（最小绝对收缩和选择运算符）回归系数。

由于出现了越来越多的新计算技术，今天的机器学习（AI）和过去不一样了。它诞生于模式识别和"计算机无需编程就能学习执行特定任务"的理论。对人工智能感兴趣的研究人员想看看计算机是否可以从数据中学习。机器学习的迭代是重要的，因为当模型使用新数据时，它们可以独立地适应，即可以从以前的计算中学习，以产生可靠的、可重复的决策和结果。这并不是一门新的科学，而是一门获得了新动力的科学。

尽管机器学习在商业中的杠杆作用越来越大，但未被发现的偏见可能会使系统性问题永久化，从而对科学研究产生负面影响。所以正确理解经济理论和深刻了解方法论问题在使用机器学习指导算法和寻找结构方面是至关重要的。

4.9 总结和结论

本章从简单回归模型扩展到多元回归模型，目的是提高对多元回归模型的方法和多元线性回归分析中 LS 法性质的理解。这一章讨论了区分不同解释变量的效应、个体的边际效应、自变量的联合解释力，还重点讨论了多重共线性和过度拟合问题。

1. 多元回归分析是对简单回归的扩展。在多元回归模型中，因变量的条件均值不是一个解释变量的函数，而是一组解释变量的函数。多元回归模型中每个解释变量的系数是偏变化率，是一个解释变量的条件均值的变化，或偏斜率，模型假设其他变量是常数。

2. 在选择多元回归模型的校正形式时，应注意：①遗漏影响变量或增加非影响变量会产生模型设定误差；②模型会产生测量误差等。

3. 回归参数的系数在模型中可以用 LS 法被求出。用 LS 法求出的 Y_i 的平均预测值与因变量的均值相同。在给定观测值下，若残差 $\hat{\varepsilon}_i$ 与预测 Y 的观测值 $\hat{Y}_i$ 不相关，且满足 G-M 假设，则估计系数为 BLUE。多元回归确定的系数是未调整的 R^2 和调整的 $\bar{R}^2$（对于自由度）。虽然 R^2 和调整的 $\bar{R}^2$ 与选择适合给定的一组数据的模型的整个计算有关，但它们的重要性不应被过度强调。

4. 在多元回归中，t 检验用于检验偏回归系数的个别显著性，F 检验用于检验回归的总体显著性。特别地，个体 t 检验中一个或多个偏回归系数在统计学上不显著并不意味着所有的偏回归系数在统计学上也是不显著的。

5. CLR 明确假设扰动项具有零均值和常数方差，并且它与回归量不相关。在这些假设下，OLS 估计量仍然是 BLUE。

6. 多元线性回归模型的假设之一是解释变量之间不存在多重共线性。多重共线性的后果是：①在完全共线性的情况下，回归系数是不确定的，其 SE 也是不确定的；②在不完全共线性的情况下，回归系数的估计是可能的，但存在共线性的变量参数的方差往往很大。多重共线性不仅影响方差，而且影响置信区间和协方差的计算。高方差意味着参数估计不精确，假设检验也不强大。

7. 产生高方差的主要原因是存在多重共线性。OLS 估计程序没有在自变量中给出足够的置信度变化,以计算其对因变量的影响。为了计算系数估计值,OLS 程序仅使用每个回归因子特有的变化,即在估计第一回归因子的系数时仅使用第一回归因子特有的变化,然后在计算第二回归因子的系数时仅使用第二回归因子特有的变化,并忽略公共变化。但是,如果回归变量高度相关,则它们的大部分变化对于两个变量来说是相同的,而对于每个变量来说,只有很少的变化是独特的。这意味着 OLS 程序在进行系数估计时可以使用的信息很少,就和它的样本量很小或者样本中的独立变量变化不大的情况一样。任何基于少量信息的估计都不可能产生很大的置信度,而且会产生很大的方差。自变量之间的相关性越高(多重共线性越严重),OLS 估计量可用于参数估计的信息越少,因此方差越大。

8. 没有明确的检测共线性的方法。检测多重共线性的常用方法有:①回归估计的系数符号与经济理论的常识不符;②系数的值不可接受(太小或太大);③系数不具有统计学意义;以及④t 值不显著或删除某一解释变量后各种回归结果发生实质性变化,同时进行 F 检验、VIF 检验以及计算相关矩阵等。

9. 虽然多重共线性在文献中得到了广泛的关注,但计量经济建模还会遇到两个同样重要的问题:小样本问题和数据问题。多重共线性不依赖于任何回归变量之间的任何理论或实际线性关系,它依赖于手头数据集中近似线性关系的存在。在多元回归模型中,样本量较小会特别容易造成多重共线性。所以通过合理的实验数据设计,可以消除多重共线性问题。

10. 在讨论如何处理文献中的多重共线性时,有两个基本选择:①什么都不做,如果 R^2 回归的结果超过任何自变量对其他自变量的回归结果 R^2,或者如果 t 统计量都大于 2 时。②寻找更多附加信息,包括获得更多数据、重新确定回归变量之间的关系,以及确定某些参数之间的关系并删除某些变量。

11. 在多元回归模型中,最佳模型的选择可通过最小化残差的迭代过程完成。然而,当回归模型迭代并重新计算系数和偏差值时,它有时看起来是一个很好的模型,但该模型过度拟合数据,这导致模型的精度较低。拉索回归使用一种所谓的收缩技术,将某些确定系数向零收缩。拉索回归是一种常用的技术,是一种特殊的线性回归,用于提高模型性能,特别是在数据集表现出高度多重共线性的情况下。

12. 机器学习是一种自动建立分析模型的数据分析方法。在机器学习中，内置算法允许用户使用输入数据和统计方法来分析数据，并输出特定范围内的值。拉索回归可以通过监督学习来学习。

注释

① 注意，X 变量现在有两个下标。第一个标识 X 变量，第二个标识观测值的数量。

② 对于多元回归模型，X_{ki} 的系数也可以被分解，但比两个解释变量更复杂。它需要使过渡矩阵代数化，一旦完成，结果很容易获得。我们不会详细介绍这一点。

③ 我们不准备试图证明这个定理，因为懂矩阵代数是必须的。

④ 符号 $\cap$ 和 $\cup$ 表示为交集操作，$\cup$ 符号表示两个集合的并集。集合"A∪B"可以读作"A 并集 B"或"A 和 B 的并集"，其定义为由属于集合 A 或集合 B（或两者）的所有元素组成的集合。集合 A∩B 可以读作"A 交集 B"或"A 和 B 的交集"，其定义为由同时属于 A 和 B 的所有元素组成的集合。

⑤ 依赖性（dependence）和独立性（independence）的术语在矩阵代数中被广泛使用。单个变量由向量表示，解释变量集给出数据矩阵。如果解释变量是线性相关的，则平方和交叉积矩阵的总和是奇异的，因为该矩阵的行列式为 0。然后，最小二乘估计量向量是不确定的。

⑥ 参阅 3.6 节和 3.7 节中有关统计显著性的讨论。

⑦ 参阅：Tibshirani, R. (1996), "Regression Shrinkage and Selection via the Lasso", *Journal of the Royal Statistical Society*, Series B(methodological), Wiley, 58(1), pp.267—288, JSTOR 2346178; Tibshirani, R. (1997), "The Lasso Method for Variable Selection in the Cox Model", *Statistics in Medicine*, 16(4), pp.385—395; Tibshirani, R., Saunders, M., Rosset, S. Zhu, J., and Knight, K. (2005), "Sparsity and Smoothness via the Fused Lasso", *Journal of the Royal Statistical Society*, Series B(Statistical Methodology) 67(1), pp.91—108, Wiley. https://www.jstor.org/stable/3647602; Jiang, Y. (2016), "Variable Selection with Prior Information for Generalized Linear Models via the Prior Lasso Method", *Journal of the American Statistical Association*, 111(513), pp.355—376, doi: 10.1080/01621459.2015.1008363. PMC 4874534. PMID 27217599; Friedman, J., Hastie, T., and Tibshirani, R. (2010), "Regularization Paths for Generalized Linear Models via Coordinate Descent", *Journal of Statistical Software* 33(1), pp.1—21, https://www.jstatsoft.org/article/view/v033i01/v33i01.pdf; Coad, A., Srhoj, S. (2020), "Catching Gazelles with a Lasso: Big Data Techniques for the Prediction of High-growth Firms", *Small Business Economics*, 55(1), pp.541—565, doi: 10.1007/s11187-019-00203-3.

⑧ 参阅：Samuel, Arthur(1959), "Some Studies in Machine Learning Using the Game of Checkers", *IBM Journal of Research and Development*, 3(3), pp.210—229. *CiteSeerX* 10.1.1.368.2254. doi: 10.1147/rd.33.0210; R. Kohavi and F. Provost(1998), "Glossary of terms", *Machine Learning*, vol.30, no.2—3, pp.271—274.

⑨ 参阅："Science: The Goof Button", *Time(magazine)*, 18 August 1961.

⑩ 参阅：Sarle, Warren(1994), "Neural Networks and Statistical Models", *CiteSeerX* 10.1.1.27.699.

⑪ 参阅：Russell, Stuart, Norvig, Peter(2003/1995), *Artificial Intelligence: A Modern Ap-

proach(2nd ed.)，Prentice Hall，ISBN 978-0137903955.

⑫ 参阅：Langley，Pat(2011)，"The Changing Science of Machine Learning"，*Machine Learning*，82(3)，pp.275—279，doi：10.1007/s10994-011-5242-y.

⑬ NAL(Network Abstract Layer)，即网络抽象层，它采取分层结构，描述参数集和参数集外元素之间关系。分层结构可以包括：序列参数集，图像参数集，片(slice)，宏块和子块等。参数集是一个独立的数据单位。

⑭ 参阅：Cornell University Library(August 2001)，"Breiman：Statistical Modeling：The Two Cultures(with comments and a rejoinder by the author)"，*Statistical Science*，16(3)，doi：10.1214/ss/1009213726. S2CID 62729017，Retrieved 8 August 2015.

⑮ 参阅：Alpaydin，Ethem(2010)，*Introduction to Machine Learning*，MIT Press，p.9，ISBN 978-0-262-01243-0.

⑯ 参阅：Jordan，Michael I.，Bishop，Christopher M. (2004)，"Neural Networks"，In Allen B. Tucker (ed.)，*Computer Science Handbook*，Second Edition (Section VII：Intelligent Systems)，Boca Raton，Florida：Chapman & Hall/CRC Press LLC，ISBN 978-1-58488-360-9.

5

时间序列回归分析

5.1 引言

到目前为止，回归分析最关心的是用 SRF 来估计 PRF 的参数。这是因为前几章回归分析仅限于使用具有回归模型框架的横截面数据，其中回归变量是从固定总体中随机生成的。然而，如果回归变量的观测值不是从固定总体中随机产生的，而是从时间序列的随机过程中产生的，则估计回归模型参数的 OLS 方法可能无效。用时间序列数据进行回归的方法不同于使用横截面数据的回归的方法。

这一章将讨论时间序列回归分析。本章的结构安排如下：5.2 节讨论使用时间序列数据的回归模型中的自相关和非平稳时间序列数据的挑战；5.3 节讨论用自协方差和自相关来度量线性相关性；5.4 节和 5.5 节分别讨论检测自相关和估计自相关系数的方法；5.6 节讨论非平稳时间序列；5.7 节阐述传统的因果计量经济模型处理非平稳方法和统计学的时间序列分析方法中的 ARIMA 模型处理非平稳时间序列的新方法；最后，5.8 节为本章总结和结论。

5.2 使用时间序列数据的回归模型的挑战

使用时间序列数据的回归模型主要面临两个挑战：(1)回归分析使用时间序列数据回归的变量存在自相关，因为模型中的回归量可能由于时间演变和连续观察而相关;(2)尽管自然科学中的许多时间序列数据是平稳的,但大多数经济时间序列数据,由于趋势,即均值随时间变化,因此是非平稳的。自相关和非平稳是经济时间序列数据中最容易出现的现象。

5.2.1 自相关

自相关分析与时间序列分析相关联,在统计学中被称为时间序列分析,是时间序列分析领域的重要一部分。时间序列是对变量在不同时期的结果观察的集合,例如,公司在过去十年中的月销售额,观测序列 $\{Y_{-\infty}, \cdots, Y_{-2}, Y_{-1}, Y_0, Y_{t+1}, Y_{t+2}, \cdots, Y_{+\infty}\}$ 是一个时间序列过程,被称为时间序列的实现(the realisation of a time series)。时间序列的序列为随机过程。统计学中的随机一词表示在确定这些值时存在机会,因此可以从潜在的概率分布(例如表征这些值的行为的正态分布)中确定观察不同值集的可能性。时间序列分析中的"过程"一词类似于统计学中的总体概念。时间序列是随机事件的单一事件。尽管所观察的时间序列(样本)的长度可以变化,但通常不可能在任何给定时间进行一次以上的观察。在时间 t,我们只有一个过程的结果和一个对随机变量的观察。观察到的时间序列只是时间序列的无限集合的一个例子。理论上,它从无限的过去开始并进行到无限的未来($-\infty < t < \infty$),然而,只有有限的实现子集可以在实践中使用,并被称为样本路径。因为使用时间序列数据的回归模型不是来自我们通常最关心的从总体中随机抽样的样本,而是从其在时间顺序 $t=1, \cdots, T$ 的实现中随机抽样,所以我们使用的实际值集是在随机过程中实现的,这就像样本从总体中抽样一样,所以在时间序列中,样本在时间顺序 $t=1, \cdots, T$ 中随机抽样对应于样本从总体中抽样。

当数据基于时间顺序在时间上排序时,随机向量 $Y_1, \cdots, Y_T$ 中的所有元素是相关的。在这种情况下,相关被称为"自相关"或"序列相关"。自相关是不同时间点随机过程之间的相关性,类似于两个随机变量之间的相关性。

使用 OLS 得到参数的 BLUE 的单回归模型或多回归模型的估计基于模型的一系列假设。这些假设是:(1) Y 与其均值的平均偏差为零;(2)在任何时期内,Y_t 和 $E(Y_t)$ 两者之间的差异与所有先前的偏差无关;(3)这些误差的离散度在整个数据集中保持不变。第二个假设意味着,在任何观测中扰动项所取的值独立于其在所有其他观测中的值，是确定的，即在任何周期中都不存在自相关。当违反此条件时，干扰项具有自相关性。结果是，围绕 PRF $E(Y_t)$ 的 Y 值的偏差由其他这样的偏差确定，而不是随机的。一般来说，回归系数保持无偏，但 OLS 是低效的，因为可以找到具有较小方差的替代无偏估计量。

另一个主要后果是 SE 估计不正确，可能向下偏移。因此，自相关的存在改变了误差的影响，即在一个时间段内发生的误差对该时间段内的影响不会全部产生，相反，其影响会传递到另一个时间段。此外，如果时间序列是非平稳的，则均值随时间波动，并且 OLS 估计的系数方差和残差平方和是不正确的。

5.2.2 协方差（弱）平稳时间序列

时间序列 $\{\cdots, y_{-2}, y_{-1}, y_0, y_1, y_2, \cdots\}$ 的有序序列是时间序列的实现。时间序列随机过程通常用 Y_t 及其下标 t 来表示。在具有一个解释变量的回归方程中，例如

$$Y_t = \beta_0 + \beta_1 X_t + \varepsilon_t \tag{5.1}$$

公式（5.1）中有三个变量：因变量 Y_t、解释变量（回归量）X_t 和扰动项 ε_t。如果 $E(Y_t) = \mu$，$\mathrm{var}(Y_t) = \sigma_Y^2$ 且 $\mathrm{cov}(Y_t, Y_{t-k}) = \gamma_k$，$Y_t$ 是严格平稳的，这意味着 Y_t 的所有一阶和二阶矩对于所有时间 t 都是相同的。然而，如果期望值和总体方差与时间 t 无关，并且如果其在时间 t 和 $t+k$ 的值之间的总体协方差依赖于 k 而不依赖于时间 t，则时间序列 Y_t 在时间序列分析（统计学）中的时间序列被称为协方差平稳（covariance stationary），或者在计量经济学分析中被称为弱平稳（weakly stationary）。

"协方差（弱）平稳"意味着其均值和协方差结构随时间稳定。更具体地说，时间序列是协方差平稳，这意味着：

（1）均值不变，因此在时间上是恒定的，即

$$E(Y_t) = E(Y_{t-1}) = \cdots = E(Y_{t-j})$$

（2）方差不随时间变化，并且是恒定的，即

$$\sigma^2 = \mathrm{var}(Y_t) = \mathrm{var}(Y_{t-1}) = \cdots = \mathrm{var}(Y_{t-j})$$

（3）时间序列的自协方差是有限的，不随时间变化，它取决于两个观测值之间的距离，即

$$\mathrm{cov}(Y_t, Y_{t-k}) = \mathrm{cov}(Y_t, Y_{t-j}) = \gamma_k = f(j)$$

因此，如果时间序列的期望值及其总体方差与时间 t 无关，并且如果其在时间 t 和 $t-k$ 的值之间的总体协方差依赖于 k 而不依赖于时间 t，则这是弱平稳时间序列 $\{Y_t\}$。

弱平稳时间序列必须具有三个特征：有限变差、一阶矩为常数、二阶矩 $Y(s, t)$ 只依赖于 $t-k$，不依赖于 k 或 t。除非另有说明，此处讨论的平稳性通常是指协方差（弱）平稳性。协方差（弱）平稳性是至关重要的，它使得时间序列在时间上具有恒定的关系，并且由于参数将渐近正态分布，因此参数易于解释。

5.2.3 自协方差和自相关函数

通常量化协方差结构的稳定性是相当具有挑战性的。因此，统计学家通常使用"自协方差"函数和"自相关"函数（autocorrelative function，ACF）来分析时间序列平稳的稳定性。

1. 自协方差函数

自协方差是不同时间点的随机过程之间的协方差，类似于两个随机变量之间的协方差。自协方差可以写为 $\gamma(k)$，其中

$$
\begin{aligned}
\gamma(k) &= E\{[Y(t) - E(Y(t))][Y(t+k) - E(Y(t+k))]\} \\
&= E\{[Y(t) - \mu][Y(t+k) - \mu]\} \\
&= \mathrm{cov}[Y(t), Y(t+k)]
\end{aligned}
$$

如果长度 $k = 0$，则

$$\gamma(k) = E[Y_t - E(Y_t)^2] \tag{5.2}$$

$\gamma(k)$ 称为滞后 k 时的自协方差系数。自协方差只依赖于滞后 k，而不是时间 t，我们可以对所有的 t 写出 $\gamma(k) = \gamma(t, k)$。注意，滞后为 0 时的自协方差 $\gamma(0)$ 是有限的。我们可以证明，没有自协方差的绝对值可以大于 $\gamma(0)$，因此如果 $\gamma(0) < \infty$，那么所有其他自协方差也是如此，其也是 Y_t 的方差，即 Y_t 的方差也是 $\gamma(0)$。自协方差是 k 的函数，因此 $\gamma_k = \gamma_{|k|}$。这证明了自协

方差依赖于长度 k 而不是时间 t，所以 $\text{cov}(Y_t, Y_{t+k}) = \text{cov}(Y_{t+k}, Y_t)$。

2. ACF

由于自协方差系数的大小取决于测量 $Y(t)$ 的单位，因此，为了能够解释它，将自协方差函数标准化为所谓的 ACF 是有用的。ACF 可以写为 $\rho(t)$

$$\rho(t) = \frac{\text{cov}(Y_t, Y_{t+k})}{\sqrt{\text{var}(Y_t)\,\text{var}(Y_{t+k})}} = \frac{\gamma_k}{\sqrt{\gamma_0\gamma_0}} = \frac{\gamma_k}{\gamma_0} \qquad (5.3)$$

其中 $\gamma(k)$ 是 k 的协方差。自相关式(5.3)仅仅是由 Y 的正常化的偏差或 Y 的标准化的自协方差来表达。式(5.3)表明，ACF 是由自协方差函数除以方差获得的，因为自相关的公式就是相关函数 Y_t 和 Y_{t+k} 之间的方差，并且因为 Y_t 的方差是 $\gamma(0)$，并且由于自协方差平稳性，Y_t 的方差在任何其他时间 Y_{t+k} 也是 $\gamma(0)$。因此，

$$\rho(k) = \frac{\text{cov}(Y_t, Y_{t+k})}{\sqrt{\text{var}(Y_t)}\sqrt{\text{var}(Y_{t+k})}} = \frac{\gamma(k)}{\sqrt{\gamma(0)}\sqrt{\gamma(0)}} = \frac{\gamma(k)}{\gamma(0)} \qquad (5.3a)$$

当 $k=0$，然后

$$\rho(t) = \frac{\gamma_k}{\gamma_0} = \frac{\gamma_0}{\gamma_0} = 1 \qquad (5.3b)$$

注意，我们总是有 $\rho(0) = \gamma(0)$ 和 $\gamma(0) = 1$，这意味着任何级数都与其自身完全相关。因此，滞后为 0 时的自相关并不重要，只有滞后为 0 以外的自相关才能告诉我们序列的动态结构。[①]自相关范围为 -1 至 1（包括 -1 和 1）。公式(5.3)测量 $Y(t)$ 和 $Y(t+k)$ 之间的相关性。这也被称为"均衡"分布，因为 $t \to \infty$，其中 $Y(t)$ 的概率分布趋向于不依赖于初始条件的极限。由于这个原因，一旦这样的过程已经运行了一段时间，$Y(t)$ 将很少变化。相反，如果初始条件被指定为与均衡分布相同，则过程在时间上是平稳的，并且均衡分布是过程的平稳分布。当然，假定 $Y(t_1)$ 在既定的条件下，$Y(t_2)$ 的条件分布已取一个特定值，例如，$Y(t_1)$ 可能与均衡分布有很大的不同，但这与过程平稳是完全一致的。

尽管自协方差和自相关都是对两个随机变量之间的线性关系的测量，但自相关通常更具信息性且易于解释，因为自相关系数的构造保证了 $\text{cor}(X, Y) \in (-1, 1)$，而自协方差在同样的两个随机变量之间可以取任何值。此外，自相关不依赖于测量 Y 和 X 使用的单位，而自协方差依赖于测

量 Y 和 X 使用的单位。例如,如果 X 和 Y 的协方差为 1 000 万,则它们不一定是非常强的相关,而如果它们的相关系数为 0.95,则很明显它们具有非常强的相关性。

由于与协方差相比,相关性具有更好的可解释性,因此我们经常使用 Y_t 与 Y_{t+k} 之间的相关性,而不是协方差。即使用 ACF $\rho(k)$,而不是用协方差函数 $\gamma(k)$。因此,自相关是时间序列回归模型分析中的一个重要工具。

3. 偏自相关函数(the partial autocorrelative function, PACF)

除了自相关分析之外,PACF 为 $\rho(k)$, $\rho(k)$ 为关于 Y_t 对 Y_{t-1}, …, Y_{t-k} 的线性总体回归,这就是 Y_{t-k} 回归系数。这种回归被称为自回归,因为 Y_t 变量是对其以前自身的滞后值 Y_{t-1}, …, Y_{t-k} 进行的回归。虽然自相关与偏自相关有关,但两者之间有一个重要的区别:自相关只是 Y_t 和 Y_{t-k} 之间的简单或规则相关,而偏自相关则是在控制了 Y_{t-1}, …, Y_{t-k+1} 的影响后,Y_t 和 Y_{t-k} 之间的偏相关。所有协方差平稳过程(ACF 和 PACF)都趋近于零。

5.3　使用时间序列数据的回归模型

在经济学中,变量受其前期价值的影响并不罕见,例如,消费者行为可能取决于其前期的消费。

5.3.1　计量经济滞后模型

常见的具有滞后变量的计量经济模型为

$$Y_t = \beta_0 + \beta_1 X_t + \beta_2 Y_{t-1} + \varepsilon_t \tag{5.4}$$

Y_t 是由其均值和方差或其在横截面中的概率分布产生的随机变量。X_t 是一个解释变量,Y_{t-1} 是滞后因变量,也是另一个解释变量,即 Y_t 是其先前自身值 Y_{t-1} 的函数,ε_t 是扰动项。由于滞后因变量 Y_{t-1} 是随机的,并且它部分地由扰动项 ε_t 决定。在这种情况下,滞后因变量不能独立于整个扰动向量,因为因变量 Y_t 部分地由扰动项确定。特别是在第 t 个周期中,滞后因变量

与 $t-1$ 周期的扰动项 ε_t 相关,因为该扰动项是该周期中因变量 Y_t 的决定因素之一。此外,如果该滞后因变量又部分地由 $t-2$ 时段的因变量值确定,则其将与 $t-2$ 时段的扰动项相关,因为该扰动项部分地确定了该时段的因变量值。为此,可以看出,滞后的因变量与所有过去的扰动项相关,尽管它不会与当前和未来的扰动项相关。因此,将滞后因变量作为自变量违反了计量经济模型假设(2),因为它要求滞后变量独立于扰动项 ε_t。这往往会引起自回归估计的问题,即系数的估计虽然是一致的,但却是有偏的。

然而,只要 ε_t 是白噪声,并且可以证明它的协方差平稳,并且它的均值和方差不随时间变化,即 ε_t 从一个周期到下一个周期独立生成,并且在 $t \neq k$ 的情况下满足 $E(\varepsilon_t)=0$、$\text{var}(\varepsilon_t)=\sigma^2$ 和 $\text{cov}(\varepsilon_t, \varepsilon_k)=0$ 的所有假设,则系数的估计就是一致的且无偏的。

5.3.2 自相关扰动模型

回归模型中的扰动项 ε_t 通常被假设为白噪声。然而,扰动项 ε_t 是不可观测的。所有观测序列的模型都可以用来模拟不可观测的变量,如回归扰动项。我们可以通过构造 Y 的无条件均值 $E(\varepsilon_t)=0$ 和 ε_t 的无条件方差 $\text{var}(\varepsilon_t)=\sigma_{\varepsilon_t}^2$ 对白噪声的动态随机结构进行建模,即 $\varepsilon_t \sim WN(0, \sigma_{\varepsilon_t}^2)$。注意,无条件均值和方差是常数,事实上,对于任何协方差平稳过程,无条件均值和方差必须是常数。平稳的随机过程必须满足 5.1.2 节中讨论的三个条件,即

(1) 该过程的平均值是恒定的,并且不随时间变化

$$E(\varepsilon_t)=E(\varepsilon_{t-1})=\cdots=E(\varepsilon_{t-j})=0$$

(2) 该过程的方差是不随时间变化的有限常数

$$\sigma_{\varepsilon_t}^2=E(\varepsilon_t)^2=E(\varepsilon_{t-1})^2=\cdots=E(\varepsilon_{t-j})^2$$

(3) 该过程的任意两个值之间的协方差只依赖于它们之间的距离,而不依赖于时间,即

$$\text{cov}(\varepsilon_t, \varepsilon_{t-j})=E(\varepsilon_t, \varepsilon_{t-j})=f(j)$$

协方差平稳时间序列的一个例子是 AR(1) 过程。如果因变量 ε_t 是其先前值 ε_{t-1} 的函数,则单个时间段中的这种函数关系 $\varepsilon_t=f(\varepsilon_{t-1})$ 可以在

AR(1)过程中表示为

$$\varepsilon_t = \varphi \varepsilon_{t-1} + \eta_t \tag{5.5}$$

其中 φ 是一阶自相关系数，η_t 是误差项。为了使这个误差过程平稳，我们有必要检查上式(5.5)中的假设是否可被满足，即误差 η_t 是否与零均值和常量方差 σ_η^2 无关。此外，假设误差 η_t 在所有时间段内都独立于 ε_t，那么这个过程的任何两个值之间的协方差只取决于它们之间的距离，而不取决于时间，如果方程(5.5)对时间周期 t 有效，那么在这种情况下，它对时间周期 $t-1$，$t-2$，…，且对所有时间段都有效。

$$\varepsilon_{t-1} = \varphi \varepsilon_{t-2} + \eta_{t-1}$$
$$\varepsilon_{t-2} = \varphi \varepsilon_{t-3} + \eta_{t-2}$$
$$\cdots$$
$$\varepsilon_{t-j} = \varphi \varepsilon_{t-j} + \eta_{t-j}$$

将上述的表达式代入方程(5.5)，则为

$$\varepsilon_t = \varphi(\varphi \varepsilon_{t-2} + \eta_{t-1}) + \eta_t$$

因此，对于时间段 $t-1$，

$$\varepsilon_t = \varphi^2 \varepsilon_{t-2} + \varphi \eta_{t-1} + \eta_t \tag{5.5a}$$

类似地，上述的表达式可以代入公式(5.5a)

$$\varepsilon_t = \varphi^2(\varphi \varepsilon_{t-2} + \eta_{t-2}) + \varphi \eta_{t-1} + \eta_t$$
$$\varepsilon_t = \varphi^3 \varepsilon_{t-3} + \varphi^2 \eta_{t-2} + \varphi \eta_{t-1} + \eta_t \tag{5.5b}$$
$$\cdots$$
$$\varepsilon_t = \varphi^j \varepsilon_{t-j} + \varphi^{j-1} \eta_{t-j+1} + \cdots + \varphi \eta_{t-1} + \eta_t$$

当 φ 的绝对值小于 1 时，误差 ε_t 过程是稳定的，并且 $\varphi^j \varepsilon_{t-j}$ 在公式(5.5b)右端接近 0，因为先前误差的数量增加。由于公式(5.5b)的表达式在理论上可以被扩展为包括无限数量的滞后，因此这个公式右端的包含 ε_t 的项被省略，从而误差 ε_t 过程可以仅用白噪声误差 η_t 来表示。使用该假设并颠倒该项的顺序，对 ε_t 的回归变为

$$\varepsilon_t = \eta_t + \varphi \eta_{t-1} + \varphi^2 \eta_{t-2} + \cdots \tag{5.5c}$$

将公式(5.5c)的期望值设为常数，φ 的期望值由下式给出

$$E(\varepsilon_t)=E(\eta_t)+\varphi E(\eta_{t-1})+\varphi^2 E(\eta_{t-2})+\cdots$$

由于 η 白噪声误差过程的期望为零，所以右端的所有项都为 0，从而 $E(\varepsilon_t)=0$，满足平稳时间序列假设的第一个要求。由于 ε_t 的均值为零，因此该误差过程的方差表达式可以用 $E(\varepsilon_t)^2$ 的表达式获得

$$\sigma_t^2=E(\varepsilon_t)^2=E(\varphi\varepsilon_{t-1}+\eta_t)^2$$

使用公式(5.5)，

$$\begin{aligned}
\sigma_t^2 &= E(\varphi^2\varepsilon_{t-1}^2+\eta_t^2+2\varphi\varepsilon_{t-1}\eta_t) \\
&= \varphi^2 E(\varepsilon_{t-1})^2+E(\eta_t)^2+2\varphi E(\varepsilon_{t-1}\eta_t)
\end{aligned} \tag{5.6}$$

如果 ε_t 是平稳的，与时间无关，那么 $E(\varepsilon_{t-1})^2=\sigma_\varepsilon^2$，因为 η_t 的独立性，$E(\eta_t)=0$、$E(\varepsilon_{t-1})=0$，或 $E(\varepsilon_{t-1},\eta_i)=0$，所以它的方差是恒定的。如果该信息包括在上述等式中，则误差方差的表达式为

$$\begin{aligned}
\sigma_{\varepsilon_t}^2 &= \varphi^2\sigma_{\varepsilon_t}^2+\sigma_{\eta_t}^2 \\
\sigma_{\varepsilon_t}^2(1-\varphi^2) &= \sigma_{\eta_t}^2 \\
\sigma_{\varepsilon_t}^2 &= \sigma_{\eta_t}^2/(1-\varphi^2)
\end{aligned} \tag{5.7}$$

因为 $\sigma_{\eta_t}^2$ 和 φ^2 两者都是常数，ε_t 具有同方差性。如果 $\varphi=1$，则 ε_t 的方差为无穷大，这违反了平稳要求。由于 ε_t 的方差是正的，方程(5.7)$(1-\varphi^2)$ 的分母也必须是正的，即 $(1-\varphi^2)>0$。解这个不等式得，$\varphi^2<0$ 或 $-1<\varphi^2<1$。对于平稳性，$|\varphi|<1$ 是必要的。

最后，AR(1)误差过程平稳的第三个要求是，不同时间段的误差之间的协方差仅是分隔这些项的时间段数目的函数。可以看出，对于间隔一个周期的误差，

$$\begin{aligned}
\mathrm{cov}(\varepsilon_t,\varepsilon_{t-1}) &= E(\varepsilon_t,\varepsilon_{t-1}) \quad 因为\ E(\varepsilon_t)=0 \\
&= E[(\varphi\varepsilon_{t-1}+\eta_t)\varepsilon_{t-1}] \\
&= \varphi E[(\varepsilon_{t-1})^2+E(\eta_t,\varepsilon_{t-1})] \\
&= \varphi E[(\varepsilon_{t-1})^2]
\end{aligned} \tag{5.8}$$

因为我们假设 η_t 独立于 ε_{t-1}，且 $E(\varepsilon_{t-1})^2=\sigma_\varepsilon^2$，这些误差之间的协方差是

$$\mathrm{cov}(\varepsilon_t,\varepsilon_{t-1})=\varphi\sigma_\varepsilon^2 \tag{5.8a}$$

对于间隔两个时间段的误差

$$\begin{aligned}
\mathrm{cov}(\varepsilon_t,\ \varepsilon_{t-1}) &= E(\varepsilon_{t-1},\ \varepsilon_{t-2}) = E(\varphi\varepsilon_{t-1}+\eta_t)\varepsilon_{t-2} \\
&= E(\varphi\varepsilon_{t-1}\varepsilon_{t-2}) + \eta_{t-2}\varepsilon_{t-2} \\
&= E(\varphi\varepsilon_{t-1}\varepsilon_{t-2})
\end{aligned} \tag{5.8b}$$

由于 η_t 独立于 ε_{t-2}，在括号中替换 ε_{t-1} 并使用有关 η_t 和 ε_t 之间独立性的信息，式(5.8b)就变成了

$$\varphi E[(\varphi\varepsilon_{t-2})+\eta_{t-1}]\varepsilon_{t-2} = \varphi^2 E(\varepsilon_{t-2})^2 = \varphi^2 \sigma_\varepsilon^2 \tag{5.8c}$$

如果我们用 j 表示分隔 ε_t 不同值的时间段数，则汇总此信息

$$\begin{aligned}
\mathrm{cov}(\varepsilon_t,\ \varepsilon_{t-1}) &= \varphi^1 \sigma_\varepsilon^2 \\
\mathrm{cov}(\varepsilon_t,\ \varepsilon_{t-2}) &= \varphi^2 \sigma_\varepsilon^2
\end{aligned} \tag{5.8d}$$

总的来说

$$\mathrm{cov}(\varepsilon_t,\ \varepsilon_{t-j}) = \varphi^j \sigma_\varepsilon^2 = f(j) \tag{5.8e}$$

因此，AR(1)过程是平稳的，因为满足了平稳所需的三个条件。随机过程的平稳性质确保该过程的基本结构不随时间而变化，并且随机过程的值围绕该过程的均值随机波动。

类似 AR(1) 过程，具有两个或多个滞后模型的 AR(2)，AR(3)，…，AR(p) 也可以通过简单地重复上述相同的过程被获得，然后我们可以递归地计算 Y_t 基于公式(5.4)替换的滞后值，例如，

$$Y_{t-1} = \beta_0 + \beta_1 X_{t-1} + \beta_2 Y_{t-2} + \varepsilon_{t-1}$$

将公式(5.4a)代入公式(5.4)

$$Y_t = \beta_0 + \beta_1 X_t + \beta_2(\beta_0 + \beta_1 X_{t-1} + \beta_2 Y_{t-2} + \varepsilon_{t-1}) + \varepsilon_t \tag{5.9}$$

当前 Y_t 是整个扰动项和 ε_t 的积累，我们可以由此得到随机变量的和，通过对 Y_{t-2} 替换，然后对 Y_{t-3} 替换……我们在式(5.9)中不断替换，就可以回到如下所示的无限的对过去的观察

$$Y_t = \sum_{i=0}^{\infty} \beta_2^i(\beta_0 + \varepsilon_{t-i}) \tag{5.9a}$$

注意，假设该时间序列的观测开始于某个时间 0，例如 X_0、ε_0，这被称为初始条件，此时基础过程已经达到这样一种使 Y_t 的均值和方差不随时间变化或不再随时间变化的状态。

5.4　自相关性的检测

检测自相关性的常用方法有：(1)杜宾—沃森(Durbin-Watson)检验，即 dw 检验；(2)杜宾 H 检验；(3)自相关的相关图(the graph of the correlogram)。

5.4.1　dw 检验

正如我们从上面的分析中所看到的，$\varepsilon_t = \varphi \varepsilon_{t-1} + \eta_t$ 是一个一阶自回归模型。当时间序列回归由 $Y_t = \beta_0 + \beta_1 X_t + \varepsilon_t$ 给出，并且扰动项 ε_t 具有一阶 AR(1)自回归形式 $\varepsilon_t = \varphi \varepsilon_{t-1} + \eta_t$，其中 η_t 是随机变量时，其在任何观测值中的值与其在所有其他观测值中的值不相关。

回归模型 $Y_t = \beta_0 + \beta_1 X_t + \varepsilon_t$ 中不存在自相关，因为 ε_t 是由自身的滞后值加上随机的新元素 η_t 决定的。因此，回归模型 $Y_t = \beta_0 + \beta_1 X_t + \varepsilon_t$ 也被描述为一阶 AR(1)过程，因为它只依赖于 ε_{t-1} 和 η_t 的新信息。[②]

为简单起见，我们将集中在 AR(1)自相关分析上，因为它似乎是最常见的近似类型。在 AR(1)自回归模型中，$\varepsilon_t = \varphi \varepsilon_{t-1} + \eta_t$，$\varphi$ 可以是正的或负的。如果 φ 为 0，则模型没有自相关。因为 AR(1)是自相关的这种常见形式，所以 AR(1)的自相关由 dw 检验检测，它是一种标准的统计检验。

dw 检验通常包括在具有回归结果的"诊断统计"的基本结果中，并在残差计算中使用以下表达式，

$$dw = \frac{\sum_{t=2}^{T} (\varepsilon_t - \varepsilon_{t-1})^2}{\sum_{t=1}^{T} \varepsilon_t^2} \tag{5.10}$$

在大样本中，这可以通过下式证明[③]

$$dw \rightarrow 2 - 2\varphi \tag{5.10a}$$

如果不存在自相关，则 φ 为 0，因此 dw 应接近 2。如果存在正的自相关，则 dw 将趋向于小于 2。如果存在负的自相关，则它将趋向于大于 2。该测试

假设 φ 位于$-1<\varphi<1$ 的区间内,因此 dw 位于 4 和 0 之间。

检验的零假设是 φ 等于 0。即使 H_0 为真,dw 也不会正好等于 2,除非出现异常情况。但是,如果 dw 值远低于 2,则我们有两个选择:一种是假设 H_0 为真,dw 的低值是偶然出现的。另一种是扰动项具有正的自相关性。通常,我们通过建立低于 5% 显著水平的临界值 dw_{crit} 来进行选择。如果 dw 低于 dw_{crit},那么我们将在 5% 的显著性水平上拒绝 H_0。

在任何显著性水平上,dw 的临界值取决于回归方程中解释变量的数量和样本中观察值的数量。它还取决于解释变量所取的特定值。因此,dw 值不可能像 t 检验和 F 检验那样,为所有可能的样本构建一个给出精确临界值的表,但我们可以计算 dw 临界值的上限 dw_U 和下限 dw_L。[④]

应该注意的是,dw_L 统计量并不一定意味着模型受 AR(1) 自相关的影响。每当存在正残差时(它都会很低),正残差后面是正残差,负残差后面是负残差,这可能是由模型设定偏误引起的。特别是,它通常是由模型中省略重要变量引起的,如果回归使用不适当的数学函数,则可能会发生这种情况。

5.4.2 杜宾 H 检验

如果模型中的解释变量包含滞后因变量,例如,简单的 AR(1) 模型由下式给出 $Y_t = \beta_0 + \beta_1 Y_{t-1} + \varepsilon_t$,其中 Y_{t-1} 是因变量 Y_t 的滞后因变量,并且模型中的扰动项 ε_t 由过程 $\varepsilon_t = \varphi\varepsilon_{t-1} + \eta_t$ 产生。在这种情况下,自相关可能导致 OLS 产生不一致的估计,因为滞后变量的使用将使 OLS 估计在有限样本中受到一些偏差元素的影响。在实践中,这种偏差并不严重,可以忽略不计。

然而,如果扰动项受滞后因变量 Y_{t-1} 的自相关影响,情况则完全不同,因为滞后因变量与自相关扰动项同时相关;第 t 个周期的扰动项部分地由第 $(t-1)$ 个周期的扰动项决定,它又是滞后的决定因素之一,即它是第 $(t-1)$ 个周期的因变量。在这种情况下,当回归方程包含滞后因变量,并将它作为模型中的解释变量时,dw 检验统计量无效。它倾向于偏向 2,这增加了 II 型错误的风险。因此,我们可以使用杜宾 H 统计量[⑤],该统计量也是根据残差计算的,并且定义为

$$h = \hat{\varphi}\sqrt{\frac{n}{1-n\hat{\sigma}_1^2}} \tag{5.10b}$$

其中，$\hat{\varphi}$ 是 AR(1)过程中的估计自相关 φ 系数，[⑥] $\hat{\sigma}_1^2$ 是滞后因变量 Y_{t-1} 系数的估计方差，并且 n 是回归中的观察值的数目。

注意，n 通常为 $n-1$，比样本中的观测值数目少 1，因为在拟合方程时模型丢失了第一个观测值。因此，该测试仅对大样本有效。我们有多种方法对 φ 进行估计，但最方便的方法是利用 dw 和 φ 之间的大样本关系

$$dw \to 2-2\varphi$$

由此，$\varphi = 1 - \frac{1}{2}dw$。滞后因变量的方差估计值是通过对其标准误差进行平方得到的。因此，我们可以用通常的回归结果计算 h。在大样本中，h 分布为 $N(0,1)$，即在无自相关的零假设下，它是均值为 0、方差为 1 的正态分布变量。因此，如果 h 的绝对值大于 1.96，则可以在 5% 的显著性水平上拒绝无自相关的假设；如果 h 的绝对值大于 2.58，则可以在 1% 的显著性水平上拒绝无自相关的假设。

这种测试的一个常见问题是：如果 $n\hat{\sigma}_1^2$ 大于 1，则我们无法计算 h 统计量。这在样本量不是很大时经常可能发生。这是杜宾 H 检验的一个常见问题，而当 $n\hat{\sigma}_1^2$ 接近但小于 1 时，会出现更严重的问题。在这种情况下，h 统计量可能是巨大的，而不存在任何自相关的问题。出于这个原因，我们最好也关注一下 dw 统计数据，尽管它存在偏差。

在具有一阶自相关误差的自回归模型中，如果 $\varphi > 0$，则 β 中的渐近偏差可能是正的，如果 $\varphi < 0$，β 的渐近偏差可能为负。如果涉及更多的回归量，这种偏差就会变得更小。在上面的简单模型中，$Y_t = \beta_0 + \beta_1 Y_{t-1} + \varepsilon_t$，$\varepsilon_t = \varphi\varepsilon_{t-1} + \eta_t$，估计 β 中的 OLS 偏差恰好是估计 φ 中的 OLS 偏差的负值。[⑦]

5.4.3 自相关相关图

统计学家最常用的检测自相关的方法是绘制自相关相关图。该图结合了从时间序列数据中获得的视觉检查和从统计测试获得的估计误差，是博克斯—詹金斯时间序列分析的识别部分。该方法的出发点是使用最小二乘残差来估计两个函数：(1)理论自相关函数(the theoretical autocorrelation function，TACF）和（2）理论偏自相关函数（the theoretical partial autocorrelation function，TPACF）。这些函数提供了关于方程中特定类型误差产生过程的重要线索。

1. TACF

TACF 总结了不同滞后 j 和与之对应的自相关 φ 的关系，这个函数的图形被称为"相关图"。TACF 是对称的，因此 $\varphi_{-j} = \varphi_j$。因此，有必要对正滞后的自相关模式进行评估。然而，由于 AR(1) 和 AR(2) 的 TACF 下降到 0 的速度不同，模式可能显示不同，因此我们需要通过使用 TPACF 来获得区分这些误差过程所需的附加信息。

2. TPACF

滞后 j 的 TPACF 显示出在控制了所有中间滞后误差的影响后的 ε_t 和 ε_{t-1} 之间的自相关。滞后 1 的偏自相关 φ_1 是从等式 $\varepsilon_t = \varphi_1 \varepsilon_{t-1} + \eta_t$ 中获得的，其与滞后 1 的自相关相同。但对于高阶，偏自相关是从多元误差回归得到的，如 $\varepsilon_t = \varphi_1 \varepsilon_{t-1} + \varphi_2 \varepsilon_{t-2} + \eta_t$。$\varphi_2$ 是一个偏斜率，它表示在控制了 ε_{t-1} 对 ε_t 的影响之后的 ε_t 和 ε_{t-2} 的关系。类似地，该过程可以应用于所有其他高阶，如 AR(3)、AR(4)…的误差进程。因此，TPACF 总结了不同滞后的偏自相关模式。该函数在自相关过程的阶数（order）识别中起着关键作用，这可以从 AR(1) 的情况看出，具有这种类型的误差过程的滞后 1 的偏自相关是非零的。然而，由于一阶自回归过程 ε_t 仅与前一周期的值相关，因此滞后 2 及以上的偏自相关等于 0。类似地，对于 AR(2) 误差过程，φ_1 和 φ_2 都是非零的，而上面的所有偏自相关系数 φ_2 都是零。TPACF 在识别自回归误差过程的顺序方面的有用性源于这样一个事实：自回归误差过程的顺序是由 TPACF 中非零偏自相关系数的数量给出的，因此我们可以使用 TACF 和 TPACF 两者来完成对误差过程是否是自回归过程顺序的识别。

然而，TACF 和 TPACF 是未知的，我们必须使用最小二乘残差 $\hat{\varepsilon}_t$ 从 SRF 中估计。因此，关于潜在误差生成过程的推断需要同时利用样本自相关函数（the sample autocorrelation function，SACF）和样本偏自相关函数（the sample partial autocorrelation function，SPACF）两者。误差产生过程的顺序的识别需要将上述样本中的每一个与其相应的理论函数进行比较。由这些估计的标准差构建的统计量使我们能够检验个体样本的自相关和偏自相关是否显著不等于 0。SACF 的相关图将指示样本自相关是否在几个滞后之后持续减小并消失（即变得不显著）。由自相关和偏自相关模式提供的视觉证据可以通过误差过程是否是自回归的统计检验来论证。

5.5　自相关系数估计

事实上，很多种方法可用于估计自相关系数。我们通常运用两种：非迭代方法(the non-iterative approach)和迭代方法(the iterative approach)。

5.5.1　非迭代方法

非迭代方法包括：(1)直接使用 LS 法；(2)估计 φ 的 dw 统计；以及(3)杜宾程序(the Durbin procedure)。

1. LS 法

LS 法通常有两步程序：[8]第一步包括根据当前周期残差对其滞后值 $\hat{\varepsilon}_t = \varphi\hat{\varepsilon}_{t-1} + \eta_t$ 的最小二乘残差平方回归(没有截距)进行参数 φ 估计，根据该方程，φ 的最小二乘残差平方估计为

$$\hat{\varphi} = \sum \hat{\varepsilon}_t\hat{\varepsilon}_{t-1} / \hat{\varepsilon}_{t-1}^{2} \quad (t = 2, 3, \cdots) \tag{5.11}$$

然后，利用从回归获得的 φ 值将原始方程变换为其广义差分形式，该广义差分形式用 LS 法估计。

2. dw 统计

dw 统计是应用最广泛的一种统计检验。如公式(5.11)所示，dw 统计可以与下式有关

$$\hat{\varphi} \cong 1 - \mathrm{dw}/2 \quad (\text{因为 } \mathrm{dw} \cong 2 - 2\varphi) \tag{5.11a}$$

当 dw 的值接近其非自相关值 2 时，从式(5.11a)得到的估计值 φ 接近于 0，而 dw 的值接近其下限 0，$\hat{\varphi}$ 接近于 1，这表明系数呈正自相关。

3. 杜宾程序

杜宾程序需要重新排列原始方程的广义差分形式，将其作为获得 φ 估计的基础。[9]假设原始方程包含两个解释变量 X_1 和 X_2，则该方程的广义差分形式为

$$(Y_t - \varphi Y_{t-1}) = \beta_0 + \beta_1(X_{1t} - \varphi X_{1t-1}) + \beta_2(X_{2t} - \varphi X_{2t-1}) + \eta_t \quad (5.12)$$

重新整理公式(5.12),新方程由下式给出

$$Y_t = \varphi Y_{t-1} + \beta_0 + \beta_1 X_{1t} - \beta_1 \varphi X_{1t-1} + \beta_2 X_{2t} - \beta_2 \varphi X_{2t-1} + \eta_t \quad (5.12a)$$
$$= \varphi Y_{t-1} + \beta_0 + \beta_1 X_{1t} - \beta_1 X_{1t-1} + \beta_2 X_{2t} - \beta_2 X_{2t-1} + \eta_t$$

其中,$\beta_1 = -\beta_1\varphi$ 且 $\beta_2 = -\beta_2\varphi$,二者是 Y_{t-1} 的最小二乘回归系数,是 Y_t 对 Y_{t-1}, X_{1t}, X_{1t-1}, X_{2t}, X_{2t-1} 的最小二乘回归,来自杜宾过程。然后这个杜宾程序的估计值被用在原始方程的广义差分形式中,再以广义最小二乘(generalised least squares,GLS)法来估计该方程的参数。

上面提到的三种方法都是非迭代方法,它们都是通过考虑生成不同方程中的残差,在不试图改进该值的情况下对 φ 值进行的单一估计。

5.5.2　迭代方法

与非迭代方法不同,迭代方法基于来自所生成的不同方程的残差来对 φ 进行重新计算的新估计。迭代过程不断进行,直到新的估计值与先前的估计值仅略有不同。科克伦—奥克特(Cochrane-Orcutt)的迭代方法[⑩]是扩展了的三步程序,通过估计目前对滞后残差进行后续回归。

1. 科克伦—奥克特迭代过程

科克伦—奥克特过程通过迭代过程来估计参数。如果原始方程包含两个解释变量 X_1 和 X_2,则迭代估计过程通过以下三个步骤进行。

(1) 用 LS 法估计原始方程,即从该方程回归当前周期残差 $\hat{\varepsilon}_t$,然后在滞后值 $\hat{\varepsilon}_{t-1}$ 上回归原始方程的第一个差(没有截距),滞后残差的系数 $\hat{\varphi}_{(1)}$ 为第一轮 φ 的估计,将 $\hat{\varphi}_{(1)}$ 代入原方程的生成差分形式,对生成差分方程进行最小二乘估计。

(2) 使用所生成的差分方程中的系数的最小二乘残差平方估计(其包括校正截距)与原始变量来产生新的残差集 $\hat{\varepsilon}_{(2)t} = Y_t - \hat{\beta}_0 - \hat{\beta}_1 X_{1t} - \hat{\beta}_2 X_{2t}$。注意,$\hat{\varepsilon}_{(2)}$ 的值不是步骤(1)中的估计所生成的差分方程的残差。φ 的第二轮估计值是 $\hat{\varphi}_{(2)}$,它是 $\hat{\varepsilon}_{(2)t}$ 在 $\hat{\varepsilon}_{(2)t-1}$ 上的回归(无截距)的最小二乘斜率系数。

(3) 用 $\hat{\varphi}_{(2)}$ 估计原始方程生成的差分形式,如果 $\hat{\varphi}_{(2)}$ 和 $\hat{\varphi}_{(1)}$ 的差异小于某个预先指定的公差水平,例如 0.01,则 $\hat{\varphi}_{(2)}$ 是用于估计 φ 的最小二乘的最

终估计,过程停止。否则,重复步骤(2),直到连续估计 φ 之间的差接近某个可接受的量,或者出现了最大次数的期望迭代。

2. 网格搜索法:希尔德雷斯—卢程序

与科克伦—奥克特迭代方法不同,希尔德雷斯—卢(Hildreth-Lu)过程不估计在生成的差分方程中使用的 $\hat{\varphi}$ 一组值,而是选择 φ 的可能值的范围(网格),每个值都用于估计单独生成的差分方程。然后将具有最小残差平方和的生成差值形式作为优选方程,其 $\hat{\varphi}$ 是一阶自相关系数的估计值。希尔德雷斯—卢过程也被称为网格搜索方法。允许 $\hat{\varphi}$ 变化的值网格取决于时间和资源方面的限制,以及所使用的软件类型。最理想的网格是介于 -1 和 $+1$ 之间的值集,因为 φ 是相关系数。用于确定最终方程的连续值 $\hat{\varphi}$ 之间的增量也由研究人员自行决定,我们通常使用 0.1 的增量。[⑪]

5.6 非平稳时间序列

如果条件均值和条件方差都依赖于 t,并且无条件均值和无条件方差都是无限的,则该时间序列是非平稳的。大多数有关经济的时间序列数据是非平稳的,因为经济时间序列数据包含由趋势性、季节性或政策变化产生的断点。

5.6.1 随机游走

在前文的 $AR(1)\varepsilon_t = \varphi\varepsilon_{t-j} + \eta_t$ 的例子中,平稳性的关键条件是 φ 值小于 1 且大于 -1,即 $-1 < \varphi < 1$。如果 φ_1 的滞后系数的绝对值小于 1,即 $|\varphi_1| < 1$,则时间序列是协方差平稳的;如果滞后系数大于或等于 1($\varphi \geqslant 1$),则时间序列是非平稳的。在后者($\varphi = 1$)中,原始序列变为

$$\varepsilon_t = \varepsilon_{t-j} + \eta_t \tag{5.13}$$

其中 η_t 是白噪声。式(5.13)被称为随机游走,其中,一个周期内的时间序列值等于前一个周期中的序列值加上不可预见的随机误差。随机游走是静止 $AR(1)$ 过程的一个极限情况,违反了平稳假设。这可以从递归(在给定的初

始值 ε_0 的条件下)求解的过程中看出,

$$\varepsilon_1 = \varepsilon_0 + \eta_1$$

$$\varepsilon_2 = \varepsilon_1 + \eta_2 = \varepsilon_0 + \eta_1 + \eta_2$$

…

$$\varepsilon_t = \varepsilon_0 + \eta_1 + \cdots + \eta_t = \varepsilon_0 + \sum_{k=1}^{t} \eta_k = \varepsilon_0 + \sum_{\tau=0}^{t-1} \eta_{t-\tau} \tag{5.13a}$$

式(5.13a)的意思是 $\varepsilon_t = \varepsilon_0 + \sum_{\tau=0}^{t-1} \eta_{t-\tau}$。这违反了平稳假设,它是非平稳的,因为

$$\mathrm{var}(\varepsilon_t \mid \varepsilon_0) = \mathrm{var}\Big(\sum_{\tau=0}^{t-1} \eta_{t-\tau}\Big) = t\sigma_\eta^2 \tag{5.13b}$$

方差依赖于 t,并且它随时间 t 而增加。无条件方差也是无限的,如:

$$\mathrm{var}(\varepsilon_t) = \mathrm{var}\Big(\sum_{\tau=0}^{\infty} \eta_\tau\Big) = \sum_{\tau=0}^{\infty} \sigma_\eta^2 = \infty \tag{5.13c}$$

从 $\mathrm{var}(\varepsilon_t|\varepsilon_0) = t\sigma_\eta^2$ 和 $\mathrm{var}(\varepsilon_t) = \infty$ 可以看出,随机游走的方差依赖于时间 t,并随时间 t 的增加而增加,它不具有有限的均值回复水平或有限的方差。这与从平稳 AR(1) 过程中导出的均值和方差不同。平稳 AR(1) 中的方差为

$$\varepsilon_t = \varepsilon_0 + \sum_{k=1}^{t} \varphi^t \eta_\tau \tag{5.13d}$$

$$\mathrm{var}(\varepsilon_t) = \mathrm{var}\Big(\sum_{\tau=0}^{\infty} \varphi^t \eta_\tau\Big) = \sigma_\eta^2 \sum_{\tau=0}^{\infty} (\varphi^2)^t = \frac{\sigma_\eta^2}{1-\varphi^2} < \infty \tag{5.13e}$$

此外,具有漂移的随机游走允许非零的平均变化,即 $\varepsilon_t = \alpha + \varepsilon_0 + \eta_t$,这也违反了通常的均值假设,

$$\varepsilon_1 = \alpha + \varepsilon_0 + \eta_1$$

$$\varepsilon_2 = \alpha + \varepsilon_1 + \eta_2 = \alpha + \alpha + \varepsilon_0 + \eta_1 + \eta_2 = \varepsilon_0 + 2\alpha + \eta_1 + \eta_2$$

…

$$\varepsilon_t = \varepsilon_0 + t\alpha + \sum_{\tau=0}^{t-1} \eta_\tau$$

$$E(\varepsilon_t|\varepsilon_0) = \varepsilon_0 + t\alpha \tag{5.13f}$$

因此,具有漂移的随机游走是一个非平稳过程,其中条件均值和条件方差都依赖于 t,并且无条件均值和无条件方差都是无穷大。随机游走的无限方差意味着我们不能对非平稳时间序列使用标准回归分析,因为它不具有有限的均值回复水平或有限的方差。

1. 平稳与非平稳的区别

平稳序列和非平稳序列之间有几个基本的区别:

(1) 平稳序列有一个均值,并且序列有返回到该均值的趋势,而非平稳序列倾向于广泛地漂移;

(2) 平稳序列往往表现出平滑的行为(smooth behaviour),而非平稳序列往往表现出不稳定(erratic);

(3) 平稳序列具有有限的方差。冲击是短暂的,它们的自相关性随着 k 的增长而消失,而非平稳序列具有无限的方差(它随时间增长),冲击是永久的,它们的自相关性往往趋向于 1。

这些差异表明了一些测试平稳性的临时方法:对于平稳数据,序列与时间的关系图应频繁地穿过水平轴,并且自相关应稳定地减小到足够大的滞后,也就是随滞后增大,自相关应该稳定地降低。对于非平稳数据,估计的方差应该随着时间序列的扩展而变大。它不应该经常穿过横轴,并且自相关不应该趋于消失。

2. 随机趋势与确定性趋势

随机趋势:随机趋势中的非平稳过程允许趋势在不同时期的变化是随机的。带漂移的随机游走也被称为非平稳时间序列过程的随机趋势。然而,随机趋势并不是非平稳过程的唯一类型。

确定性趋势:非平稳过程的另一种类型是确定性趋势,即序列的均值随时间不断增加,尽管变量可能在其趋势线的上方或下方随机波动。确定性趋势非平稳时间序列过程为

$$Y_t = \alpha + \lambda t + \varepsilon_t \tag{5.14}$$

其中 ε 是平稳扰动项。如果常数变化率是以百分比表示的,那么我们可以将 $\log Y$ 作为与时间的线性关系。这违反了平稳假设,因为 $E(Y_t) = \alpha + \lambda t$, 不依赖于 t。

随机趋势与确定性趋势的区别在于:如果考虑周期 t 内的大的负冲击 η,在确定性趋势的情况下,由于我们假定 η 趋势线是平稳的,其影响最终会

消失,冲击的影响是暂时的;但在随机趋势的情况下,较低的 Y 是 Y 未来所有变化的基础,因此冲击的影响是永久的。现在在模型中采用随机趋势很流行,尽管它们是有争议的。

5.7 传统计量经济模型的挑战

时间序列回归模型的关键假设是:回归中没有变量相关性和平稳变量。如果均值没有趋势变化,方差没有趋势变化,也没有周期性变化,那么这个时间序列是平稳的。平稳时间序列是其性质不依赖于序列被观察的时间的序列。合适的计量经济模型关键取决于平稳性的性质。

然而,大多数经济时间序列数据是非平稳的,因为经济时间序列数据总是具有趋势性或季节性。趋势性和季节性会影响时间序列在不同时间的值,但扰动项(白噪声)序列通常是平稳的,因为当你观察它时,它在任何时候看起来都应该大致相同。比方说,如果计量经济模型是简单的回归模型,例如 $Y_t = \beta_0 + \beta_1 X_t + \varepsilon_t$,其中,$\varepsilon$ 是平稳的白噪声,且因变量 Y_t 和回归量 X_t 都具有时间趋势,并且如果时间趋势引起了两个变量之间的样本高度相关性,那么模型是不平稳的,R^2 将会很高因为它等于相关性的平方。X_t 系数的 F 统计量和 t 统计量也会很高,尽管 X_t 不是 Y_t 的行列式。即使这些变量并不真正相关,估计方差、R^2 和 F 估计量也可能很大。因此,OLS 可能无法获得其合理的近似值,最小二乘估计是低效的,并且估计方程可能产生"伪"(spurious)结果。[12] 在这种情况下,虽然 OLS 系数还保持无偏和一致,但不再是 BLUE,因为 OLS 不再提供最小方差无偏估计量,并且基于最小二乘估计的推断也受到相反的影响。

此外,基于白噪声,我们假设从计算机程序获得的残差平方和和系数的估计也是有偏的,因为估计量的无偏性应该基于误差的零期望值以及"X 和 ε_t 相互独立"的假设。对于准自相关,这两个假设也很可能被违反,从而导致斜率估计量偏差(a biased slope estimator)。最小二乘系数方差也是有偏的。如果存在正自相关($\varphi > 0$),并且单个 X 项遵循向上或向下的趋势,使得 X 项看起来是正的,那么整个表达式也是正的。在这种情况下,实际方差将超过不存在自相关时的方差。结果基于这些值的统计推断是无效的。[13]

5.7.1 传统计量经济的建模方法

计量经济学家常常专注于因违反回归模型的标准统计假设而导致的问题。由于经济时间序列数据的不平稳性质，这些假设有时很少被满足。与自然科学的时间序列数据不同，经济数据缺乏可控实验。由于计量经济学家的传统回归模型倾向于根据因果关系制定计量经济学模型，以表示时间序列数据，因此对非平稳数据进行回归将导致 R^2、dw 和 t 统计的误导性或"伪"值。此外，相关误差违反了回归模型的假设，因此，计量经济学家专注于如何处理这些问题。如果 OLS 不起作用，则寻找其他方法。处理这些问题的常用方法之一是用估计的广义最小二乘（estimated generalised least squares，EGLS）代替 OLS，或者使用自回归模型来消除 AR(1) 自相关。

1. GLS 法

回顾前文回归方程中概述的回归分析，它基于要满足的一组假设，才可以使用 OLS 获得参数的 BLUE。这些假设包括：给定观测值的误差 ε 呈正态分布，均值为 0，且恒定方差为 σ^2。此外，误差集合 ε_{t1}，ε_{t2}，$\cdots$，ε_{ti}，必须是两两独立的，因此一个观测值的误差独立于其他每个观测值的误差。如果时间序列回归模型中的误差是序列相关的，且扰动项是自相关的，则时间序列回归的估计模型就有严重的问题，用 OLS 法估计的残差平方和和系数方差将是不正确的。在这种情况下，估计技术需改为 GLS 法。[14]

简单讲，GLS 估计包括三个步骤：(1)找到适当的变换 T，当它被应用于实际误差时，我们将它改变为白噪声过程；(2)将该变换应用于原始方程；(3)用 LS 法估计变换后的方程。AR(1) 误差过程的适当变换 T 可以从前面的等式(5.5)中获得，方法是根据实际误差 η_t 启动白噪声过程

$$\eta_t = \varepsilon_t - \varphi\varepsilon_{t-1} \tag{5.15}$$

式(5.15)的右端或任何一阶自相关方程可以用反向移位（向后移）运算符 B 表示为 φ 的函数，其定义为

$$B\varepsilon_t \equiv \varepsilon_{t-1}; \ B^2\varepsilon_t \equiv \varepsilon_{t-2} \text{ 和 } B^j\varepsilon_t \equiv \varepsilon_{t-j} \tag{5.15a}$$

因此，将后移运算符应用于变量可以定义该变量滞后的周期数。将此运算符应用于不依赖于时间的方程截距等参数，会得到原始项本身：$B\beta_0 \equiv \beta_0$。

公式(5.15)可以使用以下运算符重写

$$\eta_t = \varepsilon_t - \varphi(B\varepsilon_t) = (1-\varphi B)\varepsilon_t = \varphi(B)\varepsilon_t \qquad (5.15b)$$

其中 $\varphi(B)$ 表示将包含 φ 的白噪声误差 ε_t 过程，η_t 表示作为原始误差过程的函数表达式。应用于 GLS 估计的原始方程的变换项 T 是 $\varphi(B)$。当误差进程是一阶自回归时

$$T = \varphi(B) = (1-\varphi B) \qquad (5.15c)$$

使用该信息，变换后的公式为

$$\begin{aligned}&\varphi(B)Y_t = \varphi(B)\beta_0 + \varphi(B)\beta_1 X_1 + \varphi(B)\varepsilon_t \text{ 或}\\&(1-\varphi B)Y_t = (1-\varphi B)\beta_0 + (1-\varphi B)\beta_1 X_1 + (1-\varphi B)\varepsilon_t\end{aligned} \qquad (5.15d)$$

式(5.15d)可以表示为

$$\begin{aligned}&(Y_t - \varphi Y_{t-1}) = \beta_0(1-\varphi) + \beta_1(X_1 - \varphi X_{t-1}) + \eta_t \text{ 或}\\&Y_t^* = \beta_0^* + \beta_1^* X_1 + \eta\end{aligned} \qquad (5.15e)$$

公式(5.15e)被称为原始方程的广义差分形式。在这种情况下，GLS 估计包括将 LS 法应用于原始方程的一般差分形式。但应注意的是，在将方程转换为式(5.15e)的广义差分形式时，第一个观测值丢失（成为缺失值），因此需要通过 Prais-Winston 校正法校正，用以下方法转换第一个观测值来防止这种丢失。

$$Y_t\sqrt{1-\varphi^2} = \beta_0\sqrt{1-\varphi^2} + \beta_1 X_1\sqrt{1-\varphi^2} + \eta_t \qquad (5.15f)$$

然后使用公式(5.15e)对剩余的观测结果进行变换。式(5.15e)的最小二乘估计不同于使用 LS 法而不考虑任何自相关。GLS 斜率估计量为

$$\hat{\beta}_1 = \sum X_t^{*\prime} Y_t^{*\prime} / \sum (X_t^*)^{\prime 2} \qquad (5.15g)$$

其中 $X_t^{*\prime}$ 和 $Y_t^{*\prime}$ 是与均值的偏差。执行乘法和收集项，广义最小平方斜率估计量等于

$$\hat{\beta}_1 = \frac{\sum X_t^{*\prime} Y_t^{*\prime} + \sum (\text{其他项包含 } \varphi)}{\sum (X_t^*)^{\prime 2} + \sum (\text{其他项包含 } \varphi)} \qquad (5.15h)$$

因此，无论何时存在自相关，$\hat{\beta}_1$ 的最小二乘估计量都不同于 GLS 估计量，

因为 $\varphi \neq 0$，并且 φ 项不会丢失，对于截距估计量也是如此。因此，最小二乘估计的方差超过了相应的 GLS 估计的方差，并且 OLS 不能提供 β_0 和 β_1 的 BLUE。GLS 估计量的效率来自将关于误差过程的时间相关性的信息直接合并到参数估计的过程。高阶自回归误差过程的变换方程也可以用前文讨论的相同方法被确定。例如，如果是二阶自回归过程

$$\varepsilon_t = \varphi_1 \varepsilon_{t-1} + \varphi_2 \varepsilon_{t-2} + \eta_t \tag{5.15i}$$

根据求解白噪声误差 ε_t，这变为

$$\eta_t = \varepsilon_t - \varphi_1 \varepsilon_{t-1} - \varphi_2 \varepsilon_{t-2} \tag{5.15j}$$

用后移运算符表示该方程

$$\eta_t = \varepsilon_t - \varphi_1 B \varepsilon_t - \varphi_2 B^2 \varepsilon_t \text{ 或 } \eta_t = (1 - \varphi_1 B - \varphi_2 B^2) \varepsilon_t \tag{5.15k}$$

原始方程的变换基于 $\varphi(B) = (1 - \varphi_1 B - \varphi_2 B^2)$ 的多项式被称为 AR(2) 误差过程的特征多项式（the characteristic polynomial）。变换后的公式为

$$Y_t^* = \beta_0^* + \beta_1^* X_1 + \eta \tag{5.15l}$$

其中 $Y_t^* = Y_t - \varphi_1 Y_{t-1} - \varphi_2 Y_{t-2}$，$X_t^* = X_t - \varphi_1 X_{t-1} - \varphi_2 X_{t-2}$，且 $\beta_0^* = \beta_0 (1 - \varphi_1 - \varphi_2)$。除非用 Prais-Winston 校正法[15]校正，否则我们在创建这种广义差分形式的过程中会丢失两个观测值。

2. 利用自回归模型去除 AR(1) 自相关

由于自相关被定义为非零误差协方差（或相关），即 $\mathrm{cov}(\varepsilon_t, \varepsilon_{t-j}) = 0$，因此间隔 j 个周期的误差是不相关的，或者，通常误差集合是成对独立的。AR(1) 自相关可以通过对模型的简单操作来消除。[16]假设模型是

$$Y_t = \beta_0 + \beta_1 X_t + \varepsilon_t \tag{5.16}$$

$$\varepsilon_t = \varphi \varepsilon_{t-1} + \eta_t \tag{5.16a}$$

如果我们将公式（5.16）滞后一个时间周期，然后乘以 φ，得

$$\varphi Y_{t-1} = \beta_0 \varphi + \beta_1 \varphi X_{t-1} + \varphi \varepsilon_{t-1} \tag{5.16b}$$

现在从式（5.16）中减去式（5.16b）

$$Y_t - \varphi Y_{t-1} = \beta_0 (1 - \varphi) + \beta_1 X_t - \beta_1 \varphi X_{t-1} + \varepsilon_t - \varphi \varepsilon_{t-1} \tag{5.16c}$$

$$Y_t - \varphi Y_{t-1} = \beta_0 + \beta_1 X_t + \varepsilon_t - \beta_0 \varphi - \beta_1 \varphi X_{t-1} - \varphi \varepsilon_{t-1} \qquad (5.16d)$$
$$= \beta_0 (1-\varphi) + \beta_1 X_t - \beta_1 \varphi X_{t-1} + \varepsilon_t - \varphi \varepsilon_{t-1}$$

$$\nabla Y_t = \beta_0 (1-\varphi) + \beta_1 X_t - \beta_1 \varphi X_{t-1} + \eta_t \ (因为 \ \eta_t = \varepsilon_t - \varphi \varepsilon_{t-1}) \qquad (5.16f)$$

公式(5.16f)是不存在自相关的,因为扰动项已被简化为新信息 η_t。它的更一般的多元回归模型是

$$\nabla Y_t = \beta_0 + \beta_1 X_{1t} + \cdots + \beta_k \varphi X_{kt} + \eta_t \qquad (5.16g)$$

当 ε_t 遵循 AR(1) 过程并使用相同的过程时,我们使用滞后方程并将其乘以 φ,

$$\varphi Y_{t-1} = \beta_0 \varphi + \beta_1 \varphi X_{1t-1} + \cdots + \beta_k \varphi X_{kt-1} + \varphi \eta_{t-1} \qquad (5.16h)$$

从式(5.16g)中减去式(5.16h)并重新排列,我们得到自由自相关模型

$$Y_t = \beta_0 (1-\varphi) + \varphi Y_{t-1} + \beta_1 X_{1t} - \beta_1 \varphi X_{1t-1} + \cdots + \beta_k X_{kt} - \beta_k \varphi X_{kt-1} + \eta_t \qquad (5.16i)$$

注意,该模型包含非线性限制,即每个 X 变量滞后值的系数等于减去其当前值和 Y_{t-1} 的系数的乘积。这意味着我们不可以再使用 OLS,否则就无法保证系数符合理论限制。因此,必须使用某种非线性估计过程,而不是使用 GLS 法或 MLE 法。

5.7.2 时间序列分析法

近几十年来,计量经济回归模型的方法实际上已经融入了许多统计学家开发的时间序列分析的方法中,这些方法不同于传统的计量经济方法。统计学家们所做的处理自相关和非平稳时间序列的回归模型与传统的计量模型不同,他们更注重对时间序列动态结构的设定,倾向于忽略计量经济解释变量的作用,只对时间序列进行建模。他们根据复杂的外推机制的系列行为[17],即通过足够次数的差分来使非平稳时间序列数据转为平稳时间序列数据,从而解决了数据不平稳性问题。

格兰杰(Granger)和纽伯尔德(Newbold)于 1974 年提出了强有力的证据,表明当回归是在水平上而不是在差异上进行时,涉及随机游走的回归是虚假的。[18]因此,对于非平稳回归模型,我们首先要考虑的是将非平稳时间

序列转化为平稳时间序列。在非平稳时间序列模型中,差分可能是一种合适的方法。不平稳回归模型的最简单的例子是随机游走。随机游走可以被表示为 $Y_t = Y_{t-1} + \varepsilon_t$,其中 ε_t 是平稳误差项,即 ε_t 是 $I(0)$。Y_t 是不稳定的,但它可以通过一阶差分 $I(1)$ 来稳定,因为 $\Delta Y_t = Y_t - Y_{t-1} = \varepsilon_t$ 在差分之后是 $I(0)$。使用稍微更一般的形式 $Y_t = \varphi Y_{t-1} + \varepsilon_t$,如果 $\varphi < 1$,则 Y_{t-1} 是 $I(0)$,即是平稳且静止的。如果 $\varphi = 1$,则 Y_t 为非平稳的,但如果它在一阶差分之后平稳,则 Y_t 是 $I(1)$。[19] 因此,对平稳形式的检验是检验 φ 是否为 1,这也被称为对单位根(a unit root)的检验。

对于非平稳时间序列数据,我们只需对给定的时间序列进行差分,直到其变得平稳,从而使原始时间序列 $\{Y_1, Y_2, \cdots, Y_n\}$ 形成新的时间序列 $\{\nabla Y_1, \nabla Y_2, \cdots, \nabla Y_{n-1}\}$。通常,一阶或二阶差分就足以使模型达到明显的稳定。例如,如果模型是 $Y_t = \beta_0 + \beta_1 X_t + \varepsilon_t$(或者在不改变基本原理的模型中添加 X 或 Y 的滞后回归量),并且 Y 和 X 都是非平稳的,例如随机游走,并且误差项 ε_t 也是非平稳的,则取方程的第一个差产生三个新变量,即

$$
\begin{aligned}
Y_{t-1} &= \beta_0 + \beta_1 X_{t-1} + \varepsilon_{t-1} \\
\nabla Y_t &= Y_t - Y_{t-1} \\
\nabla Y_t &= \beta_0 - \beta_0 + \beta_1 X_t - \beta_1 X_{t-1} + \varepsilon_t - \varepsilon_{t-1} \\
&= \beta_1 (X_t - X_{t-1}) + (\varepsilon_t - \varepsilon_{t-1})
\end{aligned}
\tag{5.17}
$$

因为 $\nabla X_t = X_t - X_{t-1}$ 且 $\nabla \varepsilon_t = \varepsilon_t - \varepsilon_{t-1}$,这样在一阶差分后,对差分新时间序列的回归就变为

$$
\nabla Y_t = \beta_1 \nabla X_t + \nabla \varepsilon_t
\tag{5.17a}
$$

如果所有变量 Y_t、X_t 和 ε_t 都是一阶差分平稳的,即 $I(1)$,那么我们可以对 β 差分序列进行回归,OLS 估计就是可靠的。回归现在是在差异上进行,而不是在水平(原始数据)上进行。注意,在差分之后,常数项 β_0 消失,并且需要在差分方程中消除,这相当于在原始水平方程中消除时间趋势。

5.8 总结和结论

1. 使用时间序列数据进行回归模型时的两个挑战如下:①回归分析使

用时间序列时,模型存在自相关性;②大多数经济数据是非平稳时间序列数据,这会导致均值随时间变化的不稳定性,以及系数方差估计和残差平方和估计的不正确性。

2. 量化协方差结构的稳定性通常是相当具有挑战性的。统计学家通常使用自协方差函数和 ACF 来分析时间序列的稳定性。

3. 虽然自协方差和自相关都用于度量两个随机变量之间的线性相关,但由于自协方差可取任何单位值,而自相关不依赖于使用哪种单位,因此自相关往往更具信息性,也更容易解释。

4. 除了自相关分析外,PACF 为关于对 Y_{t-1},Y_{t-2},$\cdots$,Y_{t-k} 的总体回归 Y_t,并测量 Y_t 和 Y_{t-k} 之间的偏相关。所有协方差平稳过程(ACF 和 PACF)都趋近于零。

5. 在自回归估计中,如果因变量 Y_t 是其自身先前值 Y_{t-1} 的函数,则系数的估计虽然是一致的,但却是有偏的。由于滞后因变量 Y_{t-1} 是随机的,并且它部分地由扰动项 ε_t 决定,在这种情况下,滞后因变量不可能是独立的,因为因变量 Y_t 部分地由扰动项决定。

6. 然而,只要 ε_t 是白噪声,且协方差是平稳的,能满足 $E(\varepsilon_t)=0$,$\text{var}(\varepsilon_t)=\sigma_{\varepsilon_t}^2$,$\text{cor}(\varepsilon_t,\varepsilon_k)=0$(对 $t \neq k$ 的所有假设),即系数的估计是一致无偏的,则 AR(1)过程是平稳的,因为它满足了平稳所需的所有三个条件。

7. dw 检验可用于检测 AR(1)自相关,杜宾 H 统计量检验可用于检测具有滞后因变量的自相关。统计学家检测自相关的最常用方法是绘制与时间相结合的相关图:将时间序列数据和从统计检验中获得的估计误差相结合。

8. 以下几种方法可用于估计自相关系数:①非迭代方法,如直接使用 LS 法、对 φ 的估计可用 dw 估计统计量和杜宾程序,以及②迭代法。

9. 时间序列回归模型中的关键假设是变量相关性的缺失和回归中的平稳变量。然而,大多数经济时间序列数据具有非平稳性,且样本之间的解释变量高度相关,OLS 可能无法获得合理的近似值。结果,最小二乘估计是低效的,尽管 OLS 系数保持无偏和一致,但 OLS 不再提供最小方差无偏估计量,并且基于最小二乘估计的推断受到不利影响。

10. 计量经济学家专注于因违反回归模型的标准统计假设而导致的问题。由于经济时间序列数据的性质,这些假设有时很少被满足。对非平稳的数据进行回归将导致 dw 和 t 统计的误导性,还会导致 R^2 的虚假值。出于这个原因，计量经济学家正在寻找一套新的估计方法，如用估计的 EGLS 代替 OLS，或用自回归模型来消除 AR(1) 自相关。近几十年来，一个值得注意的事实是：计量经济模型已经融入了许多由统计学家开发的不同于传统计量经济的方法，即通过对非平稳数据进行足够次数的差分以形成新数据，然后将其转换为平稳数据，此时回归是在差分（新）数据上进行的，而不是在水平（原始数据）上进行的，因此使用 OLS 估计 β 是可靠的。

注释

① 同样与自相关函数并行，位移 0 处的 PACF 始终为 1，因此没有任何信息，我们不感兴趣。因此，当我们绘制 ACF 和 PACF 时，我们将从位移 1 开始，而不是位移 0。

② 对于高阶自回归模型，例如 AR(3)，它与 AR(1) 相同。AR(3) 过程可以描述为 $\varepsilon_t = \varphi_1 \varepsilon_{t-1} + \varphi_2 \varepsilon_{t-2} + \varphi_3 \varepsilon_{t-3} + \eta_t$。自回归自相关的主要替代方案是移动平均，其中，$\varepsilon_t$ 是确定为 η_t 的当前值和先前值的加权和。例如，MA(3) 过程可以描述为 $\varepsilon_t = \lambda_0 \eta_t + \lambda_1 \eta_{t-1} + \lambda_2 \eta_{t-2} + \lambda_3 \eta_{t-3}$。

③ $dw = \dfrac{\sum_{t=2}^{T}(\varepsilon_t - \varepsilon_{t-1})^2}{\sum_{t=1}^{T}\varepsilon_t^2} = \dfrac{\sum_{t=2}^{T}(\varepsilon_t^2 - 2\varepsilon_t \varepsilon_{t-1} + \varepsilon_{t-1}^2)}{\sum_{t=1}^{T}\varepsilon_t^2} = \dfrac{\sum_{t=2}^{T}\varepsilon_t^2}{\sum_{t=1}^{T}\varepsilon_t^2} + \dfrac{\sum_{t=2}^{T}\varepsilon_{t-1}^2}{\sum_{t=1}^{T}\varepsilon_t^2} - 2\dfrac{\sum_{t=2}^{T}\varepsilon_t \varepsilon_{t-1}}{\sum_{t=1}^{T}\varepsilon_t^2}$，当样本数

量变大时，并且 $\dfrac{\sum_{t=2}^{T}\varepsilon_t^2}{\sum_{t=1}^{T}\varepsilon_t^2}$ 和 $\dfrac{\sum_{t=2}^{T}\varepsilon_{t-1}^2}{\sum_{t=1}^{T}\varepsilon_t^2}$ 都趋向于 1。因为 $\dfrac{\sum_{t=2}^{T}\varepsilon_t \varepsilon_{t-1}}{\sum_{t=1}^{T}\varepsilon_t^2}$ 是 φ 估计量，dw 趋向于

$2 - 2\varphi$。

④ 正如我们在第 3 章中讨论的那样，测试可以与 1%、5% 和 10% 的显著性水平进行比较，而不仅仅是选择 5% 的显著性水平进行比较。

⑤ 参阅：Durbin, J. (1970), "Detection Auto-Correlation in the Presence of Lagged Dependent Variables", in *Brooks C. Introductory Econometrics for Finance-CUP* (2014), Chapter 5, p.197.

⑥ $\hat{\varphi} \approx 1 - dw/2$，dw 是 Durbin-Watson 统计。

⑦ 参阅：Malinvaud, E. (1966), "Statistical Methods of Econometrics", Translated from the French by MRS. A. SILVEY, North-Holland Publishing Company, Amsterdam, xiv, 631, pp.459—465.

⑧ 参阅：Cochrane, D. and Orcutt, G. (1949), "Application of Least Squares Regressions to Relationships Containing Autocorrelated Error Terms", *Journal of the American Statistical Association*, 44, pp.32—61.

⑨ 参阅：Durbin, J. (1960), "Estimation of Parameters in Time Series Regression Models", *Journal of the Royal Statistical Society*, 22, Series B, pp.139—153.

⑩ 参阅：Cochrane, D. and Orcutt, G. (1949), "Application of Least Squares to Relationship Containing Autocorrelated Error Terms", *Journal of the American Statistical Association*, 44, pp.32—61.

⑪ 参阅：Kennedy, P. (1998), *A Guided to Econometrics*, Fourth Edition, The MIT Press,

Cambridge.

⑫ 虚假结果是一种虚假回归,它给出了独立非平稳变量之间线性关系的误导性统计证据。这是时间序列分析中的一个问题,但是通过使用诸如首次差分和对数变换的方法(如果时间序列为正)来确保方程中的每个时间序列都是平稳的,可以避免此问题。

⑬ OLS 估计量的详细无偏性和不适当的方差公式的详细说明将不在这里讨论。

⑭ GLS 的详细方法将不在这里讨论,可参阅:Gujarati, D. N. (2003), *Basic Econometrics*, McGraw Hill Higher Education.

⑮ 对于前两个观察结果 the Prais-Winston 校正使用:$T = \sqrt{1 - \varphi_2^2}$。

⑯ 这里只考虑 AR(1)自相关的情况,它在文献中受到的关注最多,因为对 AR(1)自相关的分析在直觉上是合理的,并且很少有足够的证据来证明它值得考虑其他更复杂的模型。

⑰ 参阅:Kennedy, P.(1998), *Guide to Econometrics*, The MIT Press, Cambridge, Massachusetts.

⑱ 参阅:Granger, C. W. J. and Newbold, P.(1974), "Spurious Regressions in Econometrics", *Journal of Econometrics*, 2, pp.111—120; Granger, C.W.J. and Newbold, P.(1986), *Forecasting Economic Time Series*, 2nd ed., Academic Press; Orlando.

⑲ $I(0)$表示 AR(p)可以通过取零差值来平稳,而 $I(1)$表示为一阶差分,即 AR(p)可通过第一个差值取平稳。

6 经济预测方法

6.1 引言

虽然良好的参数估计通常被视为计量经济模型的主要目的,但计量经济模型同样重要的目的是用于良好的经济预测。经济预测方法可以分为两大类:因果计量经济预测模型和时间序列预测模型。

对于因果计量经济预测模型,一旦估计了它的参数,并且给出了自变量的关联值,则可以使用模型中估计的参数来预测因变量。这种预测方法依赖于方程中经济模型的因果解释,通常被称为计量经济预测。该模型可以是具有一个或两个解释变量的单个方程,也可以是具有多个变量的大型联立方程。对于时间序列预测模型,时间序列可以分解为趋势、季节性、周期性和不规则组成部分。各种各样的技术可用于将时间序列分解成这些组成部分,从而生成一种预测序列行为的方法。这些方法基于这样的假设:历史为未来的预测提供了一些指导。这些时间序列技术中最复杂和最广泛使用的是博克斯—詹金斯分析,即 ARIMA 模型。当人们谈论时间序列方法时,它在经济预测中变得如此流行。

本章的结构安排如下:6.2 节讨论计量经济预测的方法;6.3 节讨论博克斯—詹金斯的 ARIMA 预测模型;6.4 节为本章的总结和结论。

6.2 因果计量经济预测模型

因果计量经济预测模型通常也可用于经济预测,如果模型中的参数是根据可用的相关独立变量值进行估计的。

6.2.1 样本回归模型

假设因果计量经济预测模型的 SRF 为

$$\hat{Y}_t = \hat{\beta}_0 + \hat{\beta}_1 \hat{X}_t \qquad (6.1)$$

我们估计一个周期 τ 的 SRF 中的系数为 $\hat{\beta}_0$ 和 $\hat{\beta}_1$，例如 $\hat{Y}_{t+\tau}$，然后利用这些估计的系数以及从 $(t+1)$ 时期到预测结束时期的 X 的已知值来生成 Y 的预测值，该周期 $t+\tau$ 的预测为

$$\hat{Y}_{t+\tau} = \hat{\beta}_0 + \hat{\beta}_1 \hat{X}_{t+\tau} \qquad (6.1a)$$

其中 t 是时间序列观察的数量，τ 设计了我们的预测延伸到未来的周期的数量。我们也可以用这个模型来检验预测结果的准确性。例如，我们可以首先估计过去 12 年中的前 10 年的 SRF，并推导估计系数 $\hat{\beta}_0$ 和 $\hat{\beta}_1$，然后将 $\hat{X}_{11}(=t+1)$ 和 $\hat{X}_{12}(=t+2)$ 年的 X 的实际值代入估计方程，从而得到 $\hat{Y}_{11}$ 和 $\hat{Y}_{12}$ 的预测值。

对于预测准确性的检查，我们可以将最近发布的实际数据 $\hat{Y}_{11}$ 和 $\hat{Y}_{12}$ 与该 SRF 中的预测值 $\hat{Y}_{11}$ 和 $\hat{Y}_{12}$ 进行比较，以判断在该模型中使用观测的实际 X 值后预测的因变量值 $\hat{Y}_{11}$ 和 $\hat{Y}_{12}$ 的准确度。但是，此过程由公式设定捕获的隐含地假设关系的基础结构对于用于生成预测的 X 值同样有效。

6.2.2 预测误差

通常，我们不使用 SRF 进行预测，因为我们假设给定观察值或时间段 $\hat{Y}_{t+\tau}$ 的预测是一个随机变量，我们需要使用这个点估计来构建 Y 的实际值的置信区间。构建这些区间的起点是预测误差 $\hat{\varepsilon}_f$ 或与在公式 $(6.1a)$ 中相应的 $\hat{Y}_{t+\tau}$ 相关，[①] 即

$$\hat{\varepsilon}_{f(t+\tau)} = \hat{Y}_{t+\tau} - Y_{t+\tau}$$

将表达式的右端替换为每个 Y 项，得到：

$$\hat{\varepsilon}_{f(t+\tau)} = [\hat{\beta}_0 + \hat{\beta}_1 X_{n+\tau} - (\beta_0 + \beta_1 X_{n+\tau} + \varepsilon_{n+\tau})]$$

在重新安排这些项后，变成

$$\hat{\varepsilon}_{f(t+\tau)} = (\hat{\beta}_0 - \beta_0) + (\hat{\beta}_1 - \beta_1)X_{t+\tau} + \varepsilon_{t+\tau} \tag{6.1b}$$

给定时间段的预测误差可以从公式(6.1b)中看出，其中($\hat{\beta}_0 - \beta_0$)是$\hat{\beta}_0$的抽样误差；($\hat{\beta}_1 - \beta_1$)是斜率系数的抽样误差，该斜率系数由$X_{t+\tau}$的值加权，并且是该时间段的随机误差$\varepsilon_{t+\tau}$。前两个是用样本数据估计PRF的副产品。因为最小二乘系数是无偏的，所以每个系数的采样误差的期望值为0，但是实际的采样误差不太可能为零。其余的预测误差源$\varepsilon_{f(t+\tau)}$代表这是X和Y之间关系的内在随机性。可以对预测误差的前两个来源进行改进。第三个超出了我们的控制范围，即使它正确说明了SRF。

公式(6.1b)表明，$\hat{\varepsilon}_{f(t+\tau)}$是几个正态分布随机变量$\hat{\beta}_0$、$\hat{\beta}_1$和$\varepsilon_{t+\tau}$的线性函数。因此，预测误差$\hat{\varepsilon}_{f(t+\tau)}$是呈正态分布的。两个参数(均值和方差)与该分布相关联。平均或预期预测误差为

$$E(\hat{\varepsilon}_{f(t+\tau)}) = E(\hat{\beta}_0 - \beta_0) + X_{t+\tau}E(\hat{\beta}_1 - \beta_1) - E(\varepsilon_{t+\tau})$$
$$= 0 \tag{6.1c}$$

由于$\hat{\beta}_0$和$\hat{\beta}_1$是无偏的，并且我们假设平均随机误差为0。因此，我们将LS法作为预测的基础，平均误差为零。推导预测误差方差$\sigma_{f(n+\tau)}^2$的公式所涉及的步骤是复杂的，在此不作介绍。该误差方差的表达式为

$$\sigma_{f(t+\tau)}^2 = \sigma_\varepsilon^2 \left[1 + \frac{1}{n} + \frac{(X_{t+\tau} - \hat{\mu}_x)^2}{\sum X_i'^2} \right] \tag{6.1d}$$

其中t是用于估计SRF的观察值的数目，$\hat{\mu}_x$是X的估计周期平均值，$\sum X_i'^2$是在评估期间X对$\hat{\mu}_x$的偏差平方和，σ_ε^2是估计的SRF的误差方差。

预测误差方差取决于：(1)样本容量t，t越大，预测误差方差越小；(2)当$X_{t+\tau}$等于$\hat{\mu}_x$时，预测误差的方差将被最小化。由预测误差分布信息可以导出：$\hat{\varepsilon}_{f(t+\tau)} \sim N(0, \sigma_{f(n+\tau)}^2)$。当我们获得估计的预测误差方差$\sigma_{f(t+\tau)}^2$，并且预测误差$\hat{\varepsilon}_{f(t+\tau)}$时，根据$t$分布，可以获得对应点预测$\hat{Y}_{f(t+\tau)}$的置信区间

$$\hat{Y}_{f(t+\tau)} \pm t_{p, t-2}, \hat{\sigma}_{f(t+\tau)} \tag{6.1e}$$

其中p是t分布的每个尾部的概率，它是所选显著性水平的一半。而公式(6.1d)中使用的符号与一般置信区间的符号相似。请注意，每个$\hat{Y}_{f(t+\tau)}$都存

在一个单独的 $\hat{\sigma}_{f(t+\tau)}$ 值。此外，$\hat{\sigma}_{\varepsilon}^2$，$t$，$\hat{\mu}$ 和 $\sum X'^2_i$ 是用于计算 $\hat{\sigma}_{f(t+\tau)}$ 每个阶段估计的值，与评估阶段有关，与预测阶段无关。

6.2.3　潜在的误差源

需要注意的是，上述关于因果计量经济预测模型的所有分析都需要满足预设的假设，即模型 $Y_t = \beta_0 + \beta_1 X_t + \varepsilon_t$ 被假设为满足 CLR 模型的假设，并且模型使用 OLS 和 τ 期间数据来估计 β_0 和 β_1。如果 X 在预测期 $t+1$ 中的值为 X_{t+1}，则 Y_{t+1} 的预测值为 $\hat{Y}_{t+1} = \beta_0^{\text{OLS}} + \beta_1^{\text{OLS}} X_{t+1}$。然而，当 $\hat{Y}_{t+1}$ 用于预测 Y_{t+1} 时，存在四个潜在的误差源。

（1）模型设定误差：是否满足 CLR 模型的假设，特别是模型是否包括所有相关的解释变量，函数形式是否正确，并且制度是否没有变化（no change in regime）；

（2）条件误差：预测所依据的 X_{t+1} 值可能不准确；

（3）抽样误差：计算 $\hat{Y}_{t+1}$ 时使用的是 β_0^{OLS} 和 β_1^{OLS} 的估计值，而不是 β_0 和 β_1 的真实（未知）值；

（4）随机误差：在计算 $\hat{Y}_{t+1}$ 时，隐含着 ε_t 的估计为零的计算，但当 ε_t 真值可能与零相差很大时，产生随机误差。

从前文的分析可以看出，好的预测基于从因果计量经济预测模型中获得好的参数估计，尽管它们中的每一个都紧密地联系在一起。如果不存在模型说明和条件误差（第一个和第二个误差源），$\hat{Y}_{t+1}$ 则为 BLUE，因为在那种情况下，β_0^{OLS} 和 β_1^{OLS} 是 BLUE，可以产生良好的预测。但是，如果第一个和第二个误差源是由于某种原因而产生的，则需要调整此预测模型。计量经济学家可能会重新考虑调整他们的模型，以便将一些新的和更改的信息整合到新模型中。我们必须从因果计量经济学预测模型对预测进行这种"判断性修改"。上述第三个和第四个误差源可用于推导预测间隔，该间隔涵盖了预测的实际值，例如 95% 的重复样本（假设没有模型设定或条件误差）。该区间在用于估计 β_0 和 β_1 的给定数据集的平均值处最小，如果对越来越远离该平均值的 X 的值进行预测，则这些区间变得越来越大。作为 X 的数据集，我们有关于 Y 的行为的信息，所以可以对预测相当有信心。

6.2.4　多元回归预测模型

多元线性回归模型中,感兴趣的变量 Y 与一个或多个解释变量 X_1, …, X_p 也可用于预测。模型可以包括因变量 Y 的滞后值和解释变量的滞后值,但如果自回归项包括 Y 的过去值,会更改模型的特征。[②] 拟合多元回归预测模型是使用 OLS 在解释变量估计参数已知和关联值已知情况下进行预测。

需要注意的是,虽然多重回归模型被广泛使用,并且有时运行良好,但是如果高 R^2 包括多达 20 个解释变量,则这种良好的拟合可能是虚假的,并且该模型将不一定给出良好的预测。另一个问题是,解释变量通常被称为独立变量,但有时所谓的"独立"变量通常根本是不独立的,如果其中一些是高度相关的,则可能存在"奇异性"问题。也许多元回归预测中最重要和最让人关注的问题是误差项的结构(the structure of the error terms)。[③] 误差项的结构也许是多元回归计量经济预测模型最关心的问题。模型通常假设存在独立的白噪声序列,但这种假设有时并不合适。[④] 在多元回归模型和时间序列模型中,误差项在许多情况下是自相关的。

回顾过去,计量经济预测模型的某些糟糕表现主要是由于涉及其动态结构误差项的设定误差。以上分析的四个潜在误差源可能依赖于因变量和自变量之间关系的基本结构。如果由于估计模型的关系结构发生改变,则基于估计的计量经济预测模型将由于不正确的估计模型而产生预测模型的不正确说明。如果省略的解释变量 A 与包含在模型中的解释变量 B 相关,OLS 对 B 会产生有偏的系数估计,因为 A 和 B 之间的历史相关性已经改变。计量经济预测模型有时很难捕捉这种结构变化。未能考虑自相关误差(包括联立方程模型估计)是导致预测结果不佳的一个重要因素。

6.3　ARIMA 模型的艺术

用于预测目的的计量经济学模型的主要竞争模型是博克斯—詹金斯模型。博克斯和詹金斯于 1970 年开发了一种新的预测技术,即 ARIMA 模型。ARIMA 模型最初对计量经济预测模型产生了很大的影响,这主要是由于它的理论基础和提出的新的方法论。新方法摒弃了传统的计量经济建模方法,即不使用经济理论指导下的解释变量来解释或预测,而是仅仅使用变量的过去值来生成预测。这种新技术忽略了构成计量经济模型基础的许多解释变量,被认为是一种更复杂的"外推"方法(a sophisticated extrapolation method)。

6.3.1 ARIMA 流程的一般框架

Y^* 的一般 ARIMA 模型可以写为

$$Y_t^* = \phi_1 Y_{t-1}^* + \phi_2 Y_{t-2}^* + \cdots + \phi_p Y_{t-p}^* + \varepsilon_t + \theta_1 \varepsilon_{t-1} + \theta_2 \varepsilon_{t-2} + \cdots + \theta_q \varepsilon_{t-q}$$

(6.2)

其中 Y_t^* 是 Y_t 差分后的平稳时间序列,ϕ 和 θ 是未知参数,ε 是独立同分布的扰动项,是均值为零的正态误差。注意,该模型仅根据其过去的值以及当前和过去的误差来表示 Y^*,不存在传统计量经济模型中的解释性变量。这种通用模型称为 Y 的 ARIMA 模型,ARIMA 是指需要将自回归模型(AR)和移动平均(MA)集成到一个集成的 ARIMA 模型中,获得 Y 的预测。

非季节性博克斯—詹金斯模型通常为 ARIMA(p, d, q),其中 p 表示 AR 项的阶数,q 表示 MA 项的阶数,d 表示必须进行差分以消除趋势或其他因素来取得平稳的时间序列的次数。季节性博克斯—詹金斯模型为 ARIMA(p, d, q) $*$ (P, D, Q),其中 p、d、q 表示模型的短期分量的模型阶数,P、D、Q 表示模型的季节性分量的模型阶数。

6.3.2 AR、MA、ARMA 和 ARIMA 过程

ARIMA 模型有三个组成部分:(1)AR(自回归),它是一种线性回归,将数据序列的过去值与未来值联系起来;(2)I(综合),表示数据序列必须进行多少次差分才能得到平稳序列;以及(3)MA(移动平均值),与过去的预测数据系列的未来值的误差。

1. 移动平均(MA)过程

假设$\{\varepsilon_t\}$是具有均值为零和方差为σ_ε^2的纯随机过程,则$\{Y_t\}q$阶的移

动平均过程 MA(q)可以表示为

$$Y_t = \theta_0 \varepsilon_t + \theta_1 \varepsilon_{t-1} + \cdots + \theta_q \varepsilon_{t-q} \qquad (6.2a)$$

其中$\{\theta_t\}$是常数。因为ε_s通常按比例缩放，从而$\{\theta_t\}=1$，所以 $E(Y_t)=0$ 和 Y_t 的方差为

$$\mathrm{var}(Y_t) = \sigma_\varepsilon^2 \sum_{i=0}^{q} \theta_i^2 \qquad (6.2b)$$

MA 过程是平稳的，但它可能是不可逆的。例如，如果一阶 MA 过程在 A 和 B 的情况下为

$$A: Y_t = \varepsilon_t + \theta \varepsilon_{t-1}$$

$$B: Y_t = \varepsilon_t + \frac{1}{\theta} \varepsilon_{t-1}$$

如果这两个不同的过程具有相同的 ACF，则我们不能从给定的 ACF 唯一地识别 MA 过程。如果我们将上述 A 和 B 模型用 Y_t 和 Y_{t-1} 表示为 ε_t，则 A 和 B 模型可以被表示为连续的代换，即

$$A: \varepsilon_t = Y_t - \theta Y_{t-1} + \theta^2 Y_{t-2} - \cdots$$

$$B: \varepsilon_t = Y_t - \frac{1}{\theta} Y_{t-1} + \frac{1}{\theta^2} Y_{t-2} - \cdots$$

如果$|\theta|<1$，A 的级数收敛而 B 的级数不收敛，即模型 A 可逆而模型 B 不可逆。估计程序涉及估计残差，这将自然导致模型 A。在 MA 过程中施加可逆条件是确保给定 ACF 存在唯一 MA 过程的基本条件。

2. 自回归(AR)过程

同样地，假设$\{\varepsilon_t\}$是具有均值为零和方差为 σ_ε^2 的纯随机过程，则$\{Y_t\}$ p 阶的自回归过程可以写为

$$Y_t = \phi_1 Y_{t-1} + \cdots + \phi_p Y_{t-p} + \varepsilon_t \qquad (6.2c)$$

这更像是一个多元回归模型，但 Y_t 不是根据自变量回归，而是根据 Y_t 的过去值 Y_{t-1} 回归。如果我们以 AR(1)过程为例，它可以写为

$$Y_t = \phi_1 Y_{t-1} + \varepsilon_t \qquad (6.2d)$$

$$Y_{t-1} = \phi_1 Y_{t-2} + \varepsilon_{t-1} \qquad (6.2e)$$

式(6.2e)连续代入式(6.2d)，则可写成

$$Y_t = \phi(\phi Y_{t-2} + \varepsilon_{t-1}) + \varepsilon_t \tag{6.2f}$$
$$= \phi^2(\phi Y_{t-3} + \varepsilon_{t-2}) + \phi \varepsilon_{t-1} + \varepsilon_t$$

最终，Y_t 可以被表示为所提供无穷阶 MA 过程的形式，假定 $-1 < \phi < +1$，

$$Y_t = \varepsilon_t + \phi \varepsilon_{t-1} + \phi^2 \varepsilon_{t-2} + \cdots \tag{6.2g}$$

这是 AR 和 MA 过程之间的二元性，其对于多种目的是有用的。为简单起见，向后移位算子 B 可被用于方程式(6.2g)，然后得出

$$(1 - \phi B)Y_t = \varepsilon_t \tag{6.2h}$$

因此

$$Y_t = \varepsilon_t / (1 - \phi B)$$
$$= (1 + \phi B + \phi^2 B^2 + \cdots)\varepsilon_t \tag{6.2i}$$
$$= \varepsilon_t + \phi \varepsilon_{t-1} + \phi^2 \varepsilon_{t-2} + \cdots$$

在这种形式中，很明显，$E(Y_t) = 0$ 并且 $\mathrm{var}(Y_t) = \sigma_\varepsilon^2(1 + \phi^2 + \phi^4 + \cdots)$如果 $|\phi| < 1$，方差是有限的，其中

$$\mathrm{var}(Y_t) = \sigma_x^2 = \sigma_\phi^2(1 + \phi^2) \tag{6.2j}$$

AR 过程是可逆的，但不是平稳的。[5]

3. 混合 ARMA 模型

将 MA 过程和 AR 过程相结合，就能形成一类有用的时间序列模型，包含 p 阶 AR 项和 q 阶 MA 项的混合过程 ARMA。ARMA 是一个(p, q)阶的过程，它可以表示为

$$Y_t = \phi_1 Y_{t-1} + \ldots + \phi_p Y_{t-p} + \varepsilon_t + \theta_1 \varepsilon_{t-1} + \cdots + \theta_q \varepsilon_{t-q} \tag{6.2k}$$

使用后移算子 B，方程(6.2k)可以写成

$$\phi(B)Y_t = \theta(B)\varepsilon_t \tag{6.2l}$$

其中 $\phi(B)$ 和 $\theta(B)$ 分别是 p、q 阶的多项式，使得

$$\phi(B) = 1 - \phi_1 B - \cdots - \phi_p B^p \tag{6.2m}$$

和

$$\theta(B) = 1 + \theta_1 B + \cdots + \theta_q B^q \tag{6.2n}$$

对于 AR 过程,使过程平稳的 $\{\phi_i\}$ 的值使得 $\phi(B)=0$,$\phi(B)=0$ 的根位于单位圆之外。对于 MA 过程,使过程可逆的 $\{\theta_i\}$ 的值 $\theta(B)=0$,$\theta(B)=0$ 的根位于单位圆外。

ARMA 过程的重要性在于,平稳时间序列通常可以用比纯 MA 或 AR 过程本身包含更少参数的 ARMA 模型来描述,其形式为纯 MA 过程的 ARMA 模型,

$$Y_t=\psi(B)\varepsilon_i \tag{6.2o}$$

其中 $\psi(B)=\sum\phi_iB^i$ 可以是无限阶的 MA 算子。ψ 是权重 $\{\psi_i\}$,可用于计算和预测。通过与方程(6.2i)比较,我们可以看出

$$\psi(B)=\theta(B)/\phi(B) \tag{6.2p}$$

或者,ARMA 模型可以被表示为纯 AR 过程,其形式为

$$\pi(B)Y_t=\varepsilon_i \tag{6.2q}$$

其中

$$\pi(B)=\phi(B)/\theta(B)$$

按照惯例,我们写作

$$\pi(B)=1-\sum_{i=1}\pi_iB^i \tag{6.2r}$$

由于编写 AR 模型的自然方式是

$$Y_i=\sum_{i=1}\pi_iY_{t-i}+\varepsilon_i \tag{6.2s}$$

通过比较式(6.2o)和(6.2q),我们可以看到

$$\pi(B)\psi(B)=1 \tag{6.2t}$$

ψ 权重或 π 权重可通过除法或通过在诸如下式的等式中使 B 的幂相等被直接获得,即 $\psi(B)\phi(B)=\theta(B)$。[⑥]

4. 综合 AR 和 MA 的 ARIMA 过程

由于大多数经济时间序列是非平稳的,为了去除非平稳的变异源,需要对序列进行差分。因此,在方程(6.2k)中,如果 Y_t^* 被 ∇^dY_t 替换,会变得稳定。综合的模型可以写为

$$Y_t^* = \phi_1 Y_{t-1}^* + \cdots + \phi_p Y_{t-p}^* + \varepsilon_t + \cdots + \theta_q \varepsilon_{t-q} \tag{6.3}$$

通过与方程(6.2l)类比,我们可以将公式(6.3)写成以下形式

$$\pi(B)Y_t^* = \theta(B)\varepsilon_t \tag{6.3a}$$

或者

$$\phi(B)(1-B)^d Y_i = \theta(B)\varepsilon_t \tag{6.3b}$$

因此,我们对于 Y_t^* 有一个 ARMA(p,q),而模型在公式(6.3b)中描述的 Y_i 的第 d 次差分的模型被称为(p,d,q)阶 ARIMA 过程。Y_i 的模型是非平稳的,因为 AR 算子 $\phi(B)(1-B)^d$ 在单位圆上有 d 个根。在实践中,d 的值通常取为1。因此,随机游走可以被看作一个 ARIMA(0,1,0)过程。

5. ARIMA 过程的四个阶段

在博克斯—詹金斯方法中,ARIMA 建模有四个阶段:(1)平稳过程;(2)模型识别与选择;(3)估计;以及(4)模型诊断检查。

(1) 平稳过程:由于大多数经济时间序列数据由于其趋势和均值随时间的变化而具有非平稳性,因此博克斯—詹金斯方法的第一步是通过对非平稳时间序列(t 和 $t-1$)进行差分以确保平稳,即其随机性质不随时间发生变化。大多数非平稳时间序列数据可以通过在很低的 p 次进行差分转换为平稳的时间序列数据,并且其中的任何季节循环效应已在很大程度上被去除。这一过程产生了一个新的平稳时间序列数据。

(2) 模型识别与选择:找到适合 ARIMA 模型的适当模型。这是一个模型识别和选择过程,即找到 AR(p)或 MA(q)的适当阶数,即最适合的新的差分时间序列数据。此步骤是一个模型识别过程。模型识别涉及如何找到合适的 AR 和 MA 阶数,或者应该选择纯 AR、纯 MA、ARMA,还是 ARIMA 过程。识别和选择过程基于识别历史数据的模式,这也是数据生成过程(data generation process,DGP)。对于 ARIMA 模型,找到 AR、MA 和差分次数的合适阶数是至关重要的。理论上,模型阶数可以取任何整数值,但在实践中,它们通常是0,1,2 或 3,但这仍然会产生数百个要考虑的不同模型。

(3) 估计所选模型的参数:通常采用极大似然估计量的最小平方近似,我们将在 6.3.3 节中进行详细讨论。

(4) 用"诊断检查"进行模型评估:当一个模型被拟合到一个时间序列

时,最好检查该模型是否提供了对数据的充分描述。这通常是通过查看残差⑦来检查模型是否适合数据:获得残差及残差的 ACF 和 PACF,应用不同的诊断检验对模型进行验证,然后选择最佳模型。

对于一组全新的数据,使用基于在网格点(a grid of points)处评估残差平方和的方法,可能是一个好的方法,因为表面平方和的视觉检查有时会提供有用的信息。特别是,如果曲面近似为二次曲面,且参数估计近似不相关,那么观察曲面的平坦程度是很有趣的。

6.3.3 ARIMA 模型的确定

博克斯—詹金斯方法是面向预测和描述时间序列的行为。⑧如果满足某些假设,ARIMA 模型会产生最优预测。通常,计量经济预测模型变得不实用的原因是,无论何时出现模型说明错误或条件误差错误,他们都不能捕捉这种动态结构变化。博克斯—詹金斯方法在预测方面具有相当大的优点,特别是在捕捉模型的动态结构和误差项方面。⑨

ARIMA 模型的每个分量部分都有其模型"阶数"类型。模式的过程类型是 AR(p)、MA(q)、ARMA(p, q)和 ARIMA(p, I, q)。AR 组成分量试图说明任何一个时间段与先前时间段之间的模式。MA 组成分量部分("误差反馈项"一词更易于理解)是衡量新预测对先前预测误差的适应情况。"I"部分意味着数据中的趋势或其他综合过程。

将非平稳时间序列转化为平稳数据后,ARIMA 过程中最重要的阶段是 ARIMA 模型的识别和选择,即找到最适合新的差分序列数据的 AR(p)或 MA(q)的合适阶数。ARIMA 模型是试图从历史的数据中识别和生成数据的模式,或"数据生成过程"。AR 模型、MA 模型和 ARMA 模型被包括在 ARIMA 模型中,并被视为 ARIMA 的特例。当 MA 阶数为零且数据平稳无差时,ARIMA 为 AR 模型;当 AR 阶数为零时,ARIMA 是 MA 模型。

AR 和 MA 分量具有模型模式的关联顺序类型,指示模式的持续时间,即数据的当前值如何受到其先前值(滞后)的影响。例如,AR(1)是阶数为 1 的自回归,其表示仅从一个时间段到下一个时间段的结转模式,而 AR(2),例如,月销售数据,表示任何一个月的销售都受到前两个月的销售的影响。类似地,MA(1)将当前销售与上个月预测销售中的误差相关联。对于季节性时间序列和未来趋势,我们必须对一个月与下一个月的差异进行建模,而不是对月度数据本身进行建模。一旦作出这些预测,就必须将差异整合到月度的水平。有时需要二阶差分来适应非常强的趋势。

1. AR 阶数的确定

假设我们有一个时间序列的数据样本,但我们不知道生成数据的真实模型。作为与该真实模型相关联的 TACF 或 TPACF,我们可以使用样本数据来估计均值,TACF 和 TPACF 可能有助于我们理解模型的潜在动态结构,并决定哪个合适的模型符合数据。

理论自协方差函数(the theoretical autocovariance function,TACVF)是一个重要的过程,它是"正态"过程类型,其中联合分布对于所有 t_1,$\cdots$,t_n 都是多元正态分布的。多元正态分布完全由其 $\mu(t)$ 和 $\gamma(t_1,t_2)$ 一阶矩和二阶矩表征,因此对于正态过程,它是随二阶(弱)平稳的。但是,μ 和 γ (k) 可能无法充分描述非常"不正态"(non-normal)的过程。滞后 k 时的理论自协方差系数 $\gamma(k)$ 由下式给出

$$\text{cov}(k) = \sum_{t=1}^{N-k} (Y_i - \mu)(Y_{i+k} - \mu)/N \qquad (6.4)$$

公式(6.4)是用于滞后 k 时的样本自协方差系数。詹金斯和沃茨(Watts)1968 年[10]以及普里斯特利(Priestley)1981 年讨论了该估计量的性质。可以从中看到在 $\text{cov}(k)$ 中的偏差为 $1/N$ 阶。[11]然而,

$$\lim_{N \to \infty} E[\text{cov}(k)] = \gamma(k) \qquad (6.4a)$$

从式(6.4a)可以看出,估计量是渐近无偏的。还可以证明

$$\text{cov}(c_k, c_m) \cong \sum_{r=-\infty}^{\infty} \{\gamma(r)\gamma(r+m-k) + \gamma(r+m)\gamma(r-k)\}/N$$

$$(6.4b)$$

当 $m = k$ 时,公式(6.4b)给出了 c_k 方差和 c_k 均方误差公式(6.4b),并且强调了 c_k 连续的值可能高度相关的事实。[12]在估计了自协方差函数之后,我们接着计算 TACF,该函数采用 $\rho_k = c_k/c_0$ 作为对 $\rho(k)$ 的估计量。ρ_k 的性质比比 c_k 更难被发现,因为它是两个随机变量之比。可以看出,ρ_k 通常是有偏差的。如方程(6.4c)所示,这个偏差可以通过"刀切法"(Jackknife)减小。刀切法估计量可以以下公式给出

$$\tilde{\rho}_k = 2\rho_k - \frac{1}{2}(\rho_{k1} + \rho_{k2}) \qquad (6.4c)^{⑬}$$

在估计 TACF 之后,我们可以绘制被称为相关图的 ACF 的图。相关图是识别和解释 AR 模型的有用工具,因为针对滞后 k 绘制了一组自相关系数 r_k。

在博克斯—詹金斯模型中,估计的自相关系数被用作识别的视觉辅助。自相关函数的理论推导表明,相关图的某些模式对应于特定类型的 ARIMA 模型。如果在相关图中 ρ_k 的值没有相当快地下降到零,则表示非平稳,因此我们需要对序列继续进行差分。对于平稳序列,可以利用相关图与不同 ARMA 过程的 TACF 进行比较,以选择最合适的 ARMA。

TPACVF 是用于确定 AR 过程的阶的另一个工具。[⑭]当拟合 AR(p)模型时,最后一个系数 β_p 将由 π_p 表示,并测量 AR($p-1$)模型未被解释的滞后 p 处的过度相关性。它被称为第 p 个偏自相关系数,当对 p 作图时,给出了 PACF。第一部分自相关系数 π_1 简单地等于 $\rho(1)$,对于 AR(1) 过程,其等于 β_1。可以看出,第二偏相关系数为 $[\rho(2)-\rho(1)^2]/[1-\rho(1)^2]$,并且我们注意到,对于 AR(1) 过程,这是零,其中 $\rho(2)-\rho(1)^2$。通过拟合连续高阶的 AR 过程来估计 SPACF,并在拟合 AR(1) 过程时采用 $\hat{\pi}_1 = \hat{\beta}_1$,在拟合 AR(2) 过程时采用 $\hat{\pi}_2 = \hat{\beta}_2$ 等。$\hat{\pi}_p$ 超出 $\pm 2/\sqrt{N}$ 范围的值表明在 5% 的水平上与零显著不同。

AR(p)过程的 PACF 可以被看作在滞后 p 处的"截断"(cut off),因此可以评估正确的阶次,因为 p 值(阶数)超过该值时,AR 过程的 SACF 通常会衰减,因此 PACF 具有与 p 值自相关函数相反的性质。[⑮]

2. MA 阶数的确定

MA(q)过程的 ACF 很容易识别,因为它的截断处在滞后 q 点,而 AR(p)过程的 ACF 是"阻尼指数和正弦曲线的混合"(a mixture of damped exponentials and sinusoids),并且缓慢消失或衰减。如果 MA 过程被认定为在给定的数据下是合适的,该过程的阶数通常在 SACF 中显而易见。MA(q)过程的 TACF 具有非常简单的形式,因为它的截断处就在滞后 q,因此分析者应该寻找该滞后,超过该滞后 r_k 的值接近于零。PACF 由于其衰减形式(the attenuated form),通常对识别 MA 模型帮助不大。

3. ARMA 模型阶数的确定

混合 ARMA 模型的 ACF 通常也会衰减而不是截断。例如,假设我们发现 ρ_k 显著地不为零,但是 ρ_k 随后的值都接近于零,则 MA(1)模型被指示,因为它的 TACF 是这种形式。或者,如果 ρ_1、ρ_2、ρ_3,…呈指数下降,则 AR(1)模型可能是合适的。经验丰富的分析师应该能够查看估计的相关图,并根据自己的感知和经验来证明特定 AR、MA、ARMA 或 ARIMA 模型的合理性。在这个阶段,ARIMA 模型更是一种艺术。虽然已经编写的一些统计软件可以提供自动 ARIMA 建模,但该方法主要用于非自动方法,在该方法中,分析人员根据所分析的各个序列的特性,按照其主观判断从 ARIMA 模型大家族中选择合适的模型。因此,尽管该程序比许多竞争者更通用,但它也更复杂,并且需要使用者有相当多的经验来确定适当的 ARIMA 模型。

6.3.4 模型估计及其系数

模型中自回归项和移动平均项的参数估计可以采用 LS 法或极大似然法。

1. AR 模型的估计

如果一个 AR 过程被认为是合适的,我们可以估计 AR 模型的参数。假设我们有一个 p 阶 AR 过程和其均值 μ,AR 过程可由下式给出

$$Y_t - \mu = \beta_1 (Y_{t-1} - \mu) + \cdots + \beta_p (Y_{t-p} - \mu) + \varepsilon_t \tag{6.5}$$

给定 N 个观测值 Y_1,…,Y_N,参数 μ,β_1,…,β_p 可以通过 LS 法的最小二乘残差平方来估计,

$$S = \sum_{t=p+1}^{N} [Y_t - \mu - \beta_1 (Y_{t-1} - \mu) - \cdots - \beta_p (Y_{t-p} - \mu)]^2 \tag{6.6}$$

关于 μ、β_1,…,β_p,如果 ε_t 过程是正态的,则最小平方估计是对 MLE 的补充,[⑯] 条件是时间序列中的前 p 值是固定的。在 $p=1$ 的一阶情况下,我们发现

$$\hat{\mu} = \frac{\bar{Y}_2 - \hat{\beta}_1 \bar{Y}_1}{1 - \hat{\beta}_1} \tag{6.6a}$$

$$\hat{\beta}_1 = \frac{\sum_{t=1}^{N-1} (Y_t - \hat{\mu})(Y_{t+1} - \hat{\mu})}{\sum_{t=1}^{N-1} (Y_t - \hat{\mu})^2} \tag{6.6b}$$

其中，$\bar{Y}_1$ 和 $\bar{Y}_2$ 是第一个和最后一个 $(N-1)$ 观测值的平均值。现在因为

$$\bar{Y}_1 \cong \bar{Y}_2 \cong \bar{Y}$$

我们大约会得到

$$\hat{\mu} = \bar{Y}$$

这种近似估计量在直观上很有吸引力，所以式（6.6a）几乎总是被优先使用。将这个值代入式（6.6b），我们有

$$\hat{\beta}_1 = \frac{\sum_{t=1}^{N-1}(Y_t - \bar{Y})(Y_{t+1} - \bar{Y})}{\sum_{t=1}^{N-1}(Y_t - \bar{Y})^2} \tag{6.6c}$$

有趣的是，如果我们把自回归方程当作一个普通的带有 $(Y_{t-1} - \bar{Y})$ 的回归方程，并把它作为自变量来处理，就会产生同样的估计量。

$$Y_t - \bar{Y} = \beta_1(Y_{t-1} - \bar{Y}) + \varepsilon_t$$

曼恩（Mann）和瓦尔德 1943 年已经证明，许多经典回归理论可以渐近地用于自回归情况。[17] 值得注意的是式（6.6c）的分母是近似的 $\sum_{t=1}^{N}(Y_t - \bar{Y})^2$，从而我们可以获得经常使用的进一步的近似 $\hat{\beta}_1 \cong c_1/c_0 = r_1$。对 $\hat{\beta}_1$ 的近似估计量也是直观地吸引人的，因为 r_1 是对 $\rho(1)$ 和 $\rho(1) = \beta_1$ 一阶 AR 过程的估计量。对 β_1 的置信区间可以从对 $\hat{\beta}_1$ 的渐近 $\mathrm{SE}\sqrt{(1-\beta_1^2)/N}$ 中被获得，尽管 $\hat{\beta}_1$ 置信区间对于与零的距离是不对称的。当 $\beta_1 = 0$ 时，$\hat{\beta}_1$ 的 SE 为 $1-\sqrt{N}$，因此通过查看 $\hat{\beta}_1 = r_1$ 是否位于 $\pm 2/\sqrt{N}$ 范围可以给出 $\pm 2/\sqrt{N} = 0$ 的检验，这相当于 $\rho(1) = 0$ 的检验。对于 $p=2$ 的二阶 AR 过程，可以进行类似的近似，以给出 $\hat{\mu} = \bar{Y}$，

$$\hat{\beta}_1 \cong r_1(1-r_2)/(1-r_1^2) \tag{6.6d}$$

和

$$\hat{\beta}_2 \cong (r_2 - r_1^2)/(1-r_1^2) \tag{6.6e}$$

这些结果在直观上也是合理的，因为如果我们将一个二阶模型拟合到一个一阶过程，那么正如 $\beta_2 = 0$ 我们所做的 $\rho(2) = \rho(1) = \beta_1^2$ 那样，$r_2 \cong r_1^2$。因此，公式（6.6d）和（6.6e）变成 $\hat{\beta}_1 \cong r_1$ 和 $\hat{\beta}_2 \cong 0$。詹金斯和瓦茨[18] 描述 $\hat{\beta}_2$ 为

（样本）二阶偏自相关系数，它测量的(Y_t)和$\{Y_{t+2}\}$之间的超相关自相关系数没有由r_1解释。除了β_1和β_2的点估计之外，我们还可以在$(\beta_1，\beta_2)$平面中找到置信区域。[19]

高阶 AR 过程也可以直接用 LS 法拟合。我们通常使用两种可选的近似方法，两种方法都涉及采用$\hat{\mu}=\bar{Y}$。

第一种方法将数据拟合到模型

$$Y_t-\bar{Y}=\beta_1(Y_{t-1}-\bar{Y})+\cdots+\beta_p(Y_{t-p}-\bar{Y})+\varepsilon_t$$

我们把它当作一个普通的回归模型。经过适当的修改，可以用于标准的多元回归计算机程序。

第二种方法涉及将样本自相关系数代入一阶p尤尔—沃克方程（Yule-Walker equation）并求解$(\hat{\beta}_1，\cdots，\hat{\beta}_p)$。[20]在矩阵形式中，这些方程是

$$R\hat{\beta}=r \tag{6.6f}$$

其中

$$R=\begin{pmatrix} 1 & r_1 & r_2 & \cdots & r_{p-1} \\ r_1 & 1 & r_1 & \cdots & r_{p-2} \\ r_2 & r_1 & 1 & \cdots & r_{p-3} \\ \cdots & \cdots & \cdots & \cdots \\ r_{p-1} & r_{p-2} & \cdots & \cdots & 1 \end{pmatrix}$$

它是$(p\times p)$矩阵

$$\hat{\beta}^T=(\hat{\beta}_1，\cdots，\hat{\beta}_p)$$

和

$$r^T=(r_1，\cdots，r_p)$$

对于相当合理大的N，两种方法都将给出非常接近真实的最小二乘估计值，$\hat{\mu}$与真实最小二乘估计值很接近，但不一定相等，并且样本函数应该具有类似的相似度。但对于高阶过程，ACF 可以是阻尼指数函数或正弦函数的混合，并且难以被识别。一种方法是逐渐拟合高阶的 AR 过程，计算每个p值的残差平方和，并将其与p作图。然后，我们可以看到曲线"变平"的p值，但添加额外参数对拟合方面的改进很少有帮助。

2. MA 模型的估计

如果 MA 过程被认为是给定时间序列的适当模型，假设一阶 MA 过程

由下式给出

$$Y_t = \mu + \varepsilon_t + \beta_1 \varepsilon_{t-1} \tag{6.7}$$

其中 μ 和 β_1 是常数，ε_t 表示纯随机过程。正如我们在 AR 过程中所做的那样，我们希望仅根据所观察到的 Y_t 和参数 μ、β_1 来写出残差平方和 $\sum \varepsilon_t^2$，以求出相对于 μ 和 β_1 的微分，从而找到第三章和第四章中讨论过的最小二乘估计。不幸的是，残差平方和不是参数的二次函数，因此我们无法找到显式最小二乘估计，也不能将样本和理论的一阶自相关系数简单地等同为

$$r_1 = \hat{\beta}_1 / (1 - \hat{\beta}_1^2) \tag{6.7a}$$

并选择 $\hat{\beta}_1$ 这样的解 $|\hat{\beta}_1| < 1$，因为它表明这导致了低效的估计量。

博克斯和詹金斯于 1970 年提出的方法如下：[21]首先，为 μ 和 β_1 选择合适的初始值，例如由等式(6.7a)的解给出的 $\mu = \bar{Y}$ 和 β_1。[22]然后，使用式(6.7)以下面的形式递归地计算相应的残差平方和

$$\varepsilon_t = Y_t - \mu - \beta_1 \varepsilon_{t-1} \tag{6.7b}$$

$\varepsilon_0 = 0$，我们可以有

$$\begin{aligned}
\varepsilon_1 &= Y_1 - \mu \\
\varepsilon_2 &= Y_2 - \mu - \beta_1 \varepsilon_1 \\
&\cdots \\
\varepsilon_N &= Y_N - \mu - \beta_N \varepsilon_{N-1}
\end{aligned} \tag{6.7c}$$

然后可以计算 $\sum_{t=1}^{N} \varepsilon_t^2$。这个过程可以被用来计算其他值 μ 和 β_1，以及为 (μ, β_1) 平面中的点的网格计算平方和 $\sum_{t=1}^{N} \varepsilon_t^2$ 的重复过程。我们可以通过检查 μ 和 β_1 的最小二乘估计来确定 $\sum_{t=1}^{N} \varepsilon_t^2$ 哪一个最小。这些最小平方估计也是以 ε_0 固定零值为条件的 MLE，前提是 ε_t 呈正态分布。该过程可以通过回推 (backcasting)ε_0 的值来进一步细化，[23]但这并不是必要的，除非 N 很小或 β_1 接近正或负 1。如今，最小化 $\sum_{t=1}^{N} \varepsilon_t^2$ 的 μ 和 β 的值通常可以通过某种迭代优化程序被找到，尽管网格搜索有时仍然可用于查看平方和曲面的外观。[24]

对于高阶过程,我们可以使用与上述模型类似的迭代过程。例如,对于二阶 MA 过程,对 μ、β_1、β_2 估计,可以使用猜测的初始值,使用 $\varepsilon_t = Y_t - \mu - \beta_1 \varepsilon_{t-1} - \beta_2 \varepsilon_{t-2}$ 递归地计算残差和 $\sum_{t=1}^{N} \varepsilon_t^2$。然后,我们可以在点的网格上尝试 μ、β_1、β_2 的其他值,直到找到 $\sum_{t=1}^{N} \varepsilon_t^2$ 最小值。[25] 除了点估计之外,如博克斯和詹金斯[26]所描述的,当我们假设 ε_t 符合正态分布时,可以找到模型参数的近似置信区域。

MA 模型的参数估计比 AR 模型的参数估计困难得多,因为 MA 模型中的误差是参数的非线性函数,并且需要迭代方法来最小化残差平方和。由于这个原因,许多分析师更喜欢将 AR 模型拟合到给定的时间序列,即使得到的模型可能包含比最佳 MA 模型更多的参数。[27] 事实上,AR 模型的相对简单是其用于逐步自回归预测技术和自回归谱(autoregressive spectrum)估计的主要原因。

3. ARMA 模型的估计

在初步确定了一个合理的 ARMA 模型后,模型参数可以通过 LS 法使残差平方和最小被获得。如果认为 ARMA 模型适用于给定的时间序列数据,则 ARMA 模型的估计问题类似于 AR 和 MA 模型的估计问题,其中必须使用迭代过程。残值平方和在合适网格上的每个点都可以被计算,然后可以评估这些参数值和给出的最小平方和。

另一个可选的是使用某种优化过程。例如,考虑 ARMA(1, 1) 过程,其自相关函数在滞后 1 之后按指数下降。如果 SACF 具有类似的形式,则可以适当地识别该模型。给出的模型是

$$Y_t - \mu = \alpha_1 (Y_{t-1} - \mu) + \varepsilon_t + \beta_t \varepsilon_{t-1} \tag{6.8}$$

在给定的 N 个观测值 Y_1, …, Y_N 下,我们可以设定 $\varepsilon_0 = 0$ 和 $Y_0 = \mu$,通过猜测 μ、α_1 和 β_1 的值,以以下的递归方式计算残差,

$$
\begin{aligned}
\varepsilon_1 &= Y_1 - \mu \\
\varepsilon_2 &= Y_2 - \mu - \alpha_1 (Y_1 - \mu) - \beta_1 \varepsilon_1 \\
&\cdots \\
\varepsilon_N &= Y_N - \mu - \alpha_1 (Y_{N-1} - \mu) - \beta_1 \varepsilon_{N-1}
\end{aligned}
\tag{6.8a}
$$

然后计算残差平方和 $\sum_{t=1}^{N} \varepsilon_t^2$,并且可以尝试使用 μ、α_1 和 β_1 的其他值,直到

找到最小残差平方和。[28]

在季节时间序列数据的情况下，建议通过回推来估计 α_1 和 Y_t^* 的初始值，而不是将其设置为零。博克斯—詹金斯于 1970 年描述了这种方法。[29]实际上，如果模型包含接近于 1 的季节移动平均参数，则可能需要几个周期的向前和向后迭代。目前，有几种估计方法可供使用，这些方法基于例如精确似然函数、条件或无条件 LS 法，或者基于卡尔曼滤波方法。

对于季节性和非季节性数据，我们应通过博克斯和詹金斯所称的"诊断检查"来检查拟合模型的充分性。这本质上包括检查来自拟合模型的残差，以查看是否存在任何非随机性的证据。然后我们可以从计算出的残差的相关图中看出这个估计的 ARMA 模型中有多少系数与零显著不同，以及它是否进一步指明了有任何其他的适合 ARMA 模型的项。

事实上，上述估计过程的许多变通方式已经被很多人研究过。[30]如今，精确的 MLE 往往是首选，尽管涉及额外的计算。上面介绍的条件最小二乘估计在概念上更容易理解，也可以用作精确最大值的初始值。汉南—里萨宁(Hannan-Rissanen)的递归回归程序[31]主要用于模型识别，但也可用于提供初始值。卡尔曼滤波可用于计算精确的 MLE，以达到任何期望的适当程度。

博克斯和詹金斯方法提供了在等效但具有不同参数值的模型之间进行选择的标准。模型的等效性意味着它们的均值，ACF 和 PACF 是相等的。博克斯和詹金斯方法还假定了选择模型的两个原则：(1)模型的简单性，比如在给定的两个等效模型中选择一个参数较少的模型；(2)模型的可逆性，即当选择 MA 或 ARMA 时，选择的模型应使 MA 中的系数可逆。

6.3.5　模型评估和评估检查

当一个模型被拟合到一个时间序列时，最好检查该模型是否真正提供了对数据的充分描述。这通常通过查看残差[32]来检查模型是否适合数据，获得残差、残差的 ACF 和 PACF，并应用不同的测试来诊断或迭代地比较结果，直到选择最好的一个。

1. 残差估值

选择模型的一个简单测试是看该模型估计的残差是否是白噪声，如果是，我们可以接受特定的适合(fit)。如果不是，且有证据表明误差具有自相关性,那么我们需要回到识别阶段,通过添加更多的滞后来重新指定模型。有许多用于模型评估的方法。

2. Ljung-Box Q 检验统计量

为了验证模型,必须验证估计方程的残差是否是白噪声过程,即没有任何相关误差。Ljung-Box Q 检验统计方法定义 H_0 为:ARIMA 模型的残差直到 s 之前没有自相关性;定义 H_1 为:来自 ARIMA 模型的残差具有自相关性,表现出序列相关性。检验统计为

$$Q_{LB} = T(T+2) \sum_{k=1}^{s} r_k^2 / (T-k) \tag{6.9}$$

其中,T 是观察值的数量,r_k 是滞后 k 处的样本自相关在滞后 k,$\left(r_k = \dfrac{\gamma(k)}{\gamma(0)} \right)$,$s$ 是被测试的滞后的数量。在 H_0 下,统计量 Q 渐近服从 χ_s^2。关于显著性水平 α,拒绝随机性假设的临界区域是 $Q > \chi_{1-\alpha,s}^2$,其中 $\chi_{1-\alpha,s}^2$ 是具有 s 个自由度的"$\chi_{1-\alpha,s}^2$"(chi-square)分布。

应该注意的是,它应用于拟合的 ARIMA 模型的残差,而不是原始时间序列,并且在这样的应用中,被测试的假设是,来自 ARIMA 模型的残差没有自相关性。当检验估计的 ARIMA 模型的残差时,需要调整自由度以反映参数估计。例如,对于 ARIMA(p, 0, q)模型,自由度应设置为(s-p-q)。㊳

3. "一步超前"预测误差检验

对于单变量时间序列模型,拟合值是"一步超前"(one-step-ahead)预测,因此残差是一步超前预测误差。例如,使用 $Y_t = \beta Y_{t-1} + \varepsilon_t$ 的 AR(1)模型来检查残差也是否为一步超前预测误差,其中 β 通过 LS 法被估计,在时间 t 的拟合值为 βY_{t-1},因此对应于 Y_t 的残差为 $\varepsilon_t = Y_t - \beta Y_{t-1}$。当然,如果我们确切地知道 β,那么就可以计算出确切的误差 $\varepsilon_t = Y_t - \beta Y_{t-1}$,但这种情况在实践中很少出现。如果我们有一个好的模型,那么我们期望残差是随机的,接近于零,并且模型验证通常包括以各种方式绘制残差图。通过时间序列模型,我们增加的残差在时间上是有序的,将其作为时间序列来处理是很自然的。

4. 残差相关图

我们可以首先计算相关图的残差,然后绘制残差的相关图。残差相关图将能够更仔细地估计自相关效应,时间图将显示任何异常值和任何明显

的自相关效应。例如,令 r_k 表示在$\{\varepsilon_t\}$的滞后 k 处的自相关系数,如果我们已经拟合了真实模型,则真实误差形成纯随机过程,显示出其中每个自相关系数近似正态分布。对于合理大的 N 值,均值为 0,方差为 $1/N$。但不同阶数的残差的相关图具有不同的性质。例如,对于 $\beta = 0.7$ 的 AR(1)过程,95%置信区间对于 r_1 在 $\pm 1.3/\sqrt{N}$ 之间,对于 r_2 在 $\pm 1.7/\sqrt{N}$ 之间,并且对于更高滞后 r_k 的值在 $\pm 2/\sqrt{N}$ 之间。因此,对于大于 2 的滞后,置信限与真实误差的相关图相同。[34]

由于这个问题,博克斯和詹金斯于 1970 年提出了一种新的方法,[35]即所谓的"波特曼托拟合欠佳测试"(portmanteau lack-of-fit test),而不是一次只看一个 r_k。新方法一次查看相关图的前 M 个相关图值。检验统计量为

$$Q = N \sum_{k=1}^{M} r_k^2 \tag{6.9a}$$

其中 N 是差分系列中的项数,并且 M 通常在 15 至 30 的范围内。如果拟合的模型是合适的,则 Q 应该近似地以 $\chi^2(M\text{-}p\text{-}q)$ 自由度分布,其中 p 和 q 分别是模型中的 AR 和 MA 项的阶数。不幸地,χ^2 对于 $N=100$ 时,该近似可能相当差。[36]很多统计学家已经提出了各种可供选择的统计方法,例如,Ljung-Box,1978 年[37]提出的 $N(N+2)\sum r_k^2/(N-k)$。然而,这些测试具有相当差的功效特性。[38]

5. 统计标准和模型选择

如果残差分析表明拟合模型在某些方面不充分,则我们可能需要尝试替代模型。目前有各种可用于比较模型的拟合的工具,一种用于构建时间序列模型的迭代策略是博克斯—詹金斯方法的一个组成部分,现在已广泛用于 ARIMA 建模过程。如果在同一时间序列中验证了多个 ARIMA 模型,则对 SACF 以及 PACF 和残差分析的检查可能会提供数据相关性的初始迹象,帮助我们选择要使用的模型类型。

我们还可以选择与 MSE 的最小值对应的最优准则以及 Akaike 信息准则(Akaike Information Criterion,AIC)和 Schwarz-Bayes 准则(Schwarz-Bayes Criterion,SBC),其中 AIC 表示质量估计,SBC 表示"关键惩罚"(a key penalty)。通常,我们选择具有最低 AIC 或 SBC 值的模型。

6. 均方误差

最常用的测量模型拟合的方法是 MSE,其定义为

$$\hat{\sigma}^2 = \frac{1}{T} \sum_{t=1}^{T} \hat{\epsilon}_t^2 \qquad (6.10)$$

当 MSE 较小时,所选择的模型可以解释更多的时间序列。然而,选择具有较小 MSE 的模型意味着我们需要增加变异系数 R^2,这可能导致过度拟合。为了处理这个问题,学术界已经开发了其他方法来测量模型的拟合。这些方法涉及在每次添加参数时向 MSE 添加调整因子。这些措施被称为"信息准则"(the Information Criteria,IC)。有两种这样的 IC:(1) AIC 和(2) 贝叶斯信息准则(Bayes Information Criteria,BIC)。

7. AIC

AIC 的定义为

$$\mathrm{AIC} = T \ln \hat{\sigma}^2 + 2k \qquad (6.11)$$

其中 T 是样本大小,k 是参数的个数。AIC 模型增加了两个多参数的调整。

8. BIC

BIC 的定义为

$$\mathrm{BIC} = T \ln \hat{\sigma}^2 + k \ln T \qquad (6.12)$$

其中的变量和 AIC 中的变量的定义相同;然而,BIC 中的调整因子随着样本量 T 的增加而增加。因此,这是一致的模型选择标准。此外,BIC 标准不会选择比 AIC 选择的模型更大的模型。

6.3.6　博克斯—詹金斯预测程序

如果模型似乎拟合不充分,则我们可能需要尝试替代 ARIMA 模型,直到找到满意的模型为止。当找到一个令人满意的模型时,我们就可以很容易地预测。在给定数据直到时间 N 的数据,这些预测将包括观测和拟合残差,一步超前预测误差,最高可达 N 并包括 N 时间。在时间 N 的最小均方误差预测,即,$\hat{Y}(N, k) = E(Y_{N+k} | Y_N, Y_{N-1}, \cdots)$。在评估该条件期望时,所有未来的 ϵ_s 最佳预测简单地为零(或者更正式地说,对于所有 $k > 0$,到给定时间 N 的数据 ϵ_{N+k} 的条件期望为零)。博克斯和詹金斯于 1970 年描述了三种预测计算的一般方法。

(1) 预测直接使用差分方程形式。假设模型方程是完全已知的,则通过替换以下公式从模型方程中获得 $\hat{Y}(N, k)$：①ε 的未来值替换为零；②替换 Y 的条件期望未来值；以及③替换 Y 和 ε 的观测值的过去值。例如，以月度数据的 ARIMA(1, 0, 0)(0, 1, 1)模型为例，其中

$$Y_t = Y_{t-12} + \phi(Y_{t-1} - Y_{t-13}) + \varepsilon_t + \theta\varepsilon_{t-12} \tag{6.13}$$

然后我们可以看到

$$\hat{Y}(N, 1) = Y_{N-11} + \phi(Y_N - Y_{N-12}) + \theta\varepsilon_{N-11}$$
$$\hat{Y}(N, 2) = Y_{N-10} + \phi[\hat{Y}(N, 1) - Y_{N-11}] + \theta\varepsilon_{N-10} \tag{6.13a}$$

可以以一种显而易见的方式递归计算对未来的预测。随着新观测值的出现，我们也有可能找到更新预测的方法。例如，当知道 Y_{N+1} 时，我们有

$$\hat{Y}(N+1, 1) = Y_{N-10} + \phi(Y_{N+1} - Y_{N-11}) + \theta\varepsilon_{N-10}$$
$$= \hat{Y}(N, 2) + \phi[Y_{N+1} - \hat{Y}(N, 1)] \tag{6.13b}$$
$$= \hat{Y}(N, 2) + \phi\varepsilon_{N+2}$$

（2）使用 ψ 权重：在公式（6.2o）中定义的 ψ 权重也可以用于计算预测，并且特别有助于计算预测误差方差。因为

$$Y_{N+k} = \varepsilon_{N+k} + \psi_1\varepsilon_{N+k-1} + \cdots \tag{6.14}$$

很明显，$\hat{Y}(N, k) = \sum_{j=0}^{\infty} \psi_{k+j}\varepsilon_{N-j}$，即，未来没有 ε_s 被包括在内。k 阶超前预测误差为

$$(\varepsilon_{N+k} + \psi\varepsilon_{N+k-1} + \cdots + \psi_{k-1}\varepsilon_{N+1}) \tag{6.14a}$$

因此，k 阶超前误差的方差为

$$(1 + \psi_1^2 + \cdots + \psi_{k-1}^2)\sigma_\varepsilon^2 \tag{6.14b}$$

（3）使用 π 权重：在公式（6.2q）中定义的 π 权重也可以在这里被使用。因为

$$Y_{N+k} = \pi_1 Y_{N+k-1} + \cdots + \pi_k Y_N + \varepsilon_{N+k} \tag{6.15}$$

很明显，$\hat{Y}(N, k)$可以由下式给出

$$\hat{Y}(N, k) = \pi_1 \hat{Y}(N, k-1) + \pi_2 \hat{Y}(N, k-2)$$
$$+ \cdots + \pi_k Y_N + \pi_{k+1} Y_{N-1} + \cdots \tag{6.15a}$$

这些预测可以递归计算,用预测值替换 Y 的未来值。[39]

在实践中,模型并不是精确已知的,我们必须估计模型参数 ψ 和 π,如果有必要的话,我们还必须通过"一步超前误差"的观测残差来估计过去 ε 的值。因此,对于例如上面给出的 ARIMA(1, 0, 0)(0, 1, 1)模型,我们将得到

$$\hat{Y}(N, 1) = Y_{N-11} + \hat{\phi}(Y_N - Y_{N-12}) + \hat{\theta}\,\hat{\varepsilon}_{N-11} \tag{6.15b}$$

虽然该模型的时间序列较短,但这通常对预测误差方差的影响很小。

6.3.7 预测准确度

很多方法可以用于测量预测准确度和提高预测精度。

1. 预测准确度的测量

预测准确度是指在预测样本外观测值时出现的误差,用于检查预测样本外观察值误差的预测准确度的指标是:

平均绝对偏差(mean absolute deviation, MAD):MAD 是预测误差绝对值的平均值。当预测误差的成本与预测误差的绝对值大小成比例时,它是合适的。该准则也称为平均绝对误差(mean absolute error, MAE)。

RMSE:RMSE 是预测误差平方值的平均值的平方根。它隐含的假设是大型预测误差的权重大于小型预测误差的权重,并且适用于误差成本随着误差的平方而增加的情况。这种"二次损失函数"(quadratic loss function)是最常用的。

平均绝对百分比误差(mean absolute percentage error, MAPE):MAPE 是百分比误差绝对值的平均值。当预测误差的成本与百分比误差的关系比与误差数值大小的关系更密切时,它更合适。

R^2:预测与实际值的相关性是指预测变量的实际变化(而不是水平)时根据这些变化的预测进行回归,并将得到的 R^2 用作预测准确性的度量。

转折点预测的百分比(the percentage of turning points forecast):如果转折点的预测(而不是预测的数值准确性)决定了预测的收益,则转折点预测的百分比是相关的。

2. 提高预测准确性的方法

在计量经济文献中,有许多方法可以提高预测准确性,一个共识是"组合"预测(combined forecast):因为每单个预测使用不同的预测技术,所以不

同的预测技术可被组合起来，形成各种预测的加权平均值。组合预测的权重是通过对所有竞争预测（包括截距）的实际值的回归找到的。如果不同的预测之间有足够的差异，那就证明这种加权平均应该优于任何单一的预测技术，因为单独预测中的误差往往会相互抵消。这表明，好的预测不是来自使用单一的、受人喜爱的模型规范，而是来自各种合理模型的综合结果。[40]

格兰杰 1996 年提出的提高预测精度的其他方法有：(1)使用更多的最新信息，并将其作为输入，更好地利用过去的预测误差、领先指标和期望值；(2)引入滞后误差修正项；(3)将变化趋势修正为预测不足；以及(4)更快地识别结构突变，并能临时切换到一个适应模型诸如随机游走等。[41]

另一种值得注意的观点是，只要有足够的数据，并且模型没有发生明显的状态变化，简单的方法和复杂的方法一样准确。并且组合预测提供了对最好的单独预测方法的改进。[42]事实上，没有最佳的预测程序，只有最佳方法的选择。而方法的选择取决于各种因素，如预测的目的、所需的准确度以及给定时间序列的特性等。

6.4　总结和结论

1. 经济预测方法可分为两大类：传统的因果计量经济预测模型和时间序列预测模型。

2. 计量经济预测模型建立在因果计量经济模型的基础上，一旦模型的参数被估计出来，且自变量的关联值被给出，模型中被估计的参数就可以用于预测因变量。该模型的范围就可以从具有一个或两个解释变量的单个方程转化到大型联立方程组模型。

3. 对于时间序列模型，时间序列可以被分解为趋势、季节性、周期性和不规则成分。各种各样的技术可被用来将时间序列分解成这些组成部分，从而产生预测序列行为的手段。

4. 这些方法基于这样一种假设，即历史为未来的预期提供了一些指导。时间序列技术中最复杂的是被称为博克斯和詹金斯的 ARIMA 模型分析。它已成为人们进行经济预测时常用的方法。

5. 我们知道,计量经济学是在 SRF 的基础上,利用样本数据来估计 PRF 参数。每个系数的抽样误差期望值应为零,但实际抽样误差可能不为零,这是预测误差的来源,因此通常我们不能直接使用 SRF 进行预测。重要的是,当我们使用样本回归预测总体因变量值时,要理解预测误差的性质,包括随机变量假设、预测误差的方差以及在使用时存在的许多潜在误差源。

6. 拟合的多元回归模型可采用 OLS 进行参数估计,在估计参数和解释变量关联值已知的情况下,它也可用于预测。我们应该注意三件事:(1)如果高 R^2 是由包括的多达 20 个解释变量引起的,那么这种良好的拟合可能是虚假的;(2)如果某些解释变量高度相关,则可能存在奇异性问题;(3)在多元回归预测中,最重要的问题可能是误差项的结构。回顾过去,经济计量/预测模型的某些表现不佳是因为误差的错误说明,主要是在其动态结构方面。经济计量/预测模型有时很难捕捉这样的结构变化,并且不能解释为何由这样的结构变化引起的自相关误差是导致预测不佳的主要因素。

7. ARIMA 方法摒弃了传统的计量经济建模方法,即使用经济理论指导下的解释变量来解释/预测,而且仅使用变量的过去值来生成预测。新方法忽略了构成经济计量模型基础的众多解释变量,它被认为是一种复杂的外推方法。

8. 虽然博克斯和詹金斯并不是第一个提出 AR、MA 和 ARMA 模型的人,这些模型很早就与尤尔和瓦尔德有关,但博克斯和詹金斯的主要贡献是在 ARIMA 技术方面,二位为时间序列预测提供了一种通用策略。

9. 博克斯和詹金斯方法中的 ARIMA 过程的四个阶段是:(1)平稳过程;(2)模型识别与选择;(3)估计;以及(4)诊断检查,其中最重要的步骤是模型识别和选择。自相关和自协方差分析是 ARIMA 模型决定的重要分析工具。ARIMA 是现阶段计量预测模型建模的一种艺术形式,我们需要更复杂和更丰富的经验来识别合适的 ARIMA 模型。一旦找到了令人满意的 ARIMA 模型,就可以相对直接地将预测计算为条件期望。

10. 有很多种可以提高预测精度的方法:如将更新的信息作为输入;加入滞后误差修正项;对预测中的变化趋势进行校正;更快地识别结构突变,暂时切换到自适应模式,例如随机游走方法以及组合预测对多种预测结果比较等。也许,没有最佳预测程序,只有最佳方法的选择。方法的选择取决于各种因素,如产生预测的目标、所需的准确度以及给定时间序列的特性。

（11）本章节试图简要回顾两种类型的预测，即经济计量模型和 ARIMA 模型，并提及许多其他方法，如贝叶斯预测[43] 和结构时间序列建模，或 SSM，[44] 这将在下一章讨论。

注释

① 注意：预测误差定义为实际因变量和估计因变量之间的差值，也就是 $(Y_i - \hat{Y}_i)$。

② 有关多元回归模型的描述，可参阅第 4 章和第 5 章。

③ 参阅：Box, G. E. P. and Newbold, P.(1971)，"Some Comments on a Paper of Coen, Gomme, and Kendall"，*Jour. Royal Statis. Soc. Ser. A*，v.134，pp.229—240.

④ 参阅：Box and Newbols(1971).

⑤ 我们在这里不作详细证明。

⑥ 更多详细信息，参阅：Chatfield, C.(1996)，*Time Series Analysis*，Chapman and Hall，Section 3.4.5，London.

⑦ 残差通常由"残差＝观测值－拟合值"定义。

⑧ 参阅：Granger and Newbold(1986).

⑨ 关于博克斯—詹金斯和计量经济学预测模型的相对优点的争论的精彩总结可以参阅：Granger and Newbold(1986)，pp.287—292.

⑩ 参阅：Jenkins, G. M. and Watts, D. G.(1968)，*Spectral Analysis and Its Applications*，Holden-Day，San Francisco，pp.243—238，Section 5.3.3.

⑪ 参阅：Priestley, M.B.(1981)，*Spectral Analysis and Time Series*，London, New York, Academic Press，in Chapter 5.

⑫ 一些作使用的替代估计量可由下式给出，因为它具有较小的偏差：

$$c_k' = \sum_{t=1}^{N-k} (Y_t - \mu)(Y_{t+k} - \mu)/(N-k)$$

然而，Jenkins 和 Watts(1968)在第 5 章中将估计量方程(6.4)与上面的替代估计量进行了比较，并推测它通常具有更高的均方误差。无论如何，方程(6.4)中的偏置估计量给出了一个具有称为正半定性的有用性质的函数(Priestley, 1981)，这导致了一个非负的有限傅里叶变换，后者在估计频谱(the spectrum)时很有用。

⑬ ρ_k 方差的一般公式由 Kendall、Stuart 和 Ord(1983)在 4.8.1 节中给出，并取决于过程的所有自相关系数。我们只会在从纯随机过程采样时考虑 ρ_k 的属性，当所有理论自相关系数均为零时，除非滞后为零。这些结果有助于我们确定给定时间序列中 ρ_k 的观测值是否与零显著不同。

⑭ 参阅：Box, G. and Jenkins, G.(1970)，*Time Series Analysis：Forecasting and Control*，San Francisco：Holden-Day，p.64.

⑮ 尽管统计显著性的使用目前存在争议，但鉴于没有更好的标准被取代，我们不得不将它作为重要标准的判断。

⑯ 参阅：Jenkins and Watts(1968)，Section 5.4.

⑰ 参阅：Mann, H. B. and Wald, A.(1943)，"On the Statistical Treatment of Linear Stochastic Difference Equations"，*Journal of Econometrica*，Volume 11，July-Oct 1043，Numbers 3

&. 4.

⑱ 参阅:Jenkins and Watts(1968),p.197.

⑲ 参阅:Jenkins and Watts,(1968),p.192.

⑳ 参阅:Pagano, D.F.(1972), "Construct Validity, Disconfirming Evidence, and Test-anxiety Research", https://doi.org/10.1111/j.1467-6494.1972.tb00654.x.

㉑ 参阅:Box and Jenkins(1970),Chapter 7.

㉒ 参阅:Box and Jenkins(1970),Table A.

㉓ 参阅:Box and Jenkins(1970).

㉔ 由于杜宾的另一种估计过程是将高阶 AR 过程拟合到数据并使用 AR 和 MA 过程之间的对偶性。例如,参阅:Kendall, Stuard, and Ord(1983),Section 50.16.此过程的优点是需要较少的计算,但高速计算机的广泛可用性导致该过程变得过时。参阅:Chatfield, C.(2000),Time-series Forecasting Chapman &. Hall, London.

㉕ 显然,这在现在并不困难,因为在计算机技术的快速发展时期,计算机执行如此大量的算术运算很容易。通常使用数值效率优化过程来最小化残差平方和。

㉖ 参阅:Box and Jenkins(1970),p.228.

㉗ 参阅:Chatfield, C.(1996), *The Analysis of Time Series. An Introduction*,5th edition, Chapman &. Hall, London.

㉘ 进一步的细节可以在 Box and Jenkins(1970)中找到。

㉙ 参阅:Box and Jenkins(1970),Section 9.2.4.

㉚ 有关这方面的回顾,可参阅:Priestley, M.B.(1981), *Spectral Analysis and Time Series*, London, New York, Academic Press, 1981, 2v.(xvii, [45], p.890), chapter 5; Kendall, S.M., Stuart, A. and Ord, J. K.,(1983), *The advanced theory of statistics*, Vol.3, 4th Edition, High Wycombe, Charles Griffin, Chapter 50.

㉛ 参阅:Granger and Newbold(1986).

㉜ 残差通常定义为"残差=观测值一拟合值"。

㉝ 关于 Ljung-Box Q 统计量基于自回归模型残差(即,回归量矩阵中具有滞后因变量)测试自相关,存在一些不同意见,参阅:Maddala, G. S. (2001), *Introduction to Econometrics*, 3d edition, chapters 6.7 and 13.5,p.528.

㉞ 对 ARMA 过程的残差的分析由 Box 和 Jenkins(1970)在第 8 章中讨论。事实证明,$1/\sqrt{N}$ 为残差 $r_k s$ 的标准误差提供了上限,因此位于 $\pm 2/\sqrt{N}$ 范围之外的值在 5% 水平上与零显著不同,并提供了拟合错误模型的证据。

㉟ 参阅:Box and Jenkins(1970),Section 8.2.2.

㊱ 参阅:Chatfield, C.(2000), *Time-series Forecasting*, Chapman &. Hall, London.

㊲ 参阅:Ljung, G.M., Box, G.E.P.(1978), "On a Measure of Lack of Fit in Time Series Models", *Biometrika*, 65, 2, pp.297—303, Printed by Great Britain.

㊳ 例如 Davies 和 Newbold(1979)。更多讨论,参阅:Chatfield, C.(1996), *The Analysis of Time Series. An Introduction*, 5th edition, Chapman &. Hall; Davies, N. and Newbold, P.(1979),."Some Power Studies of a Portmanteau Test of Time Series Model Specification", *Journal of Mathematics*.

㊴ 更详细的讨论,参阅:Chatfield, C.(1996),Chapter 5.

㊵ 格兰杰(Clemens, R.T.)1989 年对综合预测文献做了出色调查。在使用组合预测方法进行预测时,人们总是在寻找要包含在组合中的预测。有时忽略了两个明显的案例。(1)如果一个序列是平稳的,那么平均值是一个潜在的(尽管效率低下)的预测;(2)在组合回归中如果包括

截距,就可以改善预测结果,如果序列是一阶差分,那么它的最新值回是一个很好的预测,因此值得包含。

㊶ 参阅:Granger，C. W. J.(1996)，"Can We Improve the Perceived Quality of Economic Forecasts?" *Journal of Applied Econometrics*，p.455，p.473.

㊷ 参阅:Mahamoud，E.(1984)，"Accuracy in Forecasting：A Survey"，*Journal of Forecasting*，3. pp.139—159.

㊸ 参阅:West，M. and Harrison，J.(1989)，*Bayesian Forecasting and Dynamic Models*，Springer，p.704，ISBN 0-387-97025-8.

㊹ 参阅:Harvey A. C.(1989)，*Forecasting*，*Structural Time Series Models and the Kalman Filter*，Cambridge University Press.

7 动态计量经济模型

7.1 引言

经济动态分析方法总是通过均衡分析确定经济变量之间的长期关系和趋势。然而，传统因果计量模型中的动态分析不够灵活，不能充分反映结构变化。当被观察到时，它可能已经失去平衡，而不是处于平衡状态，因为它经常处在一个过渡阶段。由于缺乏动态理论，经济理论有时对计量经济模型中的时间滞后和动态调整的分析帮助不大。

这一章讨论动态计量经济模型。本章结构如下：7.2 节简要讨论 SEM；7.3 节讨论 ECM，然后，7.4 节讨论 regARIMA 新型模型；最后，7.5 节作了总结和结论。

7.2 联立方程模型

计量经济模型通常假定一个经济系统可以由一组 SEM 组成，而不是由单个方程来描述[①]。这形成了表达变量之间关系的单一结构方程系统。

7.2.1 SEM 的一般思路

SEM 由多方程时间序列模型表示，该模型基于对单一方程的表达，并将后者转化为一组方程。使用单一理论来指定几个变量之间的关系，可以选择哪些变量对系统是外生的（exogenous），哪些变量是内生的（endogenous）。外生变量是那些在系统之外被确定，或在某一时间点，或过去被认为固定的变量。内生变量是系统内部确定的变量，是方程中的因变量。结构方程模型可以被看作一种动态经济计量模型，在联立方程中，因变量可以是其自身先前的因变量的函数，而不仅仅是自变量。这意味着一些因变量由包括因变量自身先前的值在内的解释变量与其他解释变量（自变量）共同确定，而因变量是某种潜在均衡机制的结果。

以典型的供求模型为例：虽然人们通常会看到商品的数量是由市场上设定的价格决定的，但如果供给超过需求时，价格是由商品的数量决定的，那么反过来也是可能的。经济学家将外源基因区分为外生变量和内生变量。外生变量影响系统，自身不受影响，但内生变量之间相互影响。联立方程组包含 k 个内生（因）变量 $\{Y_i\}$ 和 G 个外生（预定）变量 $\{X_i\}$，如

$$Y_i = f_i(Y_1, \cdots, Y_{i-1}, Y_{i+1}, \cdots, Y_k, X_1, \cdots, X_g) + \varepsilon,$$
$$i = 1, 2, \cdots, k \text{ 和 } g = 1, 2, \cdots, G \tag{7.1}$$

其中一些外生变量可能是滞后的。SEM 可以写成结构形式和简化形式。

7.2.2　结构形式和简化形式

假设有 m 个回归公式以下面形式表达

$$Y_{it} = \alpha_i Y'_{-i, t} + \beta_i X'_{it} + \varepsilon_{it}, \quad i = 1, \cdots, m \tag{7.2}$$

其中 i 是方程数，t 是观测指数，$t = 1, \cdots, T$。在这些方程中，X_{it} 是外生变量的 $k_i \times 1$ 向量，Y_{it} 是因变量，Y_{-it} 是所有其他内生变量的 $n_i \times 1$ 向量，它们进入右端的第 i 个方程，ε_{it} 是误差项。符号 $-i$ 表示向量 $Y_{-i, t}$，它可以包含除 Y_{it} 之外 Y 的任何因子（因为它已经存在于公式的左端）。回归系数 α_i 和 β_i 的维数分别为 $k_i \times 1$ 和 $n_i \times 1$。将第 i 个方程对应的 t 个观测值垂直叠加，我们可以将每个方程以向量形式写为

$$Y_i = \alpha_i Y'_{-i} + \beta_i X_i + \varepsilon_i, \quad i = 1, \cdots, m \tag{7.2a}$$

其中 Y_i 和 ε_i 是 $T \times 1$ 向量，X_i 是外生回归变量的 $T \times k_i$ 矩阵，Y_{-i} 是第 i 个方程右端的内生回归变量的 $T \times n_i$ 矩阵。最后，我们可以把所有的内生变量移到左边，并把 m 方程联合写成向量的形式

$$YT = XB + \varepsilon \tag{7.2b}$$

这种表现形式被称为结构形式。在这个等式中,$Y = [Y_i,\ Y_2,\ \cdots,\ Y_m]$ 是因变量的 $T \times m$ 矩阵。每个矩阵 Y_{-i} 都是这个 Y 的 n 列子矩阵。描述因变量之间关系的 $m \times m$ 矩阵 Γ 具有复杂的结构。它在对角线上具有 1,每列 i 的所有其他元素要么是向量 $-Y_i$ 的分量,要么是零,这取决于 Y 的哪些列被包括在矩阵 Y_{-i} 中。$T \times k$ 矩阵 X 包含来自所有方程的所有外生回归量,但没有重复(即矩阵 X 应为满秩)。因此,每一个 X_i 都是 X 的 k_i 列子矩阵。矩阵 B 的大小为 $k \times m$,并且其每一列都由 β_i 向量和零的分量组成,这取决于来自 X 的哪个回归量被包括或被 X_i 排除在外。最后,$\varepsilon = [\varepsilon_1,\ \varepsilon_2,\ \cdots,\ \varepsilon_m]$ 是误差项的 $T \times m$ 矩阵。将结构方程乘以 Γ^{-1} 后,系统的简化形式可写为

$$Y = XB\Gamma^{-1} + \varepsilon\Gamma^{-1} = X\Pi + v \tag{7.2c}$$

这已经是一个简单的一般线性模型,可以用 OLS 进行估计。不幸的是,将估计矩阵 Π 分解为单个因子 B 和 Γ^{-1} 的任务相当复杂,因此简化形式更适合于预测而不是推理。因此,我们可以求解系统的结构形式,从而给出所谓的系统的简化形式。

如果对 m 个回归方程同时进行回归,可能违反了回归变量的严格外生性的 G-M 假设。虽然一次性估计所有联立方程是很自然的,但这通常会导致计算成本高昂的非线性优化问题,甚至最简单的线性方程组。"同时性"(simultaneity)方法对感兴趣的统计参数的估计提出了挑战,这种情况促使考尔斯委员会(Cowles Commission)在 20 世纪 40 年代和 50 年代开发了各种技术和方法来逐一估计模型中的每个方程,其中最显著的是"有限信息极大似然"(limited information maximum likelihood,LIML)法和"两阶段最小二乘"(two-stage least squares,2SLS)法。[②]

在构建 SEM 时会遇到几个问题:(1)如何确定影响方程组过去值的数量或如何识别方程组,通常确定哪些变量应被包含或排除是很困难的;(2)可供选择的理论必须嵌套在通常结构中来作比较。如果模型由于非线性或不同的规格而不能嵌套,则不能使用单个结构来比较不同的模型;(3)模型需要选择包含或排除不同的变量和滞后值,以确保能够识别。在这种情况下,通常有两种常用的方法来克服这些问题:(1)将预定或滞后的内生变量限制为外生变量;(2)将变量分类为内生变量或外生变量。

7.2.3　SEM 的估计方法

假设 SEM 中的方程被识别[精确识别或过度识别(over-identified)]，以下两种广泛的方法可用于 SEM 估计：单方程方法和系统方法。单方程方法是迄今为止最流行的，因为人们可以在多方程模型中估计单方程，而不必过多地担心系统中的其他方程。

单方程常用的方法有三种：(1) OLS；(2) 间接最小二乘法(indirectly least square，ILS)，以及(3) 2SLS。ILS 的方法适用于完全或精确识别的方程。在这种方法中，OLS 应用于简化形式方程，并且人们从简化形式系数中估计原始结构系数。

1. 递归模型和 OLS

如果随机扰动项和内生解释变量在系统中相互依赖，则 OLS 法不适用于联立方程组中方程的估计，因为在这种情况下，估计不仅有偏差(在小样本中)，而且不一致。虽然 OLS 通常不适合 SEM，但它适用于所谓递归的因果模型，其中内生变量之间存在确定但是单向的因果关系。例如，如果有一个三方程组，如下所示

$$
\begin{aligned}
Y_{1t} &= \beta_{10} + \gamma_{11} X_{1t} + \gamma_{12} X_{2t} + \varepsilon_{1t} \\
Y_{2t} &= \beta_{20} + \beta_{21} Y_{1t} + \gamma_{21} X_{1t} + \gamma_{22} X_{2t} + \varepsilon_{2t} \\
Y_{3t} &= \beta_{30} + \beta_{31} Y_{1t} + \beta_{32} Y_{2t} + \gamma_{31} X_{1t} + \gamma_{32} X_{2t} + \varepsilon_{3t}
\end{aligned}
\tag{7.2d}
$$

其中，Y 是内生变量，X 是外生变量，ε_{1t}、ε_{2t} 和 ε_{3t} 分别是这三个方程中的扰动项，并且协方差 $\text{cor}(\varepsilon_{1t}, \varepsilon_{2t}) = \text{cor}(\varepsilon_{1t}, \varepsilon_{3t}) = \text{cor}(\varepsilon_{2t}, \varepsilon_{3t}) = 0$，即不同方程中的同周期扰动是不相关的[从技术上讲，这是"零同时相关性"(zero contemporaneous correlation) 的假设]。对于式(7.2d) 中的第一个方程，由于它只包含右端的外生变量，并且由于方程假设它们与扰动项 ε_{1t} 不相关，因此该方程满足经典 OLS 的关键假设，即解释变量和随机扰动之间不相关。因此，可以直接将 OLS 应用于此等式。对于式(7.2d) 中的第二个等式，它包含内生变量 Y_1，并将其作为解释变量，还包含非随机 X，OLS 也可以应用于这个方程，前提是 Y_{1t} 和 ε_{2t} 是不相关的，因为 ε_{1t} 影响 Y_1，并与 ε_{2t} 不相关。就 Y_2 而言，Y_1 是一个预定的变量。因此，可以继续对这个等式进行 OLS 估计。对于第三个方程，OLS 也可以应用于式(7.2d) 中的第三个方程的估计，因为 Y_1

和 Y_2 都与 ε_{3t} 不相关。因此，在递归系统中，OLS 可以分别应用于每个方程。在这种情况下，Y_1 影响 Y_2，但 Y_2 不影响 Y_1。同样，Y_1 和 Y_2 影响 Y_3，而前两者又不受 Y_3 的影响。换言之，每个等式都表现出单边因果关系。

2. ILS

对于精确标识的结构方程，ILS 可用于通过 OLS 对简化形式系数的估计值来获取结构系数的估计值。ILS 涉及以下三个步骤：

步骤 1：从结构方程中获得简化形式方程。每个方程中的因变量是唯一的内生变量，并且仅是预定（外生或滞后内生性）变量和随机误差项的函数。

步骤 2：将 OLS 单独应用于简化形式方程，因为这些方程中的解释变量是被预先确定的，因此与随机扰动不相关。由此得到的估计数是一致的。[③]

步骤 3：从步骤 2 估计的简化形式系数中获得原始结构系数的估计值。如果一个方程被精确地识别出来，那么结构系数和简约形式系数之间就存在一一对应的关系；也就是说，人们可以从后者中得出前者的独特估计。

3. 2SLS

假如 SEM 是以下型式

$$Y_{1t} = \beta_{10} + \beta_{11} Y_{2t} + \gamma_{11} X_{1t} + \gamma_{12} X_{2t} + \varepsilon_{1t} \tag{7.2e}$$

$$Y_{2t} = \beta_{20} + \beta_{21} Y_{1t} + \varepsilon_{2t} \tag{7.2f}$$

...

其中，X_1 和 X_2 是外生（预定）变量，Y_{1t} 和 Y_{2t} 是内生变量，从这个联立方程中可以看出，Y_{1t} 是 Y_{2t} 的函数，Y_{2t} 也是 Y_{1t} 的函数。如果应用识别的顺序条件，可以看到，等式(7.2e)是"识别不足"，而等式 (7.2f) 是"过度识别"，这可能不能由 ILS 进行估计的原因是有两个 β_{21} 估计。此外，如果随机解释变量 Y_1 与随机扰动项 ε_{2t} 之间存在可能的相关性，则从等式(7.2f)获得的 β_{21} 将不一致。但是，如果有一个"工具"(instrumental)变量可用于随机解释变量 Y_1，并且它与 ε_{2t} 不相关，则我们可以直接使用 OLS 来估计方程(7.2f)。这样的工具变量可以通过 2SLS 获得，该方法是由亨利·泰尔(Henri Theil)[④] 和罗伯特·巴斯曼(Robert Basmann)[⑤] 独立开发的。

2SLS 的过程如下：

阶段 1：首先回归 Y_1 在整个系统中的所有预定变量，以消除 Y_1 和 ε_{2t} 之间的可能相关性，而不是首先回归该方程。在目前的情况下，这意味着 Y_1

回归在 X_1 和 X_2 上。如下所示

$$\hat{Y}_{1t} = \hat{\Pi}_0 + \hat{\Pi}_1 X_{1t} + \hat{\Pi}_2 X_{2t} + \hat{\varepsilon}_t \tag{7.2g}$$

其中 $\hat{\varepsilon}_t$ 是通常的 OLS 残差。从等式(7.2g)中我们得到

$$\hat{Y}_{1t} = \hat{\Pi}_0 + \hat{\Pi}_1 X_{1t} + \hat{\Pi}_2 X_{2t} \tag{7.2f}$$

其中 $\hat{Y}_{1t}$ 是以固定 X 为条件的 Y 平均值的估计值。注意,式(7.2g)只不过是一种简化形式的回归,因为只有外生变量或预定变量出现在右端。等式(7.2g)现在可以表示为

$$Y_{1t} = \hat{Y}_{1t} + \hat{\varepsilon}_t \tag{7.2j}$$

这表明随机 Y_1 由两部分组成:非随机 X 的线性组合 $\hat{Y}_{1t}$,以及一个随机分量 $\hat{\varepsilon}_t$。

阶段 2:过度识别的等式(7.2f)可以重写为

$$\begin{aligned} Y_{2t} &= \beta_{20} + \beta_{21}(\hat{Y}_{1t} + \hat{\varepsilon}_t) + \varepsilon_{2t} \\ &= \beta_{20} + \beta_{21}\hat{Y}_{1t} + (\beta_{21}\hat{\varepsilon}_t + \varepsilon_{2t}) \\ &= \beta_{20} + \beta_{21}\hat{Y}_{1t} + \varepsilon_t^* \end{aligned} \tag{7.2k}$$

其中 $\varepsilon_t^* = \varepsilon_{2t} + \beta_{21}\hat{\varepsilon}_t$,由此推出 $\hat{\varepsilon}_{1t}^* = \varepsilon_{1t} + \beta_{12}\hat{\varepsilon}_{2t}$ 和 $\hat{\varepsilon}_{2t}^* = \varepsilon_{2t} + \beta_{21}\hat{\varepsilon}_{1t}$,从而得出一致的估计数。将式(7.2k)与(7.2f)进行比较,可以看到它们在外观上非常相似,唯一的区别是 Y_1 被 $\hat{Y}_1$ 取代。尽管原始方程中的 Y_1 与扰动项 ε_2 相关或可能相关(因此使 OLS 不合适),但在大样本中(或者更准确地说,随着样本数量无限增加),式(7.2k)中的 $\hat{Y}_{1t}$ 与 ε_t^* 渐近不相关,因此,OLS 可以应用于式(7.2k),这将为式(7.2f)的参数提供一致的估计。[6]

正如这个两阶段的过程所表明的那样,2SLS 背后的基本思想是"纯化"随机扰动 ε_2 影响的随机解释变量 Y_1。该目标是通过对系统中的所有预定变量执行 Y_1 的简化形式回归(阶段 1),获得估计值 $\hat{Y}_{1t}$ 并将原始方程中的 Y_{1t} 替换为估计的 $\hat{Y}_{1t}$,然后将 OLS 应用于因此变换的方程(阶段 2)来实现的。由此获得的估计量是一致的;也就是说,随着样本数量无限增加,它们会收敛到其真实值。

2SLS 的特点如下:

(1) 它可以应用于系统中的单个方程,而无需直接考虑系统中的任何其他方程。因此,对于求解涉及大量方程的计量经济学模型,2SLS 提供了一

种经济的方法。因此,该方法在实践中被广泛使用。

(2)与 ILS 不同,ILS 在过度识别的方程中提供多个参数估计值,而 2SLS 仅提供每个参数的一个估计值。

(3)它很容易被应用,因为人们需要知道的只是系统中外源或预定变量的总数,而不需要知道系统中的任何其他变量。

(4)虽然该方法专门用于处理过度识别的方程,但也可以应用于精确识别的方程。但是,ILS 和 2SLS 将给出相同的估计。

(5)如果简化形式回归(即阶段 1 回归)中的 R^2 值非常高,例如超过 0.8,则经典 OLS 估计值和 2SLS 估计值将非常接近。但这一结果并不令人惊讶,因为如果第一阶段的 R^2 值非常高,则意味着内生变量的估计值非常接近其实际值,因此后者不太可能与原始结构方程中的随机扰动相关。但是,如果第一阶段回归中的 R^2 值非常低,则 2SLS 估计值实际上将毫无意义,因为我们将用第一阶段回归中的估计 $\hat{Y}$ 替换第二阶段回归中的原始 Y,这实质上表示第一阶段回归中的干扰。换句话说,在这种情况下,$\hat{Y}$ 将是原始 Y 的非常差的代理。

(6)需要注意的是,从等式(7.2k)可以看出,误差项 ε_t^* 实际上是原始误差项 ε_{2t} 加上 $\beta_{21}\hat{\varepsilon}_t$。因此 ε_t^* 的方差不完全等于原始 ε_{2t} 的方差。

在构建 SEM 时最多出现的几个问题如下:

(1)很难确定影响方程组的过去值的数量,或者如何识别方程组,特别是哪些变量应被包含在模型中或哪些变量应该被排除在模型外;

(2)替代理论必须被嵌套在一个共同的结构中进行比较。如果模型由于非线性或说明不同而无法嵌套,则我们不能使用单个结构来比较不同的模型;

(3)模型需要选择包含或排除不同的变量和滞后值,以确保识别。

通常,有两种常用的方法来克服这些问题:将变量分类为内生变量或外生变量;将预定或滞后的内生变量限制为外生变量。

7.3 误差修正模型

与传统的计量经济公式一样,SEM 包括所有解释变量和因变量的滞后变量以及它们相应的误差项 ε，在公式（7.1）中，如果长期均衡未能被满足，误差项 ε 则是反映实现长期均衡的当前误差。ECM 不同于 SEM 的一个显著特征是，长期均衡位置不被包含在一组明确关联的联立方程中，而是由一个或多个最后一项 ε，如方程（7.2b）决定，这被称为"误差校正项"。

7.3.1 ARIMA 和 SEM 的一个特例

ECM 是 ARIMA 和 SEM 回归的一个特例，它有时也被称为伦敦政治经济学院方法（LSE approach）。[⑦] ECM 的基本构建是两个或多个变量的自回归分布式滞后（an autoregressive distributed lag，ADL）规范，它规定了变量之间可能的长期关系。

在 ARIMA 模型中，原始时间序列数据经过差分后去除了长期趋势分量或单位根，以创建新的平稳时间序列数据，从而建立 ARIMA 模型。与 ARIMA 模型不同，长期关系（通常是随机和确定性趋势）的建模则由 ECM 方法直接决定。

7.3.2 ECM 方法

ECM 方法使用正在建模的序列中的两个或多个序列中的长期运行分量，并将这些分量解释为彼此的函数，以得出在序列之间共享的"公共随机趋势代表"（a common stochastic trend representation）。ECM 使用该公共代表来产生模型，该模型具有一个用于变量的公共长期运行分量和一个被称为误差校正机制的短期分量，该误差校正机制描述每个变量如何围绕公共长期运行分量变化或平衡。例如，假设长期均衡中 Y 和 X 之间的关系为

$$Y^E = \alpha + \beta X^E \tag{7.3}$$

其中，Y 和 X 是用对数来衡量的。经济理论表明，从长远来看，Y 和 X 将以相同的速度增长，因此在均衡 $Y=X$ 中，均衡将是一个常数。除了误差，考虑到 Y 和 X 之间的关系是

$$Y_t = \beta_0 + \beta_1 X_t + \beta_2 X_{t-1} + \beta_3 Y_{t-1} + \varepsilon_t \tag{7.3a}$$

由于 Y 和 X 都是非稳态的，因此产生的差值 ΔY 的关系如下：

$$Y_t - Y_{t-1} = \beta_0 + \beta_1 X_t + \beta_2 X_{t-1} - (1 - \beta_3) Y_{t-1} + \varepsilon_t$$
$$\Delta Y = \beta_0 + \beta_1 X_t - \beta_1 X_{t-1} + \beta_1 X_{t-1} + \beta_2 X_{t-1} - (1 - \beta_3) Y_{t-1} + \varepsilon_t$$
$$= \beta_0 + \beta_1 \Delta X_t + (\beta_1 + \beta_2) X_{t-1} - (1 - \beta_3) Y_{t-1} + \varepsilon_t$$
$$= \beta_0 + \beta_1 \Delta X_t - \lambda (Y_{t-1} - \alpha - \beta X_{t-1}) + \varepsilon_t$$

(7.3b)

其中 $\lambda = (1 - \beta_3)$，$\beta = (\beta_1 + \beta_2)$。

ECM 可应用于平稳（均值回复）和非平稳（单位根）数据。在该方程中，ΔY_t 和 $\beta_0 + \beta_1 \Delta X_t$ 都是静态的，即 $I(0)$。对于静态数据，ECM 允许估计变量的共同或平衡水平以及每个变量围绕平衡变化。该模型相当于一个 ADL 模型，这是一个具有外生变量的 ARIMA 模型。

对于 $(Y_{t-1} - \beta_0 - \beta_1 X_{t-1})$ 的非平稳性，我们将 Y_{t-1} 和 $(\beta_0 - \beta_1 X_{t-1})$ 的两个系列差分为一阶。设置序列后，可以使用专门的估计技术来估计数据中的长期和短期关系。在使用超前或滞后后，$(Y_{t-1} - \beta_0 - \beta_1 X_{t-1})$ 可以通过样本回归用 LS 求解。

$$Y_t = \beta_0 + \hat{\beta}_1 X_t + \hat{v}_t, \quad \hat{\beta}_1 \xrightarrow{p} \beta_1, \quad \hat{\beta}_0 \xrightarrow{p} \beta_0 \qquad (7.3c)$$

在 ECM 中，$\Delta Y_t = \beta_0 + \beta_1 \Delta X_t - \lambda (Y_{t-1} - \beta_0 + \beta_2 X_{t-1}) + \varepsilon_t$ 的关系反映了一种非均衡反应，其中 $\beta_0 + \beta_1 \Delta X_t$ 被解释为短期均衡反应（short-run equilibrium response），$(Y_{t-1} - \beta_0 + \beta_2 X_{t-1})$ 表示长期均衡（the long-run equilibrium），或者叫作共协整合（co-integrated）。从 $Y_t = \beta_1 X_t + \beta_2 X_{t-1} + \beta_3 Y_{t-1} + \varepsilon_t$ 中还可以看出，不同类型的动态说明可以通过选择三个系数 β_1、β_2 和 β_3 的特定值来制定，在这种情况下，当 $0 < \lambda < 1$，$y_t > Y^E$ 且 $y_t < Y^E$ 时，有以下几种情况可供讨论：[⑧] 例如，如果 $\beta_2 = \beta_3 = 0$ 产生静态回归；$\beta_1 = \beta_2 = 0$ 产生单变量时间序列模型（univariate time series model）；$\beta_3 = 0$ 产生有限分布滞后；$\beta_2 = 0$ 产生部分调整模型；如果以相同的速率，$\beta_1 \beta_3 + \beta_2 = 0$ 则产生自回归误差模型，使得在平衡中（Y 和 X）将是常数；以及如果要通过设定 $Y_t = Y_{t-1}$ 和 $X_t = X_{t-1}$ 求解长期均衡，就需要 $\beta_1 + \beta_2 + \beta_3 = 1$。

此外，如果 ΔX_t 和 $Y_{t-1} - X_{t-1}$ 更接近于正交（orthogonal），则可以增强参数的估计。ECM 可以有更多的解释变量或更多的滞后，但用于产生 ECM 形式的操作是相同的。在这个例子中，假设 Y 和 X 是一阶差分。如果均衡设定是正确的，则水平变量是协整差分（协整参数统一），呈现为零阶的 $(Y_{t-1} - X_{t-1})$ 差分，与差分变量一致。

7.3.3 估算方法

ECM 有两种估计的类型：(1)将 ECM 估计过程的一个或两个步骤用于双变量关系；(2)向量 ECM(vector ECM，VECM)用于多变量时间序列(通常具有单位根)。[9] 通常，估计有以下三个步骤：(1)确定数据中常见的随机趋势过程；(2)一旦估计了这些长期趋势，则使用回归模型估计围绕长期趋势的短期动态；然后，(3)测试常见的长期和短期动态之间的各种关系，并测试它们在各种序列之间的关系，因为 ECM 和 VECM 都基于描述时间序列回归模型的长期和短期分量。

对于非平稳数据，ECM 的型式确保序列之间存在特定形式的因果关系。这种因果关系被称为"格兰杰因果"(Granger causal)关系，其中一个系列的过去值必须线性地预测另一个系列的当前值。这意味着两个综合数列中的趋势是由其中一个变量的变化驱动或预测的。

ECM 可用于评估这两个变量的短期和长期关系如何相关，以及哪个变量导致另一个变量变动。ECM 将允许人们应用假设检验来确定序列之间关系的长期和短期结构。ECM 关系的表示形式将提供有关动态的更多信息，但我们必须估计"协整"关系和短期动态。[10]

7.3.4 用于非平稳序列的 ECM

ECM 的推断和模型公式虽然发展得很好，[11] 但对于使用非平稳数据可能相当复杂。许多经济变量，如消费、国内生产总值、政府支出等，都有单位根。这是考虑这些模型的一个重要原因，因为它们允许人们正确地看待这些变量的短期和长期动态。然而，在这些模型中，使用非平稳数据的频繁推断(frequent inference)是复杂的，这是因为非标准分布以及当模型中存在单位根变量时动态分析计算的复杂性。这意味着关于模型参数误差修正存在的假设检验和误差修正检验的数目通常具有非标准分布，我们必须使用非标准检验统计表(non-standard test statistic table)进行分析。[12] 此外，ECM 的因果结构也可能不容易确定。[13]

7.4　regARIMA 模型

开发 ARIMA 模型的原因是对使用的时间序列进行差分可以实现平稳状态,分析经济变化和趋势。ARIMA 模型对于研究时间序列至关重要。它通常用于市场研究和长期数据跟踪研究,适用于一大类实际经济问题。例如,它用于零售研究,预测具有季节性变化特征的销售量,以及研究稳态随机过程的变化趋势。与 AR 或 MA 模型相比,ARIMA 具有更好、更准确的参数估计和分辨性能。ARIMA 是一种预测模型,其中自回归(AR)分析和移动平均(MA)方法都应用于行为良好的时间序列数据。ARIMA 假设时间序列是静止的,当它波动时,它会在特定时间周围均匀地波动。ARIMA 预测方法适用于企业希望预测静态、非平稳数据以及具有任何类型数据模式(即水平、趋势、季节性、周期性)的多变量数据时的预测。

但博克斯和詹金斯于 1970 年使用时间序列分析方法开发的 ARIMA 模型没有考虑基于经济或金融理论的解释变量所起的作用,而是选择在时间序列的描述中使用外推机制,研究时间序列本身的变化规律,预测形成一个随时间变化的数据序列,即随机序列。它们的依赖性反映了原始数据在时间上的连续性。这一方面受到影响因素的影响,另一方面是有变化规律。因此,即使是纯统计模型,一些统计学家在时间序列分析时也会考虑将一些模型的影响因素纳入 ARIMA 模型中来。统计学家创建了一种将回归模型和 ARIMA 模型结合起来的新的模型——regARIMA 模型,它最常被用在对时间序列分析所作的"季节调整"(seasonal adjustment)上,将时间序列分解为趋势因素、季节因素和所有其他不规则的因素。

7.4.1　regARIMA 模型的一般说明

regARIMA 模型是具有 ARIMA 时间序列误差的回归模型,它使用回归框架对观测到的时间序列进行建模,并假定建模的残差遵循 ARIMA 过程。所以这种模型包含了外生解释变量,即它是包含了线性回归分量的 ARIMA 模型。模型的 ARIMA 部分用于对系统性结构特征(趋势和季节性)进行建模,而模型的回归部分用于对其他特征,例如加性异常值(additive outliers)、水平偏移(level shifts)、季节性中断(seasonal breaks)、临时变化(temporary changes)、交易日效应(trading day effects)、闰年效应(leap year effects)、圣诞节效应(Christmas effects)、复活节效应(Easter effects)和其他假日效应(other holiday effects)或任何影响因素进行建模。在时间序列季节调整模型中,这些影响因素可以作为regARIMA模型的回归变量(x_1, x_2, …, x_k)被包括在模型中。regARIMA模型可以说是一种正在推广以允许误差遵循ARIMA过程的回归模型,或者说是一种正在推广以允许回归均值函数的ARIMA模型。这种方法最早应用于时间序列季节调整和类似X13-ARIMA-SEATS的统计软件中,[14]以去除季节等因素从而找出经济变化的趋势。

7.4.2 regARIMA模型结构

时间序列z_t的一般"乘性"(multiplicative)季节性ARIMA模型可以被写为

$$\phi_p(B)\Phi_p(B^s)(1-B)^d(1-B^s)^D z_t=\theta_q(B)\Theta_Q(B^s)\alpha_t \qquad (7.4\text{a})$$

其中B是后移运算符,$By_t=y_{t-1}$;

p和P分别是非季节性和季节性AR阶数;

q和Q是非季节性和季节性MA阶数;

d和D分别是非季节性和季节性I阶数;

s是季节性周期($s=4$指季度数据,$s=12$指月度数据);

t是时间段;

$\phi_p(B)$是非季节性AR算子,并且$\phi(B)=1-\phi_1B-\cdots-\phi_pB^p$;

$\Phi_p(B^s)$是季节性AR算子,并且$\phi(B^s)=1-\phi_1B^s-\cdots-\phi_pB^{ps}$;

$\theta_p(B)$是非季节性MA算子,并且$\theta(B)=1-\theta_1B-\cdots-\theta_pB^q$;

$\Theta_p(B^s)$是季节性MA算子,并且$\Theta(B^s)=1-\Theta_1B^s-\cdots-\Theta_pB^{Qs}$;

α_t是具有$i.i.d(0, \sigma^2)$性质的误差项。

如果观察到的时间序列是y_t[15],假设影响时间序列y_t的季节调整因素包括加性异常值、水平偏移、季节性中断、临时变化、交易日效应、闰年效应、复活节效应和其他假日效应,这些因素可以包括在回归框架中对序列进行建模。假设观察到的时间序列已根据需要进行转换(例如,在"乘性"季节性

分解的情况下采取对数型式（logs），回归框架可用于对序列进行建模，回归模型可以是

$$y_t = \sum \beta_i x_{it} + z_t \tag{7.4b}$$

其中 y_t 是观测到的时间序列；x_{it} 是回归变量；β_i 是回归参数；z_t 是模型残差，即回归误差项。回归参数可以被视为每个回归效应的大小。因此，每个模型残差被视为观测到的时间序列的值减去回归效应的总值。模型残差可以表示为

$$z_z = y_t - \sum \beta_i x_{it} \tag{7.4c}$$

模型残差可以合并到 ARIMA 模型中，如下所示

$$\phi_p(B)\Phi_p(B^s)(1-B)^d(1-B^s)^D(y_t - \sum_{i=1}^{r}\beta_i x_{it}) = \theta_q(B)\Theta_Q(B^s)\alpha_t$$

$$\tag{7.4d}$$

其中，s 是季节性周期的长度，$s=4$ 表示季度数据，$s=12$ 表示月数据。p、q、P、Q 分别是多项式 $\phi_p(z)$、$\Phi_p(z)$、$\theta_q(z)$、$\Theta_Q(z)$ 的阶数，常数项等于 1。

因为残差可能是自相关的，这违反了标准回归框架假设之一，即误差项必须是独立的，因此，必须对回归模型残差先进行差分以取得平稳的时间序列。例如，如果 $p \geqslant 1$，我们有 $\phi_p(z) = 1 - \phi_1 z - \cdots - \phi_p z^p$。这些多项式受到约束，以便 $\theta_q(z)$ 和 $\Theta_Q(z)$ 的零点的幅度大于或等于 1，并且（在估计已默认设置的过程中）使 $\phi_p(z)$ 和 $\Phi_p(z)$ 的零点大于 1。由于 α_t 被假定是均值为 0 且方差为常数 σ_α^2 的独立变量序列，因此从这些约束中可以看出，$w_t = (1-B)^d(1-B^s)^D(y_t - \sum_{i=1}^{r}\beta_i x_{it})$ 是满足差分方程 $\phi_p(B)\Phi_p(B^s)w_t = \theta_q(B)_Q\Theta_Q(B^s)\alpha_t$ 的协方差平稳时间序列。因此，我们可以将 y_t 的模型 (7.4d) 重新表示为

$$(1-B)^d(1-B^s)^D y_t = \sum_{i=1}^{r}\beta_i\{(1-B)^d(1-B^s)^D x_{it}\} + w_t \tag{7.4e}$$

其中 w_t 遵循平稳的 ARMA 模型要求。等式 (7.4e) 强调了"观察到的时间序列和回归变量的时间序列都需要使用新的时间序列"这一事实，即经过差

分消除掉趋势后的时间序列,以便使新的时间序列平稳化,使得回归模型残差遵循平稳过程。w_t 是平稳的,因此可以被合并到 ARMA 模型中。我们可以通过递归地将 w_t 应用于观测到的时间序列 y_t 中的观测值来获得调整后的时间序列 y_t^*。

regARIMA 模型意味着:(1)从观察到的时间序列中减去组合回归效应;(2)得到的序列消除了非季节性和季节性;(3)该序列遵循平稳的 ARMA 模型。[16]

7.4.3 regARIMA 模型参数估计

regARIMA 是一个回归模型,对于适当差分后的 y_t 具有稳态 ARMA 误差 w_t。它的回归量是由对 x_{it} 应用相同的差分运算而产生的。模型 (7.4e)以及 a_t 模型中的误差 w_t 为 $i.i.d\ N(0, \sigma_a^2)$的假设,模型中估计的回归系数是 β_i、σ_a^2,模型中估计的 ARMA 参数是 $\phi_p(B)$、$\Phi_p(B^s)$、$\theta_q(B)_Q$、$\Theta_Q(B^s)$的系数。估计方法使用极大似然函数法,在 X13-ARIMA-SREATS 程序中设置的默认似然是完全精确的高斯似然,以帮助规避数值最大化中的收敛问题。

1. 估计方法

可以使用 X13-ARIMA-SEATS 程序来估计 regARIMA 模型参数。X13-ARIMA-SEATS 程序没有使用 OLS 法来估计 ARIMA 模型之外的回归参数。相反,我们使用迭代广义最小二乘(iterative generalised least squares, IGLS)过程的 MLE 来估计回归参数以及 ARMA 参数。该过程包括两个常规步骤:

(1) 对于 ARMA 参数先给定初始值,然后对回归参数进行估计;

(2) 或对于回归参数先给定初始值,然后对 ARMA 参数进行估计。

如果 regARIMA 模型只涉及 regAR 估计,不包括 regMA 部分,则我们可以使用 OLS 最大化给定回归参数(初始值)的 AR 参数的似然函数和给定 AR 参数(初始值)的回归参数的似然函数。估计 AR 参数的变化将导致估计回归参数的变化,这反过来又会导致估计的 ARMA 参数的变化,依此类推。根据一些收敛标准,迭代过程一直持续直至数据实现收敛。在给定观测数据、确定 ARMA 模型、确定收敛标准选择和初始参数值等情况下,最终达到收敛的 ARMA 参数和回归参数值被认为是最可能的,也是最优的值。如果 regARIMA 模型只涉及 regMA 参数,不包括 regAR 部分,则估计过程与 regAR 模型类似,尽管不完全相同,因为误差项不能在线性回归模型中被指定为独立变量。对于同时涉及 AR 和 MA 参数以及回归参数的 regARIMA 模型,迭代过程稍微复杂一些:ARMA 参数使用非线性 LS 法联合估计(estimated jointly using nonlinear least squares),回归参数使用 GLS,这是一种线性回归方法,将 regAR 和 regMA 分别单独估计。这样,与 regAR 和 regMA 模型一样,一个相对困难的问题被简化为两个相对简单的问题。

另一种方法是使用非线性 LS 法共同估计 AR 或 MA 参数和回归参数,但这需要相对更多的计算。因为 ARMA 参数估计是非线性的,很难给出 ARMA 模型参数的准确估计。从理论上讲,使用非线性 LS 法共同估计 AR 或 MA 参数和回归参数也是一种估计 ARMA 模型参数的方法,但它们具有计算复杂性高且无法保证收敛性的缺点。因此,工程学中出现了一种次优方法,即 AR 和 MA 参数并不像最优参数估计那样被同时估计,而是被分别估计。在对 ARMA 参数的估计中,首先估计 AR 参数,然后根据这些 AR 参数估计 MA 参数,最后获得 ARMA 模型的估计值。因此,MA 模型的参数估计通常被计算为 ARMA 参数关联的过程,然后再对模型进行统计检验和分析。不过对比迭代方法,迭代方法可能更好,因为迭代方法的优点是将一个相对困难的非线性问题简化为两个相对简单的线性问题。

这种估计方法的一个含义是,对观测到的时间序列进行调整的大小取决于(除其他因素外)选择拟合到数据的 ARMA 模型。重新识别 ARIMA 模型的阶数将导致模型参数(包括回归参数)被重新估计,直到参数值的新组合被视为最佳,从而使得估计更加精准。[⑰]

2. 估计过程

(1) 首先对 Y 进行对数转换、差分,然后将 Y 对 X(对数变换、差分、滞后)回归,就像在标准 OLS 回归模型中一样。确定回归残差的结构后,拟合相应的 regARIMA 模型。在此模型中,(对数变换、差分)Y 在(对数变换、差分、滞后)X 上回归,回归残差被建模为某个 ARMA 过程。这个过程不能使用 OLS,需要使用 MLE 或迭代 GLS 等。

(2) 一旦确定了最终的 regARIMA 模型,就可以检查估计 X 回归系数的显著性和方向。t 的绝对值约为 2,表示 5% 水平的显著性。或者,如果计算机输出未显示 p 值,则我们可以从 t 分布的标准统计表中计算出一个 p

值。自由度的适当计算是$(n-k-1)$，其中 n 是有效观测值的数量（样本数量），k 是 regARIMA 模型中估计的参数数量（回归参数的数量加 ARMA 参数的数量），计算自由度再检查误差方差。如果 X 上的系数是显著的，那么它的方向也应该被相应检查。例如，如果关注的系数应该是正的（通过实质性推理正相关关系），但估计的结果是负的，在这种情况下，如果模型中有多个 X 滞后，则对回归变量执行向后删除检查，一次一个地从模型中删除它们，直到所有回归变量统计检验都显著为止。

（3）通过回归残差中的回归变量$(X_1，X_2，…，X_n)$筛选，将最后留下的具有显著统计检验值的回归变量合并到模型的回归部分，使用 MLE 或迭代 GLS 等过程进行估算。

（4）要注意的是，不论是修复在初始拟合期间估计的模型参数，还是在每次重新拟合模型从而生成新预测时重新估计这些参数，都应尽可能反映现实世界的生产环境。例如，如果模型参数每年重新估计一次，但在中间的几个月中使用以生成每月提前一步的预测，则预测评估应尽可能接近地模拟此过程。如果模型参数固定为初始拟合期间估计的参数，则我们显然无法在模型中捕获预测期间发生的任何加性异常值和水平偏移，这将影响模型在后续时间段内的预测性能。更一般地说，随着越来越多的观测值被添加到序列的末尾，固定模型参数对数据真实行为的反映将变得越来越少。因此，我们应尽可能频繁地重新估计模型参数。

regARIMA 模型最常被应用在对时间序列进行的季节调整模型上，作为数据组成部分分解的"预调节"（pre-adjustment）和清理，是"季节调整"程序的一部分。事实上，regARIMA 模型也可以作为独立的模型被应用于许多经济和统计问题，因为它允许使用者自己定义回归变量$(X_1，X_2，…，X_n)$，和对任何特定的问题进行回归分析。regARIMA 回归模型作为一种回归分析形式，用于衡量一个因变量相对于其他变量变化的强度，因而 regARIMA 模型可以说是对单纯 ARIMA 的一种创新。

7.5 总结和结论

1. SEM 由多方程时间序列模型表示，该模型基于对单一方程方法的表达,并将其转化为一组联立方程。SEM 可被看作一种动态计量经济模型。在 SEM 中,因变量由从属变量的因变量和自变量联合确定。如果一个方程中的内生变量(即因变量)在系统的另一个方程中作为解释变量出现,那么这样的内生解释变量就变成随机,并且通常与当它作为解释变量出现时的方程的扰动项相关。这可能违反了回归变量严格外生性的 G-M 假设。为了从简化形式系数的估计中获得结构系数的唯一数值估计,我们需要对模型进行识别。使用 LIML 和两阶段或三阶段 LS 法来估计感兴趣的参数。

2. 以下两种广泛的方法可用于 SEM 估计:单方程方法和系统方法。单方程方法是迄今为止最流行的。单方程常用的方法有三种:OLS、ILS 和 2SLS。

3. ECM 是 ARIMA 回归和 SEM 的特例。ECM 方法使用正在建模的两个或多个序列中的长期运行分量,并将这些分量解释为彼此的函数,以得出在序列之间共享的公共(随机趋势)代表。ECM 使用该公共代表来产生模型,该模型具有变量的公共长期分量和被称为误差校正机制的短期分量,该误差校正机制描述每个变量如何围绕公共长期分量变化或平衡。

4. ECM 的估计程序包括:(1)双变量关系的一步或两步估计;(2)多变量时间序列的 VECM。通常,估计有三个步骤:(1)确定数据中常见的随机趋势过程;(2)一旦估计了这些长期趋势,则使用回归模型估计围绕长期趋势的短期动态;然后,(3)测试常见的长期和短期动态之间的各种关系,并测试它们在各种序列之间的关系。

5. regARIMA 模型是 ARIMA 模型的扩展——是将回归模型和 ARIMA 结合在一起的模型,或者说是具有 ARIMA 时间序列误差的回归模型。这种模型是可以包含外生解释变量的线性回归分量的 ARIMA 模型。模型的 ARIMA 部分用于对系统性结构特征(趋势和季节性)进行建模,而模型的回归部分用于对时间序列其他特征进行建模。

6. 在时间序列季节调整模型中,影响季节的调整因素,例如,加性异常值、水平偏移、季节性中断、临时变化、交易日效应、闰年效应、圣诞节效应、复活节效应和其他假日效应,可以作为 regARIMA 模型的回归变量(X_1, X_2, $\cdots$, X_k)被包括在模型中。regARIMA 模型可以说是一种正在推广以允许误差遵循 ARIMA 过程的回归模型,或者说是一种正在推广以允许回归均值函数的 ARIMA 模型。

7. regARIMA 模型也可以作为独立的模型应用于许多经济和统计问

题,因为它允许使用者自己定义回归变量(X_1，X_2，…，X_n),和对任何特定的问题进行回归分析。regARIMA 回归模型作为一种回归分析形式,用于衡量一个因变量相对于其他变量变化的强度。

8. regARIMA 模型是一个基于观测的动态结构方程模型。它可以被看作是博克斯—詹金斯多变量时间序列过程的一种特殊情况,在这种情况下,经济理论对参数施加了先验限制。此外,如果模型中的外生变量可以被看作由多个时间序列 ARIMA 过程产生,那么模型中的每个单独的内生变量可以被表示为单变量模型。在 regARIMA 方法中,一个传统的计量经济结构模型被发展为结合了通常的经济理论输入,并推导了相应的 ARIMA 方程的隐含性质。然后我们使用时间序列方法来估计 ARIMA 方程,以检查它们是否与计量经济学模型所隐含的限制相一致。

注释

① 参阅:Gujarati, D. N.(2003), *Basic Econometrics*, McGraw Hill Higher Education.

② 参阅:Kennedy, P.(1998), *Guide To Econometrics*, The MIT Press, Cambridge, Massachusetts.

③ 除了保持一致之外,最好的无偏估计可能分别取决于:(1)解释变量是否是外生的,而不仅仅是预定的,即,不包含内生变量的滞后值;以及(2)扰动的分化是否正常。参阅:W. C. Hood and Tjalling C. Koopmans, *Studies in Econometric Method*, John Wiley & Sons, New York, 1953, p.133.

④ 参阅:Henri Theil(1953), *Repeated Least-Squares Applied to Complete Equation Systems*, The Hague:The Central Planning Bureau, The Netherlands(mimeographed).

⑤ 参阅:Robert L. Basmann(1957), "A Generalized Classical Method of Linear Estimation of Coefficients in a Structural Equation", *Econometrica*, vol.25, pp.77—83.

⑥ 请注意,在小样本中,$\hat{Y}_{1t}$ 可能与 ε_t^* 相关。原因如下:从式(7.2g)我们看到 $\hat{Y}_{1t}$ 是预定 X 的加权线性组合,以 $\hat{\Pi}$ 作为权重。现在,即使预定的变量是真正非随机的,作为估计量的 $\hat{\Pi}$ 也是随机的。因此,$\hat{Y}_{1t}$ 也是随机的。现在,从我们对归约方程和间接最小二乘估计的讨论中可以看出,很明显,降约系数 $\hat{\Pi}$ 是随机扰动(如 ε_2)的函数。由于 $\hat{Y}_{1t}$ 依赖于 $\hat{\Pi}$,因此它可能与 ε_2 相关,这是 ε_t^* 的一个组成部分。因此,$\hat{Y}_{1t}$ 预计与 ε_t^* 可能相关。但如前所述,随着样本数量趋于无穷大,这种相关性消失了。所有这一切的结果是,在小样本中,2SLS 程序可能会导致有偏估计。

⑦ 因为 ECM 经常被 LSE 的经济学家提倡使用,所以它也被称为 LSE 方法。

⑧ 我们不打算在这里展开对这三种情况的讨论,因为它不是我们要在这里讨论的主要问题。

⑨ 对于这方面更详细的讨论,参阅:Johansen, S. and Juselius, K. (1990), "Maximum Likelihood Estimation and Inference on Cointegration-with Applications to the Demand for Money", *Oxford Bulletin of Economics and Statistics*, 52, pp.169—210. 也可参阅:Alogoskoufis, G.(1991), "On Error Correction Models: Specifications Interpretationy Estimation". *Journal of*

⑩ 协整是一种特殊情况,当 y 和 x 是 $I(1)$ 时,它们之间关系中的误差项 ε 是平稳的。在这种情况下,我们说 y 和 x 是重合的。例如,如果方程 $y_t = \alpha + \beta x t + t$,现在假设 ε 是 $I(0)$,但 x 和 y 都假设是 $I(1)$,我们称这个方程是一个具有非平稳变量和平稳误差的共整方程。

⑪ 参阅:Banerjee, A., Dolado, J. J., Galbraith, J. W. and Hendry, D. F. (1993), *Cointegration, Error Correction, and Econometric Analysis of Non-Stationary Data*, Oxford: Oxford University Press.

⑫ 参阅:Cromwell, J. B. and Michel, T. (1994), "Multivariate Tests for Time Series Models", *SAGE, Social Science*, issue 100. 也可参阅:Lütkepohl, H. and Krätzig, M. (eds.) (2004), *Applied Time Series Econometrics*, Cambridge: Cambridge University Press.

⑬ 参阅:Sims, C. A., Stock, J. H. and Watso, M.W. (1990), "Inference in Linear Time Series Models with Some Unit Roots", *Econometrica*, Vol.58, No.1, pp.113—144.

⑭ TRAMO-SEATS 是由维克多·戈麦兹(Victor Gómez)和奥古斯丁·马拉瓦尔(Agustin Maravall)开发的软件。X-13ARIMA-SEATS 软件由美国人口普查局开发并得到美国人口普查局的支持。它基于加拿大统计局开发的 X-11-ARIMA 软件,美国人口普查局将后者发展为 X-12-ARIMA 并进一步发展为 X13-ARIMA-SEATS。类似的软件还有欧盟统计局开发的 JDemetra+。也可参阅:Findley D. F., Monsell B., Otto M., Bell W. and Pugh M. (1988), *Toward X-12-ARIMA*, U.S. Census Bureau, available at: http://www.census.gov.

⑮ 假如观察到的时间序列 y_t 是"乘型"时间序列,则需要通过采取对数(logs)形式对其进行转换,然后才能进行回归。

⑯ 参阅:Findley D. F., Monsell B., Bell W., Otto M. and Chen B. C. (1998), *New Capabilities and Methods of the X-12-ARIMA Seasonal Adjustment Program*, U. S. Census Bureau, available at: http://www.census.gov.

⑰ 详细的估计方法和过程,可以参阅 X13-ARIMA-SEATS 用户指南和用于估计迭代的详细 X13-ARIMA-SEATS 输出。在程序的默认设置下,对于 AR 和 MA 参数,使用 ARMA 参数值为 0.1 初始化标识的模型。默认收敛容差是模型的对数似然在 IGLS 迭代之间小于绝对 0.000 01 的变化。满足此条件后,估计例过程将停止,并确定最终的 ARMA 和回归参数值。也可参阅:U. S. Census Bureau(2007), X-12-ARIMA Reference Manual, Version 0.3(Beta), 和 X3-ARIMA-SEATS reference manual, available at: http://www.census.gov.

8 状态空间模型

8.1 引言

博克斯—詹金斯的 ARIMA 模型是理论性的。ARIMA 模型具有两个显著的特点：(1)它们在描述时间序列的动态结构方面非常灵活；(2)但他们完全忽略了经济理论提供的信息中最为看重的关于长期均衡的作用。起初，计量经济学家并没有对博克斯—詹金斯的 ARIMA 方法给予太多的关注，然而，在 20 世纪 70 年代早期，由于大量的博克斯—詹金斯预测效果优于计量经济预测模型，计量经济学家开始更多地关注他们的 ARIMA 方法。与此同时，博克斯—詹金斯方法本身也得到了扩展，从单个变量模型发展到多个变量模型。多变量博克斯—詹金斯模型是最为广泛推广的和常用的模型，其中，regARIMA 模型将残差建模为 ARIMA 过程并将某些经济外生变量并入回归部分，这是对 ARIMA 的重大发展，但它只能对单方程模型（univeriate models）进行分析，不能对多方程模型（multivariate models）建模。

计量经济学家开始承认，ARIMA 模型对于处理数据中的时间依赖性是有效的，并且将它们作为预测的基准是有用的。然而，他们认为排除模型中的解释变量将无法解释和理解经济函数的机制，现实的模型必须解释并展示它这样做的原因和方式。因此，计量经济学家和统济学家都开始研究综合计量经济模型和博克斯—詹金斯时间序列方法的 SETSA。在这方面，最引人注目的发展是所谓的 SSM。

这一章重点是讨论 SSM，又叫做 DLM。本章的结构如下：8.2 节讨论一般状态空间模型（general state space model，GSSM）框架；8.3 节讨论单方程变量状态空间模型（univariate state space models，USSM）；8.4 节讨论

"时间变化"模型（time-varies models，TVM）和"时间不变"模型（time-in-variant models，TIM），8.5节讨论多方程变量状态空间模型（multivariate state space model，MSSM）；最后，8.6节给出总结和结论。

8.2 状态空间模型

传统的计量经济结构模型过于静态。经济变量之间的因果关系可能不是单向的，而是相互的，比如在需求与价格的关系中，虽然价格影响需求，但需求反过来也会影响价格。价格下降会增加需求，但如果增加的需求超过了供给，也会反过来推动价格上涨。在这种情况下，价格不仅是一个外生变量，而且同时也是一个内生变量。尽管经济学家区分了内生变量和外生变量，并认识到内生变量变化可能导致的经济结构变化，但计量经济模型中的这种动态规范不够灵活，无法充分代表观察到的经济结构变化。鉴于此，建立动态结构计量经济模型似乎是必要的也是合理的：它可以纳入经济理论中的信息，同时允许数据发挥强大的作用，并允许其在模型说明中使用非常灵活的滞后结构。

计量经济学家也意识到这样一个事实：用于对经济变量真实关系建模的可观察经济现象通常不是理论所设想的理想环境的结果，而是正在进行的复杂数据生成过程的结果。因此它需要不断通过数据更新，并将更新过后的新数据运用到模型中来，从而捕获这种结构变化。这种动态的结构变化可以被解释或预测，即一个解释变量通过一个方程产生，并能够被估计和不断更新。这种方法的一般模型就是近二三十年来开发的所谓SSM。

8.2.1 GSSM框架

SSM是线性回归模型的推广，为计量经济学中使用的所有DLM提供了统一的框架。该模型最初出现在工程文献中，其兴趣集中在相关导航系统的应用，例如航天火箭的位置控制、估计系统的状态、卫星的位置、由控制工程师测量的"噪声"误差。该模型后来引起了统计学家和计量经济学家极大的兴趣，并在许多类型的结构时间序列问题和计量经济模型中被广泛使用。

控制工程师将观测到的科学数据 Y_t 描述为两个部分：信号和噪声。科学家试图测量任何种类的信号时，通常会受到噪声（误差）的干扰。在 SSM 中，信号被认为是一组称为"状态变量"（state variables）或状态向量（state vector）的线性组合，它描述了系统在时间 t 的状态。

哈维（Harvey）于 1989 年发展了一种通用的"趋势—季节"（trend-and-seasonal）模型，该模型将时间序列分解为趋势、季节性和不规则变化，也可以表示为 SSM。[①]我们将遵循哈维的"趋势和季节"模型，并侧重于方法论的讨论：(1)USSM；(2)TVM 和 TIM；以及(3)MSSM。

8.2.2 GSSM

GSSM 可被表示为

$$y_t = Z_t\alpha_t + e_t \qquad e_t \sim N(0, v) \tag{8.1}$$

其中 y_t 是观测时间序列，α_t 是具有 $(m \times 1)$ 维矩阵的不可观测分量的状态向量。假设 Z_t 是一个已知的向量，e_t 表示观测误差。公式(8.1)也称为可观测的公式（the observation equation）或测量公式（the measurement equation)，"可观测的"矩阵组成了"不可观测的"（unobserved）部分的分量。

SSM 的主要目的是估计"状态向量" α_t。然而，状态向量 α_t 是不能从数据中直接观察到的。估计状态向量的可能性仅取决于从可观察到的时间序列 y_t 作出的推断，即它通过更新在模型中的状态向量，或者说状态变量作出推断。状态向量的更新过程显示状态向量如何随时间变化。此更新过程可通过以下方式定义

$$\alpha_t = T_t\alpha_{t-1} + \eta_t \qquad \eta_t \sim N(0, w_t) \tag{8.1a}$$

其中 α_t 是时间 t 的状态变量；α_{t-1} 是时间 $t-1$ 的状态变量；T_t 假定为已知的 $(m \times m)$ 转移矩阵（the transition matrix)，η_t 是转移误差（the transition errors)，表示为 $(m \times n)$ 偏差向量。公式(8.1a)是一个转移公式（the transition equation)，又叫系统公式（the system equation)。

观测公式中的误差 e_t 和转移公式中的误差 η_t 通常被假设为在所有时间段上彼此不相关，并且 η_t 还被假设为在所有时间段上系列不相关。我们可以进一步假设 e_t 遵循正态分布，即 $N(0, \sigma_{e_t}^2)$，同时 η_t 是具有零均值向量

的多元正态分布，并且已知方差—协方差矩阵用 η_t 表示为

$$E(e_t)=0, \ \text{var}(e_t)=H_t \tag{8.1b}$$

$$E(\eta_t)=0, \ \text{var}(\eta_t)=Q_t \tag{8.1c}$$

矩阵 Z、G、H 和 Q 最初是假设已知的，误差项 e_t 和 η_t 被假设为系列独立，并且在所有时间点上彼此独立。

可观测的公式显示了不可观测的分量（the unobserved components）如何组合并形成可观测的值，并且状态向量 α_t 中的这些不可观测的分量如何在给定的观测值 y_t 下进行估计，而转移公式显示了不可观测的分量如何演化，并显示了更新的结构变化。测量公式（8.1）和转移公式（8.1a）构成了 SSM 的一般形式。

线性 SSM 的关键特征在于，观测公式包括状态变量的线性函数，并且允许模型在时间上为常数。相反，它允许局部特征，例如趋势和季节性，并使用转移公式通过时间 t 来更新。

8.2.3 卡尔曼滤波

SSM 的主要目标是在存在噪声的情况下估计信号。然而，状态向量是无法从数据中直接观察到的，并且这些参数是未知的。卡尔曼滤波可提供一种通用方法，以便在给定一组方程参数的情况下，对这些不能观察到的分量的状态向量进行最佳估计。卡尔曼滤波包括两个阶段：（1）滤波（filtering）或预测（predicting）过程：在给定时间 $t-1$ 的信息下对时间 t 在协方差矩阵中的状态向量 α_t 和估计误差 Q_t 进行预测；（2）平滑（smoothing）或更新（updating）过程，即基于预测公式的滤波值 y_t 进行预测，并更新 α_t 和 Q_t 在时间 t 的估计值。预测方程如下所示

$$\alpha_{t|t-1}=T_t\alpha_{t-1} \tag{8.1d}$$

$$P_{t|t-1}=T_tP_{t-1}T_t'+Q_t \tag{8.1e}$$

其中 $\alpha_{t|t-1}$ 为给定观察值 y_{t-1} 下的 α_{t-1} 的最优估计量，以及给定的协方差矩阵 $P_{t-1}=E[(\alpha_{t|t-1}-\alpha_{t-1})(\alpha_{t|t-1}-\alpha_{t-1})']$ 下的估计误差。如果在时间 $t-1$ 下，预测误差非常小，则 $P_{t|t-1}$ 接近 Q_t，如果预测误差很大，则需要重新调整。当状态向量的预测值可用时，可以从观测公式得到观测值的估计

$$\hat{y}_{t|t-1} = Z_t \alpha_{t|t-1} \qquad (8.1f)$$

根据式(8.1f)，可以从观测公式推导出"一步超前"预报误差。"一步超前"预测误差公式为

$$v_t = y_t - \hat{y}_{t|t-1} \\ = Z_t(\alpha_t - \alpha_{t|t-1}) + e_t \qquad (8.1g)$$

则"一步超前"预测误差的均方误差为

$$E(v_t v_t') = F_t = Z_t P_{t|t-1} Z_t' + H_t \qquad (8.1h)$$

当新的观测 y_t 可用时，我们可以使用以下的更新公式来更新状态向量的估计

$$\alpha_t = \alpha_{t|t-1} + P_{t|t-1} Z_t' F_t^{-1}(y_t - Z_t \alpha_{t|t-1}) \qquad (8.1i)$$

$$P_t = P_{t|t-1} + P_{t|t-1} Z_t' F_t^{-1} Z_t P_{t|t-1}) \qquad (8.1j)$$

因此，状态向量将由其预测值和更新值决定，预测值则由"一步超前"预测误差的量决定，所以"一步超前"预测误差估计的准确性决定了状态向量的预测准确性。[②]卡尔曼滤波的主要实际优点在于它的计算是递归的，因此尽管当前估计是基于整个历史的计算，但不需要不断扩展的存储器。递归方法，如指数平滑，在许多统计领域越来越受欢迎。卡尔曼滤波的第二个优点是，当存在恒定的基础模型时，它可以相当快地收敛，也可以跟随系统运动，其中的基础模型随着时间的推移演变。

卡尔曼滤波应用于参数线性的 SSM。在实践中，许多时间序列模型，如"乘性"季节性模型都是非线性的。我们可以通过应用滤波对模型进行局部线性近似，这又被称为扩展的卡尔曼滤波(the extended Kalman filter)。[③]

要应用卡尔曼滤波，则我们需要知道模型中的所有参数。SSM 在经济时间序列中的应用与在某些工程问题中的应用的一个重要区别是，在工程中假设系统扰动和测量误差的性质是先验已知的，但所有这些参数在经济时间序列应用中都是未知的。因此，我们需要初始化所有参数，包括转移矩阵中的参数，以及状态向量中所有状态变量 α_t 的方差—协方差。以下两种方法可用于估计这些参数：伪误差(pseudo-errors)和超参数(hyper-parameters)。

8.2.4 "伪误差"自相关方法

费弗曼(Feffermann)等人在 1998 年[④]描述了一种被称为伪误差自相关 (the pseudo-error autocorrelations)的估计方法,其中的相关性不是直接基 于样本数据进行计算的,而是基于估计的调查组(panel)[⑤]时间序列计算的。 例如英国劳动力市场就业和失业调查中,参加抽样调查的有五个组,为 "wave",这五个 wave 在时间上是轮转的,每个 wave 在完成五次调查后就 会退出调查,同时又会加入一个新的 wave,它又叫转换组偏差(the rotating group bias)[⑥]。所以英国劳动力就业和失业调查中存在二种调查误差:样 本抽样调查误差(the sample error)和转换组偏差。抽样误差可通过分析以 下给出的伪误差来确定

$$\tilde{e}_t^{(k)} = y_t^{(k)} - y_t \tag{8.2}$$

其中 k 是某一个具体的 wave, $y_t^{(k)}$ 是在时间 t 观测到的 wave k 的测量估计 值。即 $y_t^{(k)}$ 是基于 wave k 的来自单个时间段 t 的估计,并且仅包括来自同 时加入和离开调查的一组家庭的值(即 wave k)[⑦]。如果没有转换组偏差, 则方程如下

$$
\begin{aligned}
\tilde{e}_t^{(k)} &= y_t^{(k)} - y_t = y_t^{(k)} - \frac{1}{K} \sum_{k=1}^{K} y_t^{(k)} \\
&= (y_t^{(k)} - \theta_t) - \frac{1}{K} \sum_{k=1}^{K} (y_t^{(k)} - \theta_t) \\
&= e_t^{(k)} - \frac{1}{K} \sum_{k=1}^{K} e_t^{(k)} \\
&= e_t^{(k)} - e_t
\end{aligned}
\tag{8.2a}
$$

其中 $e_t^{(k)}$ 是 wave k 在时间 t 的不可观测的抽样误差。$\tilde{e}_t^{(k)}$ 仅为 wave 抽样 误差的函数。假设 wave 不重叠,则抽样误差是不相关的,并且自相关结构 $\{e_t^{(k)}\}$ 依赖于滞后而不依赖于 wave,则 $cor(\tilde{e}_t^{(k)}, \tilde{e}_{t-h}^{(k)}) = cor(e_t^{(k)}, e_{t-h}^{(k)})$, 即,样本误差的自相关等于以 wave 数据为基础估计的每个抽样调查伪样本 误差(the pseudo sample errors)的自相关[⑧]。wave 抽样误差的模型可以通 过将单个时间序列模型识别过程应用于各种伪误差序列 $\{\tilde{e}_t^{(k)}\}$($k=1$, …, K)来指定。因此,在生成伪误差序列之后,可以使用来自任何标准统计软

件的时间序列程序来估计其自相关函数。然而,请注意,该过程取决于这样的假设:抽样误差的自相关结构在 wave 之间没有变化。

为了避免这种假设,费弗曼、贝尔和西尼奥雷利在 1996 年提出了一种允许不同 wave 自相关结构的方法。通过定义 $C_h^{(k)} = \text{cov}(\tilde{e}_{t-h}^{(k)}, \tilde{e}_t^{(k)})$,他们证明了抽样误差的自相关函数 ρ_h 可以写作

$$\rho_h = \frac{\sum_{k=1}^K C_h^{(k)}}{\sum_{k=1}^K C_0^{(k)}} = \frac{(K^2 - K)\text{cov}(e_{t-h}, e_t)}{\sqrt{(K^2 - K)\text{cov}(e_t, e_t)(K^2 - K)\text{cov}(e_{t-h}, e_{t-h})}}$$

(8.3)

因此,可以基于伪误差的自协方差函数来估计样本误差自相关(the sample error autocorrelation, SEA),因为每个 wave 的伪误差的自协方差函数是可观察和可计算的。在实践中,自相关函数 ρ_h 的估计可以通过使用伪误差序列的 SACF 来计算。因此,分析者可以使用估计的自相关函数和尤尔—沃克方程获得抽样误差过程的 PACF 的估计值,以及 AR(p)时间序列模型参数的初步估计值。[9]假设 AR(p)过程如下所示

$$X_t = \phi_1 X_{t-1} + \phi_2 X_{t-2} + \cdots + \phi_p X_{t-p} + \varepsilon_t \tag{8.3a}$$

然后,通过以下过程得出自相关函数与自回归参数之间的关系,这些参数被称为尤尔—沃克方程,

$$X_t X_{t-h} = \phi_1 X_{t-1} X_{t-h} + \phi_2 X_{t-2} X_{t-h} + \cdots + \phi_p X_{t-p} X_{t-h} + \varepsilon_t X_{t-h}$$
$$\Rightarrow E(X_t X_{t-h}) = \phi_1 E(X_{t-1} X_{t-h}) + \phi_2 E(X_{t-2} X_{t-h})$$
$$+ \cdots + \phi_p E(X_{t-p} X_{t-h})$$
$$\Rightarrow \gamma_h = \phi_1 \gamma_{h-1} + \phi_2 \gamma_{h-2} + \cdots + \phi_p \gamma_{h-p}$$
$$\Rightarrow \frac{\gamma_h}{\gamma_0} = \frac{1}{\gamma_0}(\phi_1 \gamma_{h-1} + \phi_2 \gamma_{h-2} + \cdots + \phi_p \gamma_{h-p})$$
$$\Rightarrow \rho_h = \phi_1 \rho_{h-1} + \phi_2 \rho_{h-2} + \cdots + \phi_p \rho_{h-p}$$

尤尔—沃克方程可以写成下面的矩阵形式

$$\begin{bmatrix} 1 & \rho_1 & \rho_2 & \cdots & \rho_{p-1} \\ \rho_1 & 1 & \rho_1 & \cdots & \rho_{p-2} \\ \rho_2 & \rho_1 & 1 & \cdots & \rho_{p-3} \\ \vdots & \vdots & \vdots & \ddots & \vdots \\ \rho_{p-1} & \rho_{p-2} & \rho_{p-3} & \cdots & 1 \end{bmatrix} \begin{bmatrix} \phi_1 \\ \phi_2 \\ \phi_3 \\ \vdots \\ \phi_p \end{bmatrix} = \begin{bmatrix} \rho_1 \\ \rho_2 \\ \rho_3 \\ \vdots \\ \rho_p \end{bmatrix}$$

因此，对 AR 参数的估计可以通过如下的尤尔—沃克方程从样本自相关估计中计算，

$$
\begin{bmatrix} \phi_1 \\ \phi_2 \\ \phi_3 \\ \cdots \\ \phi_p \end{bmatrix} = \begin{bmatrix} 1 & \rho_1 & \rho_2 & \cdots & \rho_{p-1} \\ \rho_1 & 1 & \rho_1 & \cdots & \rho_{p-2} \\ \rho_2 & \rho_1 & 1 & \cdots & \rho_{p-3} \\ \cdots & \cdots & \cdots & \cdots & \cdots \\ \rho_{p-1} & \rho_{p-2} & \rho_{p-3} & \cdots & 1 \end{bmatrix}^{-1} \begin{bmatrix} \rho_1 \\ \rho_2 \\ \rho_3 \\ \cdots \\ \rho_p \end{bmatrix}
$$

费弗曼等人在 1998 年提出的估计伪测量误差自相关的方法包括解决潜在的转换组偏差（the potential rotation group bias），其中特定的 wave 说明（wave-specific）的时间序列可能在水平上有偏差，这可能是由数据收集的模式导致的。

8.2.5 "超参数"估计

在 SSM 中估计未知参数（方差和协方差项）的另一种方法是所谓的"超参数"（hyperparameter）估计方法。对这些超参数的估计可以通过极大似然或贝叶斯方法得出。极大似然法如彼得里斯等人于 2009 年所述，[10] 依赖于未知参数 ψ 向量的观测值的联合密度函数，由下式给出

$$
p(y_1, y_2, \cdots, y_T; \psi) = \prod_{t=1}^{T} p(y_t \mid y_{1:t-1}; \psi) \tag{8.4}
$$

其中 $p(y_t \mid y_{1:t-1}; \psi)$ 是给定 $t-1$、$y_{1:t-1}$ 和未知参数 ψ 向量的信息集 y_t 的条件密度。由于假设 $p(y_t \mid y_{1:t-1}) \sim N(Z_t a_t, F_t)$ 的对数似然是

$$
L(\psi) = -\frac{1}{2} \sum_{t=1}^{T} \log \mid F_t \mid - \frac{1}{2} \sum_{t=1}^{T} (y_t - Z_t a_t)' F_t^{-1} (y_t - Z_t a_t) \tag{8.5}
$$

我们可以使用 R 统计软件中的 dlm 程序包（the dlm package）来完成估计模型。[11] dlm 程序包提供了包括 Nelder-Mead、Quasi-Newton 和 Conjugate-Gradient 以及 L-BFGS-B 函数的各种优化方法。

8.3 单方程状态空间模型

使用与上述控制工程相同定义的状态向量概念，将 SSM 模型表示为两个部分：信号 θ_t 和噪声 e_t，即

$$y_t = \theta_t + e_t \tag{8.6}$$

其中，y_t 是可观测的调查时间序列，θ_t 是未知总体数量，即信号，e_t 是调查样本误差，即噪声。

8.3.1 基本结构模型（basic structural model，BSM)

有多种方法可以将趋势和季节性纳入 SSM。对于非平稳分量，我们可以使用随机游走加噪声来估计趋势和季节性，对于稳态分量，可以使用 ARIMA 模型来进行状态空间形式的样本误差估计。

1. 信号 θ_t 的状态空间公式

信号 θ_t 的 BSM 可以用以下状态空间形式表示

$$\theta_t = L_t + S_t + I_t \tag{8.6a}$$

$$L_t = L_{t-1} + R_{t-1} + \eta_t^L \tag{8.6b}$$

$$R_t = R_{t-1} + \eta_t^R \tag{8.6c}$$

$$S_t = -\sum_{j=1}^{3} S_{t-j} + \eta_t^S \tag{8.6d}$$

其中 L_t 是局部趋势分量（the local trend component），R_t 是趋势的增量（the increment for the trend，），I_t 是不规则分量（the irregular component），S_t 是季节分量（the seasonal component），η_t^L、η_t^R 和 η_t^S 分别是与趋势、斜率和季节分量相关联的误差项，其中，$I_t \sim N(0, \sigma_I^2)$ 和 $\eta_t^i \sim N(0, \sigma_i^2)$，$i = L, R, S$，带有 $\mathrm{cov}(\eta_t^i, \eta_{t-k}^j) = 0$ $\forall k > 0$；$j \neq i$。

对于噪声 e_t，ARMA 模型可用于估计时间序列过程中的测量误差 e_t，并且可以定义为

$$e_t = -\sum_{j=1}^{p} \phi_j e_{t-j} + \eta_t^\xi \tag{8.6e}$$

其中，$\eta_t^\xi N(0, \sigma_\xi^2)$和$\mathrm{cov}(\eta_t^\zeta, \eta_{t-k}^i) = 0$ $\forall k > 0$；$\zeta \neq i$；$i = L, R, S$。假设测量误差e_t服从$AR(p)$过程，其中p为自回归过程的阶数。

根据方程(8.6a)至(8.6e)，对e_t的y_t完整模型被公式化为状态空间向量，其中状态向量包括θ_t和来自e_t过程的分量，

$$\theta_t = Z^\theta \alpha_t^\theta + I_t \tag{8.7a}$$

$$\alpha_t^\theta = T^\theta \alpha_{t-1}^\theta + G^\theta \eta_t^\theta \tag{8.7b}$$

其中，Z_t^θ是已知的具有$(1 \times N)$向量，α_t^θ是具有$(1 \times N)$向量的状态向量（假设$N = 5$），BSM的观测公式如下所示

$$Z_t^\theta = Z^\theta = (1\ 0\ 1\ 0\ 0) \tag{8.7c}$$

$$\alpha_t^\theta = (L_t R_t S_t S_{t-1} S_{t-2})' \tag{8.7d}^{\text{⑫}}$$

在BSM的转移公式中，α_t^θ是$(m \times 1)$向量，T^θ是$(m \times N)$矩阵，并且G^θ是$(m \times 3)$矩阵。信号过程的转移公式由下式给出

$$\begin{bmatrix} L_t \\ R_t \\ S_t \\ S_{t-1} \\ S_{t-2} \end{bmatrix} = \begin{bmatrix} 1 & 1 & 0 & 0 & 0 \\ 0 & 1 & 0 & 0 & 0 \\ 0 & 0 & -1 & -1 & -1 \\ 0 & 0 & 1 & 0 & 0 \\ 0 & 0 & 0 & 1 & 0 \end{bmatrix} \begin{bmatrix} L_{t-1} \\ R_{t-1} \\ S_{t-2} \\ S_{t-3} \end{bmatrix} + \begin{bmatrix} 1 & 0 & 0 \\ 0 & 1 & 0 \\ 0 & 0 & 1 \\ 0 & 0 & 0 \\ 0 & 0 & 0 \end{bmatrix} \begin{bmatrix} \eta_t^L \\ \eta_t^R \\ \eta_t^S \end{bmatrix}$$

2. 噪声（抽样误差）的状态空间公式

为了简化说明，我们用$AR(4)$阶数的假设来说明抽样误差过程$\{e_t\}$的状态空间公式，

$$e_t = Z^\theta \alpha_t^\theta \tag{8.7e}$$

$$\alpha_t^e = T^e \alpha_t^e + G^e \eta_t^e \tag{8.7f}$$

其中，Z_t^e和α_t^e都是观测公式和转移公式中(1×4)的向量。[⑬]α_t^e是带有(4×1)的$(m \times 1)$矩阵，T^e是带有(4×4)的$(m \times N)$矩阵。G^e是一个(4×1)矩阵，如下所示，

$$Z^e = (1\ 0\ 0\ 0)$$

$$\alpha_i^e = (e_t \, e_{t-1} \, e_{t-2} \, e_{t-3})$$

$$\begin{pmatrix} e_t \\ e_{t-1} \\ e_{t-2} \\ e_{t-3} \end{pmatrix} = \begin{pmatrix} \phi_1 & \phi_2 & \phi_3 & \phi_4 \\ 1 & 0 & 0 & 0 \\ 0 & 1 & 0 & 0 \\ 0 & 0 & 1 & 0 \end{pmatrix} \begin{pmatrix} e_{t-1} \\ e_{t-2} \\ e_{t-3} \\ e_{t-4} \end{pmatrix} + \begin{pmatrix} 1 \\ 0 \\ 0 \\ 0 \end{pmatrix} (\eta_t^\xi)$$

3. 信号和噪声的 USSM

信号和噪声分量可按如下方式合并到 USSM 中

$$y_t = Z\alpha_t + I_t \tag{8.7g}$$

$$\alpha_t = T\alpha_{t-1} + G\eta_t \tag{8.7h}$$

其中,式(8.7g)是观测公式,式(8.7h)是转移公式。在观测公式(8.7g)中,Z 是 Z_t^θ 和 Z_t^e 的组合,具有(9×1)矩阵,α_t 是 α_t^θ 和 α_t^e 的组合,具有(9×1)的向量,I_t 是不规则扰动项,

$$Z = [Z^\theta, \, Z^e] = [1 \quad 0 \quad 1 \quad 0 \quad 0 \quad 1 \quad 0 \quad 0 \quad 0]$$

$$\alpha_t' = [\alpha_t^\theta, \, \alpha_t^e] = \begin{pmatrix} L_t \\ R_t \\ S_t \\ S_{t-1} \\ S_{t-2} \\ e_t \\ e_{t-1} \\ e_{t-2} \\ e_{t-3} \end{pmatrix}$$

在转移公式(8.7h)中,T 是$(m \times m)$的转移矩阵,它定义了状态向量如何随时间变化。这里,T 是 T^θ 和 T^e 的组合,具有(9×9)矩阵;G 是 $m \times q$ 矩阵,用于确定状态向量中的随机元素以及转移误差。在这里,它是 G^θ 和 G^e 的组合,具有(9×4)矩阵,η_t 的$(q \times 1)$向量是(4×1)的向量,

$$T = \text{BlockDiag}(T_{5 \times 5}^\theta, \, T_{4 \times 4}^e) = \begin{bmatrix} T_{5 \times 5}^\theta & \vdots & 0_{5 \times 4} \\ \cdots & \vdots & \cdots \\ 0_{4 \times 5} & \vdots & T_{4 \times 4}^e \end{bmatrix}$$

$$= \begin{bmatrix} 1 & 1 & 0 & 0 & 0 & 0 & 0 & 0 & 0 \\ 0 & 1 & 0 & 0 & 0 & 0 & 0 & 0 & 0 \\ 0 & 0 & -1 & -1 & -1 & 0 & 0 & 0 & 0 \\ 0 & 0 & 1 & 0 & 0 & 0 & 0 & 0 & 0 \\ 0 & 0 & 0 & 1 & 0 & 0 & 0 & 0 & 0 \\ 0 & 0 & 0 & 0 & 0 & \phi_1 & \phi_2 & \phi_3 & \phi_4 \\ 0 & 0 & 0 & 0 & 0 & 1 & 0 & 0 & 0 \\ 0 & 0 & 0 & 0 & 0 & 0 & 1 & 0 & 0 \\ 0 & 0 & 0 & 0 & 0 & 0 & 0 & 1 & 0 \end{bmatrix}$$

$$G = \text{block}(G_{5 \times 3}^{\theta}, G_{4 \times 1}^{e}) = \begin{bmatrix} G_{5 \times 3}^{\theta} & \vdots & 0_{5 \times 1} \\ \cdots & \vdots & \cdots \\ 0_{4 \times 3} & \vdots & G_{4 \times 1}^{e} \end{bmatrix}$$

$$\eta_t = \begin{bmatrix} \eta_t^{\theta} \\ \cdots \\ \eta_t^{e} \end{bmatrix} = \begin{bmatrix} \eta_t^{L} \\ \eta_t^{R} \\ \eta_t^{S} \\ \eta_t^{\zeta} \end{bmatrix}$$

扰动项的方差—协方差矩阵由下式给出

$$Q_t = \text{var}(\eta_t) = \text{diag}(\sigma_L^2, \sigma_R^2, \sigma_S^2, \sigma_e^2) = \begin{bmatrix} \sigma_L^2, & 0 & 0 & 0 \\ 0 & \sigma_R^2 & 0 & 0 \\ 0 & 0 & \sigma_S^2 & 0 \\ 0 & 0 & 0 & \sigma_e^2 \end{bmatrix}$$

SSM 的标准假设是误差项的独立性,即,$E[\eta_{Lt}] = E[\eta_{Rt}] = E[\eta_{St}] = E[\eta_{et}]$ $= 0$,$\text{var}[\eta_{et}] = \sigma_{\eta e}^2$,$\text{var}[\eta_{Lt}] = \sigma_{\eta L}^2$,$\text{var}[\eta_{Rt}] = \sigma_{\eta R}^2$,$\text{var}[\eta_{St}] = \sigma_{\eta S}^2$,$\phi_1$、$\phi_2$、$\phi_3$ 还有 ϕ_4 是 AR(4)过程的系数。信号(θ_t)和噪声(e_t)两个部分组合在一起就形成,USSM 模型。

8.3.2 USSM 的估计

如果所有 USSM 矩阵都被适当地设置,并且如果所有参数都是已知的,则我们可以使用卡尔曼滤波对状态向量进行预测和平滑更新。如我们在前文已经讨论过的，因为 SSM 的应用在经济时间序列问题和一些工程问题有一个重要区别，即 SSM 的系统扰动和测量误差的性质在工程应用中都是先验已知的，但在经济时间序列中，这些参数都是未知的，因此，我们需要初始化所有参数，包括 ϕ_1、ϕ_2、ϕ_3 和 ϕ_4 和转移矩阵中的参数 $\sigma_{\eta L}^2$、$\sigma_{\eta R}^2$、$\sigma_{\eta S}^2$ 和 σ_{η}^2，扰动向量中的参数以及状态向量中所有状态变量 α_t 的方差及协方差。有两种方法来估计这些参数：伪误差法或超参数法。

8.3.3　USSM 初始化

USSM 模型对平稳和非平稳分量状态向量 α_{t-1} 的初始化是不同的。我们假设平稳分量 e_t 的抽样误差的自回归（AR）参数（ϕ_1、ϕ_2、ϕ_3 和 ϕ_4）已知，但实际上它们是未知的。未知参数需要有误差 e_t 的初始值才能估计，所以需要通过一个伪误差过程先进行估计，即先估计抽样样本，取得抽样样本的误差 e_t 的均值和方差，然后用抽样样本的误差 e_t 的均值和方差作为 USSM 中误差 e_t 估计的初始值，即误差 e_t 的初始化过程。这是通过费弗曼等人分别在 1996 年和 1998 年提出的伪误差和伪误差方差过程得到的。虽然 AR 系数通常是未知的，但可以通过基于 wave 抽样的尤尔—沃克方程计算获得。这些估计的伪误差在 SSM 系统外部单独估计（和 SSM 分开估计），然后作为 AR 未知参数的初始值代入 USSM，再在数据更新时在 SSM 模型内对其进行估计。[14]

在实际应用中，自相关函数 ρ_h 的估计经常使用伪误差序列的 SACF 来计算。此外，利用尤尔—沃克方程[15]估计 ACF，分析者可以获得抽样误差过程的 PACF 的估计以及 AR(p) 时间序列模型参数的初步估计。

非平稳分量的均值初始化为零，方差初始化可取非常大的值（比如 10 000）。扰动矩阵中对 η_t 进行初始化需要估计 $\sigma_{\eta L}^2$、$\sigma_{\eta R}^2$、$\sigma_{\eta S}^2$ 和 σ_{η}^2，我们一般采用超参数方法。超参数方法假设所有参数未知，并在 USSM 模型中使用极大似然同时估计。

除 σ_{η}^2 外，伪误差方法将 $\sigma_{\eta L}^2$、$\sigma_{\eta R}^2$、$\sigma_{\eta S}^2$ 视为未知参数，但视 σ_{η}^2 为已知参数（在单独的过程中估计）。扰动参数的方差（在 Q 矩阵中）初始化基于以下条件：$\sigma_{\eta L}^2 = 0$（基于实际经验）；$\sigma_{\eta R}^2$ 和 $\sigma_{\eta S}^2$ 被设定于单独的估计过程（例如，我们可以在 SAS 软件中使用 proc UCM，或者在 R 软件的 dlm 中使用 StructTS 函数来估计 $\sigma_{\eta R}^2$ 和 $\sigma_{\eta S}^2$ 的值），然后将其结果作为初始值纳入 USSM。σ_{η}^2 是基于

伪误差中的自相关被估计的。对于未知的 AR 参数 ϕ_1、ϕ_2、ϕ_3 和 ϕ_4,我们利用尤尔—沃克方程进行估计,然后将其代入 USSM 模型。

8.4 时间不变模型和时间变动模型

SSM 的一个突出之点是它可以包括回归模型,这允许它可以估计模型中受 TVM 因素影响的参数和受 TIM 因素影响的参数。

8.4.1 包括回归模型的 USSM

假设已知观察变量 y_t 与已知解释变量 x_t 线性相关

$$y_t = \alpha + \beta_i x_{it} + \varepsilon_t, \ \varepsilon_t \sim N(0, \sigma_\varepsilon^2), \ i = 1, 2, 3, \cdots, p \quad (8.8)$$

方程允许回归系数 α 和 β_t 根据随机游走随时间演变。如果 $\theta_t = [\alpha_t, \beta_t]$ 和 $Z = [1, X_t]$,然后我们可以用 SSM 得出

$$y_t = Z\alpha_t + e_t \quad (8.8a)$$
$$\alpha_t = T\alpha_{t-1} + G\eta$$

如果 η_t 元素的方差为零,则 α_t 为常数,我们又回到了熟悉的常系数线性回归模型。我们可以考虑这一类更一般的模型,它包括作为附加组件并入 SSM 框架的回归模型,并将其视为 SSM 框架内的回归模型解释变量 X_{it} 对于时间序列 y_t 的影响随时间变动而变动。

应该注意的是,解释变量 X_{it} 是非随机的,如果是随机回归的情况,它需要针对二元时间序列 (x_t, Y_t) 在 $t \geqslant 1$ 时的联合模型。然而,误差必须是独立的、等同的和遵循正态分布的,即 i.i.d(independent, identical distribution)。如果我们在一段时间内进行观测,这些假设通常是不现实的。一种可能的解决方案是为残差引入时间依赖性,例如,将 $(\varepsilon_t, t \geqslant 1)$ 描述为 regARIMA 过程。另一种选择是假设 y_t 和 X_t 之间的关系随时间演变,即考虑 DLM 的形式。因此,我们使用之前定义的原始 SSM,即

$$y_t = \theta_t + v_t, \ v_t \sim N(0, v_t) \quad (8.8b)$$
$$\theta_t = \theta_{t-1} + w_t, \ w_t \sim N(0, w_t)$$

现在，当回归模型被引入 SSM 中时，SSM 可以被进一步描述为

$$y_t = \theta_t + \beta_t x_{it} + v_t \quad v_t \sim N(0, \sigma_{v_t}^2)$$
$$\theta_t = \theta_{t-1} + w_{\theta t} \quad w_{\theta t} \sim N(0, \sigma_{\theta w_t}^2) \quad (8.8c)$$
$$\beta_t = \beta_{t-1} + w_{\beta t} \quad w_{\beta t} \sim N(0, \sigma_{\beta w_t}^2)$$

在 SSM 中，对 y_t 的观测公式是 $F_t = [\theta_t, x_t]$，对 θ_t 的观测公式是 $\theta_t = [\alpha_{it}]'$ 的状态方程，其中 $\alpha_{it} = [L_t, R_t, S_t, e_t]'$，$\beta_{it} = [\beta_{1t}, \beta_{2t}, \cdots, \beta_{pt}]'$ 且 $X_{it}' = [X_{it}, \cdots, X_{pt}]$ 是 p 个解释变量在时间 t 的值。X_{it}' 不是随机的，换句话说，这是一个 $(y_t | x_t)$ 下的条件模型，并且误差序列 v_t 和 w_t 在它们内部和互相之间都是独立的。

与通常的 ARMA 模型需要对数据进行差分转换以实现平稳性不同，SSM 可以直接用于非平稳时间序列。观测值 y_t 被建模为某一水平的噪声观测值 θ_t，该观测值随时间随机变化，由随机游走加噪声描述。注意，随机游走是非平稳的。非平稳时间序列可以通过随机游走加噪声来模拟时间演化，即 $\beta_{it} = \beta_{it-1} + w_{it}$，$i = 1, 2, \cdots, p$。如果 $i = 1, 2$，则 w_{1t} 和 w_{2t} 是独立的。如果 $w = 0$，我们又回到常均值模型。

这里我们以澳大利亚劳动力每月就业和失业估计为例，对澳大利亚劳动力每月就业和失业估计具有"干预效应"（the interventional effects）的模型作稍微更详细阐述[16]：澳大利亚劳动力就业和失业调查的方法在某些年份会作一些调整，例如在原有规则上增加一些额外的新规则，并且每年有所不同，这些被称为"干预效应"。为了研究这种影响对劳动力调查就业估计是否有影响，TVM 和 TIM 都被用来考查这些干预效应的影响。这些干预政策在模型中被列为 10 个变量，因此案例中就业的 10 个变量以及抽样误差的 AR(1) 过程可以更详细地表示为

$$y_t = \theta_t + \beta_t x_{it} + e_t$$

其中，
$$\theta_t = (L_t, R_t, S_t)$$
$$L_t = L_{t-1} + R_{t-1} + \eta_{Lt}, \quad \eta_{Lt} \sim N(0, \sigma_{Lt}^2)$$
$$R_t = R_{t-1} + \eta_{Rt}, \quad \eta_{Rt} \sim N(0, \sigma_{Rt}^2)$$
$$S_t = -\sum_{t=1}^{10} S_{t-1} + \eta_{St}, \quad \eta_{St} \sim N(0, \sigma_{St}^2)$$

其中，
$$\beta_{it} = (\beta_{1t}, \beta_{2t} \cdots \beta_{pt})$$
$$\beta_{1t} = \beta_{1t-1} + \eta_{\beta_{1t}}, \quad \eta_{\beta_{1t}} \sim N(0, \sigma_{\beta_{1t}}^2)$$

$$\beta_{2t} = \beta_{2t-1} + \eta_{\beta_{2t}}, \quad \eta_{\beta_{2t}} \sim N(0, \sigma^2_{\beta_{2t}})$$

$$\cdots$$

$$\beta_{10t} = \beta_{10t-1} + \eta_{\beta_{10t}}, \quad \eta_{\beta_{10t}} \sim N(0, \sigma^2_{\beta_{10t}})$$

$$e_t = \phi e_{t-1} + \eta_{et}, \quad \eta_{et} \sim N(0, \sigma^2_{et})$$

具有不相关误差,η_{Lt}、η_{Rt}、η_{st}、$\eta_{\beta_{it}}$、η_{et} 和 σ^2_{Lt}、σ^2_{Rt}、σ^2_{st}、$\sigma^2_{\beta_{it}}$、σ^2_{et} 方差。

8.4.2 时间不变模式设置

在如上所述的一般 SSM 模型中,不相关误差,η_{Lt}、η_{Rt}、η_{st}、$\eta_{\beta_i t}$、η_{et} 及其方差,σ^2_{Lt}、σ^2_{Rt}、σ^2_{st}、$\sigma^2_{\beta_{it}}$ 和 σ^2_{et} 允许为零。如果 G_t、F_t 矩阵和协方差矩阵、V_t 和 W_t 是常数,在这种情况下,该模型可以被认为是"时间不变"的。

状态方程的一个常用默认选择是将转移矩阵 G_t 作为单位矩阵和 w 对角线,这对应于将回归系数建模为独立的随机游走。静态线性回归模型对应于任何时间 t 的 $\sigma^2_{\beta_{it}} = 0$ 的情况,因此 β_{it} 随时间的变化是恒定的,$\beta_{it} = \beta_{it-1}$,具有先验密度 $\beta_{it} \sim N((m_{\beta_{i0}}, C_{\beta_{i0}})$,即 $t = 0$,对 v 和 w 进行初始化值。滤波密度(the filtering density)给出了 $(\beta_{it} | Y_{it})$ 下的后验密度,并且 $m_{it} = E(\beta_{it-1} | Y_{it})$ 是 DLM 中"回归系数的二次损失函数"(the quadratic loss function of the regression coefficients)下的贝叶斯估计值。因此,随着新观测值的出现,我们可以更新(静态)回归模型参数的顺序估计值。然而,MLE 拟合函数以及 DLM 中的滤波不允许"奇异观测方差"(the singular observation variances),因此我们对 w 取一个非常小的值(如 0.000 001),对于所有实际目的,非常小的值在系统中可以被认为是零。

8.4.3 TVM 设置

虽然模型允许方差、σ^2_{Lt}、σ^2_{Rt}、σ^2_{st}、$\sigma^2_{\beta_{it}}$ 和 σ^2_{et} 为零,但是如果 $\sigma^2_{\beta_{it}}$ 都为零,则整个估计过程中就不存在卡尔曼滤波过程。因此,从方案二开始,我们将设置几个方差非零的 beta 变量。

SSM 可以被视为线性回归模型的推广,允许随时间变化的回归系数。简单的静态线性回归模型将变量 y_t 和非随机解释变量 X_t 之间的关系描述为

$$y_t = \theta_t + \beta_1 x_t + \varepsilon_t \tag{8.9}$$

这里我们考虑 (y_t, x_t)，$t = 1, 2, \cdots$ 正如我们随着时间所观察到的。如果我们在研究过程中，允许随时间变化的回归参数，允许将 x_t 和 y_t 之间的函数关系建为非线性模型、允许结构变化和省略一些变量，一个简单的动态线性回归模型就被假设为

$$y_t = \theta_t + \beta_{it} x_{it} + \varepsilon_{it} \tag{8.9a}$$

用进一步的方程来描述系统的演化

$$\beta_{it} = \beta_{it-1} + \eta_{\beta_{it}}$$

以下就是一个带有观测值的 SSM

$$Z_t = [y_t : (\theta_{Lt}, \theta_{Rt}, \theta_{St}, \cdots, \theta_{St-n}, \theta_{et}), x_t : (\beta_{1t}, \beta_{1t}, \cdots, \beta_{1t})],$$

即，这是关于 y_t 与 θ 和 x_t 向量分量的观察；θ 和 x_t 的状态向量是：$\theta_t = (L_t, R_t, S_t, e_t)'$，$\beta_{it} = (\beta_{1t}, \beta_{2t}, \cdots, \beta_{pt})'$，$G$ 是转移矩阵。在时间不变的 SSM 中，每个矩阵中只有少数项（可能没有）随时间变化，而其余项是恒定的。因此，DLM 可以选择存储每个矩阵的模板，并将时间变动项保存在单独的矩阵中，而不是存储希望考虑所有 t 值的 Z_t、G_t、V_t、W_t。该矩阵在 DLM 中是 X 的组成部分。要采用这种方法，我们还需要知道 X 的每一列对应哪个矩阵的哪个条目，并且如果引入动态回归模型，则我们需要说明和指定一个或多个分量，像 JFF、JV、JGG 和 JW，并将三个组成部分，JFF、JW 和 X 添加到原始数据中。

在这种情况下，原始值 $W_{\beta_{it}}$ 仍然存在于新模型中，但永远不会被使用。该分量 $W_{\beta_{it}}$ 现在是随时间变化的。利用这种方法，我们将检验四个总失业或就业时间序列的时间变化或时间不变的模型。

8.4.4 TVM 和 TIM 案例说明

为了对 TVM 和 TIM 作更直观的说明，这里以基于澳大利亚劳动力调查数据和两个非就业补充调查数据所作的模型结果为案例，进一步说明。[17]

1. 数据

数据选择了四个汇总的澳大利亚劳动力调查数据集和两个非就业补充

调查集。数据跨度为 1978 年第 2 季度至 2016 年第 3 季度。四个调查数据集包括成年男性全职失业（UEMP_M）、成年女性全职失业（UEMP_F）、成人男性全职就业（EMP_M）和成人女性全职就业（EMP_F）。两个补充调查数据集包括每月失业补充调查（11 个变量）和每月就业补充调查（10 个变量）。男性和女性的这四个总就业和失业数据分别使用基于 TIM 和 TVM 的 USSM 进行了测试。模型估计采用的是 dlm 程序包和 R 程序。由于我们调查的就业和失业的主要结果非常相似，因此我们在这里只选择 EMP_F 的结果为案例进行讨论。

2. TIM 和 TVM 比较

因为补充调查中有 10 个干预变量，所以我们设立三种测试方案。（1）EMP_F_10：在模型中选择所有 10 个干预变量；（2）EMP_F_5172：在模型中选择 2 个干预变量，因为并非所有 10 个干预变量都具有统计学意义，只有 2 个变量被测试为具有统计学意义，因而只选择 2 个干预变量（S51 和 S72）；（3）EMP_F_385172：在模型中选择 3 个干预变量（S38，S51pre2001 和 S72），因为这 3 个变量在调查历史中的观测值相对较多。这三种情况中的所有扰动方差都要在两个条件下被设置，即将扰动方差的零设置为 TIM，并将扰动初始方差的非零设置为 TIM。部分估计结果分析说明如下。

3. 平滑趋势加回归

平滑趋势、TIM 和 TVM 的回归如下图所示（模型估计的跨度为从 1978 年第 2 季度至 2016 年第 3 季度，但显示的图表跨度仅为从 2000 年第 1 季度至 2016 年第 3 季度，以方便更清楚地显示图表）。实线是原始序列，虚线是 TVM，点线是 TIM 模型。图 8.1 显示了三个方案的结果。

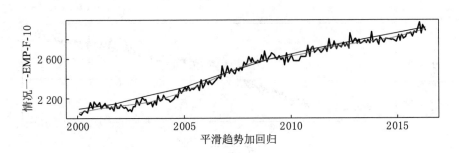

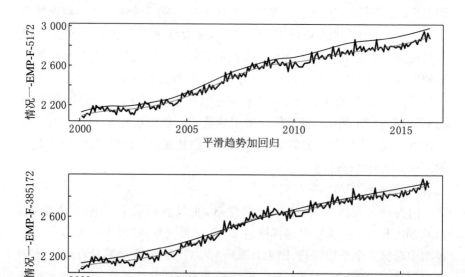

图 8.1　平滑趋势加回归

从图 8.1 可以看出，TVM（虚线）与原始序列的差异相对较大，而 TIM（点线）在所有三种情况下都更适合原始序列。

4. 季节性调整的值加上回归

平滑的季节性调整值加上回归和估计的干预变量，在 TVM 和 TIM 中如图 8.2 所示。实线是原始序列，虚线是 TVM，点线是 TIM。图 8.2 显示了三种方案的结果。

从图 8.2 可以看出，季节性调整的值加上回归，虚线（TVM）与原始序列有非常大的差异，但三种情况下的点线（TIM）更适合原始序列。

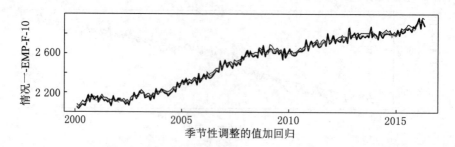

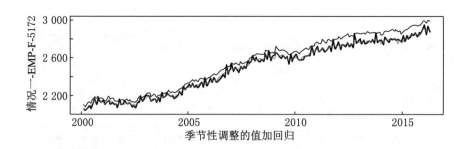

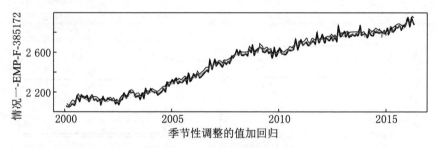

图 8.2 季节性调整的值加回归

5. 估计的干预变量

估计的干预变量如图 8.3 所示。左半部分派生 TVM,其中所有变量的线随时间变化,右半部分派生自 TIM,其中所有变量的线始终对所有变量保持恒定。从这些图表中可以看出,我们设置的所有模型都是正确的。

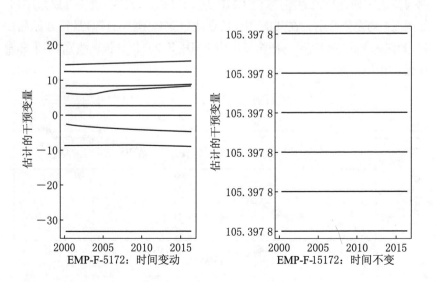

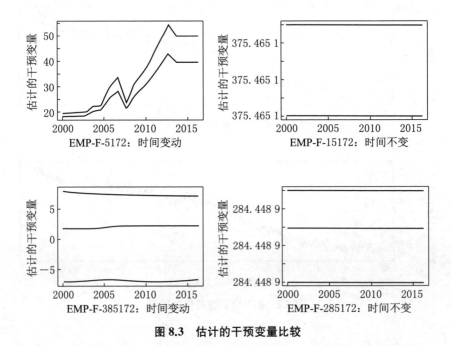

图 8.3　估计的干预变量比较

6. TVM 与 TIM 比较

在 TVM 中，对于三种情况，EMP_F_10（点线）和 EMP_F_5172（虚线）都与原始序列有较大的差异，但 EMP_F_385172（长点线）最符合原始序列，如图 8.4 的左侧所示。在 TIM 中，长点线（EMP_F_385172）最符合原始序列，如图 8.4 的右侧所示。两个模型中 EMP_F_385172（长点线）的结果非常接近，如图 8.5 所示。

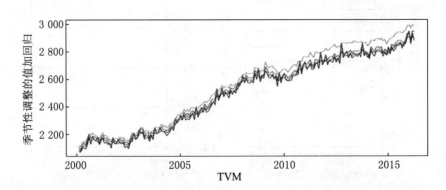

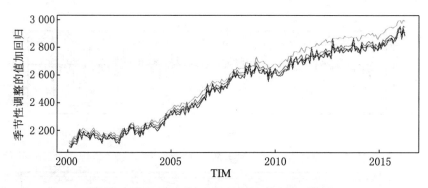

图 8.4 EMP-F-10 和 EMP-F-5172 的 TVM 和 TIM

但是,我们如果在 EMP_F_385172 情况下同时检查两个模型中的估计干预变量,就可以发现估计的季节性调整加回归在两个模型中都非常接近。从图 8.5 中也可以看出,在 TVM 中,估计的干预变量随时间变化的原因是虚线非常接近常数,如图 8.3 所示的 TIM。

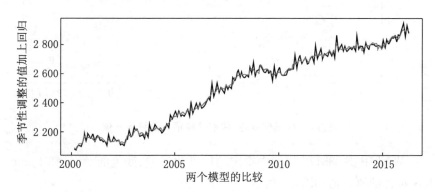

图 8.5 EMP-F-385172 的 TVM 和 TIM

7. 模型评估

本节提供对 EMP_F_385172 模型的统计诊断及验证。表 8.1 总结模型的残差、预测 SE、绝对偏差和使用卡尔曼滤波器进行预测的相对偏差。

表 8.1 绝对/相对偏差与 MSE/SQRT 的综述

	绝对偏差	相对偏差	MSE	SQRT
mean	0.788 502	0.000 404	1.042 97	0.788 502

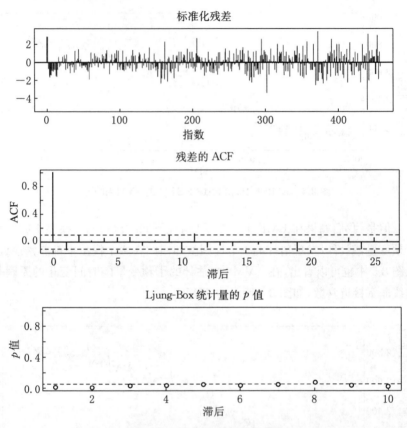

图 8.6　标准化残差、残差的自相关函数及 p 值

从 EMP_F-385172 模型中得出的标准化残差、残差的 ACF 和 Ljung-box 统计量的 p 值如图 8.6 所示。

从图 8.6 可以看出，模型的残差（预测误差）似乎以非系统的方式变化，即在数据中似乎没有"拉伸"，也就是说，残差在一段时间内具有正运行，在一段时间内具有负运行，依此类推。它们似乎在非系统性上变化很大，这表明了残差随时间推移的独立性，并表明数据中没有系统性的东西可以用我们可能愿意添加到模型中的其他组成部分和参数来描述。这在标记为"残差的 ACF"的图 8.6 中得到了验证，其中各种滞后处的大多数自相关都在零自相关的 95％置信区间内（根据定义，滞后零处的自相关为 1.0，因此其值在图中并不重要），且被标记为"Ljung-Box 统计量的 p 值"的图形显示零内最多的 p 值（滞后 8 残差除外）非常接近正态分布。这也可以从图 8.7 和图 8.8

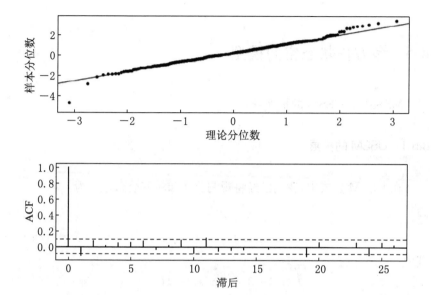

图 8.7 样本分位数及其 ACF

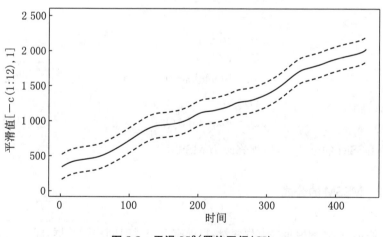

图 8.8 平滑 95% 置信区间(CI)

中看到。

所有这些图表都表明:EMP_F_385172 模型足以解释我们制定模型 EMP_F 补充调查的变化。

8.5　多方程状态空间模型

MSSM 是 USSM 的扩展。

8.5.1　USSM 的扩展

在 USSM 公式中，我们已经将观测公式和转移公式定义为

$$y_t = Z_t \alpha_t + e_t \tag{8.10}$$

$$\alpha_t = T_t \alpha_{t-1} + G_t \eta_t \tag{8.10a}$$

其中

$$E(e_t) = 0, \quad \mathrm{var}(e_t) = H_t$$

且

$$E(\eta_t) = 0, \quad \mathrm{var}(\eta_t) = (G_t^\theta, G_t^e) \tag{8.10b}$$

当

$$
\begin{aligned}
&\alpha_t = (\alpha_t^\theta, \alpha_t^e)' \\
&Z_t = (Z_t^\theta, Z_t^e) \\
&T_t = \mathrm{blockdiag}(T_t^\theta, T_t^e) \\
&H_t = 0 \\
&Q_t = \mathrm{diag}(Q_t^\theta, Q_t^e)
\end{aligned}
\tag{8.10c}
$$

这是 USSM 的公式，可以被修改为 MSSM。

8.5.2　MSSM 的公式

假定 y_t 观测值是多方程变量，目前有 5 组月时间序列数据，即 $y_t = (y_t^1, y_t^2, \cdots, y_t^5)$，这就是 MSSM。对于这种情况，我们可以进一步将误差项的结构分解为两个部分：样本误差 G_t^e 和旋转组偏差 G_t^b。这是由于特殊的调查方法的设计，例如本例中的英国劳动力调查使用的五个 wave 组旋转方法。在这种情况下，我们可以将 USSM 中 SSM 的形式修改为 MSSM。

假设观测值是具有五个 wave 的序列特定的月估计值 $y_t = (y_t^1 + y_t^2 + \cdots + y_t^5)$，状态向量和系统矩阵可以由下式给出

$$\alpha_t = (\alpha_t^\theta, \ \alpha_t^e, \ \alpha_t^b)' \tag{8.10d}$$

$$Z_t = (1_{5\times 1}\bigotimes(Z_t^\theta)', \ Z_t^e, \ Z_t^b) \tag{8.10e}$$

$$T_t = \text{blockdiag}(T_t^\theta, T_t^e, T_t^b) \tag{8.10f}$$

$$G_t = \text{blockdiag}(G_t^\theta, \ G_t^e, \ G_t^b) \tag{8.10g}$$

$$H_t = 0_{5\times 5} \tag{8.10h}$$

$$Q_t = \text{diag}(Q_t^\theta, \ Q_t^e, \ Q_t^b) \tag{8.10i}$$

其中

$$\alpha_t^e = (\ \hat{\varepsilon}_t^{(1)}, \ \hat{\varepsilon}_t^{(2)}, \ \cdots, \ \hat{\varepsilon}_t^{(5)}, \ \hat{\varepsilon}_{t-1}^{(1)}, \ \hat{\varepsilon}_{t-1}^{(2)}, \ \cdots,$$
$$\hat{\varepsilon}_{t-1}^{(5)}, \ \hat{\varepsilon}_{t-2}^{(1)}, \ \hat{\varepsilon}_{t-2}^{(2)}, \ \cdots, \ \hat{\varepsilon}_{t-2}^{(5)}) \tag{8.10j}$$

$$\alpha_t^b = (b_t^{(2)}, \ b_t^{(3)}, \ b_t^{(4)}, \ b_t^{(5)}) \tag{8.10k}$$

$$Z_t^e = \text{diag}(k_t^{(1)}, \ k_t^{(2)}, \ \cdots, \ (k_t^{(5)}), \ 0_{5\times 10}) \tag{8.10l}$$

$$Z_t^b = \begin{bmatrix} -1 & -1 & -1 & -1 \\ 1 & 0 & 0 & 0 \\ 0 & 1 & 0 & 0 \\ 0 & 0 & 1 & 0 \\ 0 & 0 & 0 & 1 \end{bmatrix} \tag{8.10m}$$

$$T_t^e = \begin{bmatrix} 0 & 0 & 0 & 0 & 0 & 0 & 0 & 0 & 0 & 0 & 0 & 0 & 0 & 0 & 0 \\ 0 & 0 & 0 & 0 & 0 & 0 & 0 & 0 & 0 & 0 & \phi_1^{(2)} & 0 & 0 & 0 & 0 \\ 0 & 0 & 0 & 0 & 0 & 0 & 0 & 0 & 0 & 0 & 0 & \phi_1^{(3)} & 0 & 0 & 0 \\ 0 & 0 & 0 & 0 & 0 & 0 & 0 & 0 & 0 & 0 & 0 & 0 & \phi_1^{(4)} & 0 & 0 \\ 0 & 0 & 0 & 0 & 0 & 0 & 0 & 0 & 0 & 0 & 0 & 0 & 0 & \phi_1^{(5)} & 0 \\ 1 & 0 & 0 & 0 & 0 & 0 & 0 & 0 & 0 & 0 & 0 & 0 & 0 & 0 & 0 \\ 0 & 1 & 0 & 0 & 0 & 0 & 0 & 0 & 0 & 0 & 0 & 0 & 0 & 0 & 0 \\ 0 & 0 & 1 & 0 & 0 & 0 & 0 & 0 & 0 & 0 & 0 & 0 & 0 & 0 & 0 \\ 0 & 0 & 0 & 1 & 0 & 0 & 0 & 0 & 0 & 0 & 0 & 0 & 0 & 0 & 0 \\ 0 & 0 & 0 & 0 & 1 & 0 & 0 & 0 & 0 & 0 & 0 & 0 & 0 & 0 & 0 \\ 0 & 0 & 0 & 0 & 0 & 1 & 0 & 0 & 0 & 0 & 0 & 0 & 0 & 0 & 0 \\ 0 & 0 & 0 & 0 & 0 & 0 & 1 & 0 & 0 & 0 & 0 & 0 & 0 & 0 & 0 \\ 0 & 0 & 0 & 0 & 0 & 0 & 0 & 1 & 0 & 0 & 0 & 0 & 0 & 0 & 0 \\ 0 & 0 & 0 & 0 & 0 & 0 & 0 & 0 & 1 & 0 & 0 & 0 & 0 & 0 & 0 \\ 0 & 0 & 0 & 0 & 0 & 0 & 0 & 0 & 0 & 1 & 0 & 0 & 0 & 0 & 0 \end{bmatrix}$$

$$\tag{8.10n}$$

$$T_t^b = I_4 \tag{8.10o}$$

$$G_t^e = \begin{bmatrix} 0 & 0 & 0 & 0 \\ 1 & 0 & 0 & 0 \\ 0 & 1 & 0 & 0 \\ 0 & 0 & 1 & 0 \\ 0 & 0 & 0 & 1 \\ 0 & 0 & 0 & 0 \\ 0 & 0 & 0 & 0 \\ 0 & 0 & 0 & 0 \\ 0 & 0 & 0 & 0 \\ 0 & 0 & 0 & 0 \\ 0 & 0 & 0 & 0 \\ 0 & 0 & 0 & 0 \\ 0 & 0 & 0 & 0 \\ 0 & 0 & 0 & 0 \\ 0 & 0 & 0 & 0 \end{bmatrix} \tag{8.10p}$$

$$R_t^b = I_1 \tag{8.10q}$$

$$Q_t^e = [1, (1-\phi_2^2), (1-\phi_3^2), (1-\phi_4^2), (1-\phi_5^2)] \tag{8.10r}$$

$$Q_t^b = (\sigma_{b2}^2, \sigma_{b3}^2, \sigma_{b4}^2, \sigma_{b5}^2) \tag{8.10s}$$

如果假设对于 i 序列,阶数为 $3(i-1)$ 的自回归过程,对于任何 $j \neq 3(i-1)$ 的滞后和对于任何 $i=(2,\cdots,5)$ 的滞后,参数为零,则特定序列的测量误差 (the series-specific survey errors)可以建模为

$$\hat{\varepsilon}_t^{(i)} = \sum_{j=1}^{i-1} \phi_j^{(i)} \hat{\varepsilon}_{t-3j}^{(i-j)} + e_t^{(i)}, \quad e_t^{(i)} \sim N(0, (1-\sum_{j=1}^{i-1}(\phi_j^{(i)})^2)) \tag{8.10t}$$

为了能够在转移公式中对这些关系进行建模,我们需要许多调查误差的滞后,这产生了对调查误差部分的 31×31 转移矩阵,该矩阵由于其太大而没有在这里被列出来,但是对该矩阵和其他相关系统矩阵进行适当修改就可以直接得出上述方程。

8.5.3 初始化和假设

所有初始值设置都可以使用与单方程变量模型相同的方法,即使用超参数估计方法初始化非平稳参数,并使用伪误差方法初始化多方程变量模型中的平稳(态)参数(样本误差)。

单方程变量模型中的所有假设在多方程变量模型中也是有效的,即假设单个特定序列 y_t 估计的平均值由随机总体过程 y_t 和调查误差 e_t 组成,使得 $E(e_t)=0$ 且 $\mathrm{var}(e_t)=\sigma_t^2$。对于该初始模型,假设 $\mathrm{cov}(e_t, e_s)=0$ 且 $t \neq s$,并假设调查误差项由抽样误差和特定的 wave 调查方式所产生的转换组偏差项组成,并说明误差项中的相关性。转换组偏差可能在水平上有所不同,但我们假定,转换组偏差项总和为零,还假设所有五个 wave 遵循具有单个特定误差 $e_t^{(j)}$ 共同的总体过程(a common population process),使得

$$y_t^{(i)} = Y_t + e_t^{(i)} \tag{8.11}$$

其中

$$e_t^{(i)} = b_t^{(i)} + \varepsilon_t^{(i)} \tag{8.11a}$$

$$b_t^{(1)} = -\sum_{i=2}^{5} b_t^{(i)} \tag{8.11b}$$

$$b_t^i = b_{t-1}^i + w_t^{bi}, \quad w_t^{bi} \sim N(0, \sigma_{bi}^2), \ i=2, \cdots, 5 \tag{8.11c}$$

$$\varepsilon_t^{(i)} = \phi_t^{(i)} \varepsilon_{t-3}^{(i-1)} + e_t^{(i)}, \ e_t^{(i)} \sim N(0, (1-\phi_t^2)(k_t^{(i)})^2) \tag{8.11d}$$

注意 $\phi_1=0$,所以 $\varepsilon_t^{(1)} = e_t^{(1)}$ 且 $\mathrm{var}(e_t^{(1)})=(k_t^{(1)})^2$。特定 wave 误差的模型由特定 wave 转换组偏差项 $b_t^{(j)}$ 和特定 wave 抽样误差($e_t^{(i)}$)组成。在这种情况下,我们假设总 wave 旋转调查偏差项的和为零,且假定特定抽样误差和转换组偏差项的模型可以与状态空间形式的 BSM 相结合。

8.5.4 扩展的 MSSM

我们还可以进一步扩展 MSSM,添加涉及与模型感兴趣的变量相关的解释性(或外生)变量的已知线性组合的项,例如,将管理数据(the administrative data)作为额外的解释性变量并入 MSSM。又比如,原始 MSSM 模

型 y_t 是具有五个时间序列的多方程变量 $y_t^{(j)}$，$j=1$，2，$\cdots$，5，$y_t=y_t^{(1)}$，$y_t^{(2)}$，$\cdots$，$y_t^{(5)}$。在将管理数据 x_t 添加到模型之后，可以将上面给出的多方程变量模型扩展为包括观察到的管理数据 x_t，并将它作为观察向量的一部分，如下所示

$$y_t=(y_t^{(1)}，y_t^{(2)}，\cdots，y_t^{(5)}，x_t) \tag{8.12}$$

假设 x_t 遵循 BSM(不是 y_t 的公共总体过程)，则可以合并趋势和季节分量中误差的协方差项来捕获序列中的类似运动。这一点在状态空间框架中被表示为

$$\alpha_t=(\alpha_t^\theta，\alpha_t^e，\alpha_t^b，\alpha_t^{\theta_x})' \tag{8.12a}$$

$$Z_t=\text{blockdiag}[1_{5\times1}\bigotimes(Z_t^\theta)'，Z_t^e，Z_t^b，Z_t^{\theta_x}] \tag{8.12b}$$

$$T_t=\text{blockdiag}(T_t^\theta，T_t^e，T_t^b，T_t^{\theta_x}) \tag{8.12c}$$

$$R_t=\text{blockdiag}(R_t^\theta，R_t^e，R_t^b，R_t^{\theta_x}) \tag{8.12d}$$

$$H_t=\text{blockdiag}(0_{5\times5}，\sigma_{e_x}^2) \tag{8.12e}$$

$$Q_t=\left(\frac{\text{diag}(Q_t^{\theta_x}，Q_t^e，Q_t^b)\,|\,C}{C\,|\,Q_t^{\theta_x}}\right) \tag{8.12f}$$

其中

$$\alpha_t^{\theta_x}=(L_t^x，R_t^x，S_t^x，S_{t-1}^x,\cdots，S_{t-11}^x)' \tag{8.12g}$$

$$Q_t^{\theta_x}=\text{diag}(\sigma_{L_x}^2，\sigma_{R_x}^2，\sigma_{S_x}^2，0_{1\times10}) \tag{8.12h}$$

$$C=\text{blockdiag}(C_\theta，0_{29\times10}) \tag{8.12i}$$

$$C_\theta=\begin{bmatrix}\rho_L\sigma_L\sigma_{L_x} & 0 & 0 \\ 0 & \rho_R\sigma_R\sigma_{R_x} & 0 \\ 0 & 0 & \rho_S\sigma_s\sigma_{S_x}\end{bmatrix} \tag{8.12j}$$

相关系数、ρ_L、ρ_R 和 ρ_S 允许总体过程 y_t 和行政管理数据来源 x_t 的水平、斜率和季节分量部分相关。[18]

8.6 总结和结论

1. SSM 是典型的 SETSA 模型，在文献中又被称为结构时间序列模型

或 DLM。这可以从一般线性回归模型（general linear regression model, GLRM）和 GSSM 的比较中看出。GLRM 由 $y_t = Z\alpha + \varepsilon_t$，GSSM 由 $y_t = Z_t\alpha_t + \varepsilon_t$（GSSM-A）和 $\alpha_t = G\alpha_{t-1} + \eta_t$（GSSM-B）给出。比较方程 GLRM 和 GSSM-A，可以看出，在 GSSM 和 GLRM 中，y 都是时间 t 和系数 α 的线性函数。唯一的区别是，在 GLRM 中，系数 α 是固定的，但在 GSSM-A 中，系数 α_t 是随时间 t 变化的。换句话说，GLRM 是静态回归过程，而 GSSM 是动态回归过程。在 GSSM 中，每个系数 α_t 都通过随机游走的更新过程随时间变化，即 $\alpha_t = \alpha_{t-1} + \eta_{\alpha t}$，该随机游走给出了如在方程 GSSM-B 中所见的转移形式 $\alpha_t = G\alpha_{t-1} + \eta_t$ 的状态向量。

2. 与传统的计量经济模型，如 SEM、ECM 和 SETSA 等相比，SSM 具有足够的灵活性，可以通过让更新的数据在模型中发挥重要作用来捕捉模型的结构变化。这可以从 SSM 对很多类型的时间序列数据和时间序列模型的强大处理能力中看出。

3. ARIMA 模型只能用于处理平稳时间序列。如果时间序列是非平稳的，就必须被差分为平稳的，然后才能在 ARIMA 模型中使用。与 ARIMA 模型不同，SSM 可以直接处理不同类型的时间序列，包括没有进行任何差分处理的非平稳时间序列。

4. SSM 可以将时间序列分解为趋势、季节性和不规则性等不同的不可观测分量。与 X13-ARIMA-SEAS 等分解模型只能将所有误差项分解为一个不规则项不同，SSM 可以将不规则项进一步分解为不同的误差项。如系统误差（白噪声）、调查抽样误差 e 或转换组偏差 b 等。

5. 此外，与其他结构计量经济和时间序列模型不同，SSM 可以将许多类型的时间序列模型包含到状态空间框架中。例如，它可以使用随机游走加误差来估计非平稳分量，允许 ARIMA 模型来估计样本误差，并在状态空间形式内结合用于时间变动和时间不变分析以及系数估计的回归模型。

6. 利用卡尔曼滤波方法，首先开始从时间起点到时间终点的预测过程，进行一步超前预测，然后又进行从时间终点到时间起点的更新平滑过程，对过去的估计误差进行动态修正。它足够灵活，可以捕捉动态，以估计和预测的模型的变化。贝叶斯预测方法本质上也依赖于状态空间特征。

7. 模型拟合可能相对容易，但模型构建可能相对困难。例如，哈维描述的基本结构模型可以是具有趋势和季节性的许多时间序列，模型的分解必须是加性的。如果不是，例如，如果季节效应被认为是乘性的，则我们需要考虑使用对数变换来得到加性的线性 SSM，尽管这隐含地假设误差项也是乘性的。

8. 结构模型（以及更一般的线性 SSM）的一个关键特征是，观测方程包含状态变量的线性函数，但并不要求模型在时间上为常数。相反，它允许使用转移方程随时间更新局部特征，例如趋势和季节性。这要求我们对数据进行初步审核。

9. 为了应用状态空间形式和卡尔曼滤波，我们需要知道扰动项的方差和协方差，即 σ_ϵ^2 和 η，还需要知道模型方程中的 Z_t 和 G_t。误差方差通常不是先验已知的。我们可能需要通过先猜测，然后适当地更新它们来获得，或者通过在合适的拟合周期内从一组数据估计它们，例如使用伪误差方法，来得出结果。

10. 选择 H_t 和 G_t 就是选择合适的 SSM。我们可以通过使用各种知识来实现。实际上，在模型中选择多少个状态向量将决定模型的大小，选择多少个参数将决定模型估计的难度。

11. 另一个例子是，当观测变量 Y 被指定为具有时间变动参数 β_t 向量的观测值 x_t 的线性函数时，状态变量 β_t 加上误差项 η_{β_t} 又由转移公式确定，则 β_t 在该转移方程中，是自身滞后值加上误差项的线性。

12. 通过更改这两个误差项的规范，我们可以创建此模型的各种总体误差规范。所有这些都要求研究人员具有丰富的统计和计量经济知识以及广泛的计量模型的工作经验。从这个角度来看，状态空间建模不仅是一门科学，更是一门艺术。

注释

① 参阅：Harvey A. C. (1989)，*Forecasting*，*Structural Time Series Models and the Kalman Filter*，Cambridge University Press.

② 对卡尔曼滤波的清晰介绍可参阅：Abraham and Ledolter (1983)，Section 8.3.1；Harvey (1989，1993)，Chapter 4；Aoki, M.(1987).

③ 这也可以应用于噪声不一定呈正态分布的数据，但这超出了此处的讨论范围，详细信息请参阅：Kitagawa, G.(1987)，"Monte Carlo Filter and Smoother for Non-Gaussian Nonlinear State Space Models"，*Journal of Computational and Graphical Statistics*，Vol. 5，No. 1（Mar. 1996），pp.1—25(25 pages)，published By Taylor & Francis.

④ 参阅：Pfeffermann, D.，Bell, P. and Signorelli, D.(1998)，"Estimation of Autocorrelations of Survey Error with Application to Trend Estimation in Small Areas"，*J Business Econ Stat.*，16

（3），pp.407—443.

⑤ 这里的"panel"特指统计调查用的"调查组"，比如有 5 个调查组数据，我们称 5 个"panel"，或者用 5 个"wave"来表达。

⑥ 我们不在这里详细讨论具体的转换组偏差如何产生，因为这不是这里讨论的主要问题。

⑦ 对于英国 LFS，$k = 5$，因为在每个季度中，样本由五个旋转 wave 组成。

⑧ 对于更详细的讨论，参阅：Pfeffermann et al. (1996)；Chow, J., Smith, P., Brown, G., Silva, D. B. D. N. and Zong P. (2010)，"Modelling the UK Labour Force Survey using a Structural Time Series Model"，conference paper published in JSM 2010.

⑨ 参阅：Wei, W. W. S. (1993)，p.135.

⑩ 参阅：Petris, G., Petrone, S. and Campagnoli, P. (2009)，*Dynamic Linear Models with R*，Springer.

⑪ S 是假定使用季度数据，也就是 $S=4$(季度)。

⑫ 因为这里假设使用 AR(4)的模型，将 AR(4)的模型用于该模型中的样本误差估计。

⑬ 更详细的讨论，参阅：Pfeffermann, D., Bell, P. and Signorelli, D. (1996)，"Labour Force Trend Estimation in Small Areas"，Proceedings of the Bureau of Census Annual Research Conference and Technology Interchange，Washington D.C.，U.S. Bureau of the Census，pp.407—431.在某些特殊抽样调查设计的情况下，如英国的 Rotating Wave 调查，抽样误差的模型可以从第 8.2.4 节中描述的伪误差中了解。

⑭ 参阅：Wei W. W. S. (1993)，p.135.

⑮ 这是作者 2016 年在澳大利亚统计局(The Bureau of Australia Statistics)被借调 6 个月工作时所作的部分研究。

⑯ 注意：给出的例子只是部分典型案例，为的是给读者一个案例说明，所以不在这里列出所有的结果。

⑰ 正如 Harvey 和 Chung(2000)所指出的，与在等式的右侧使用 x_t，并将它作为外源变量相比，这种方法在模型中提供了更大的灵活性。有关的详细信息请参阅：Elliotta, D. J. and Zong, P. (2019)，"Improving Timeliness and Accuracy of Estimates from the UK Labour Force Survey"，*Statistics and its related areas*，October 2019.

9 贝叶斯方法

9.1 引言

现代计量经济学始于费希尔在 1921 年引入的概率论,然后是库普曼斯在 1937 年[①]和哈尔维莫在 1944 年进一步将概率论演示和应用在计量经济学模型中。随机过程的概率观点为统计推断提供了适当的框架,而统计推断是一种随机过程。这是计量经济学的核心方法论。

统计方法中存在两种截然不同的方法:(1)频率主义方法或被称为经典(高斯)方法[the classical(Gaussian) approach],又称非贝叶斯方法(the non-Bayesian approach);以及(2)贝叶斯方法。

大多数经济(统计)问题都可以使用高斯频率论或贝叶斯技术来解决,但频率论方法更受青睐。它是计量经济学应用中被使用最多,最具优势的统计方法,被广泛应用了一个世纪。频率论方法是一直在被使用的方法,也是本书到目前为止一直在讨论的方法。

几乎所有的计量经济学教科书都集中于频率论方法的讲述,很少注意,甚至从来没提到过贝叶斯方法。其中一个原因是其非常不同的概率概念及其在应用中的几个实际困难。然而,随着统计和计算机技术的发展,强大的计算机和足够复杂的软件出现了,它们使得许多复杂的现实世界问题在贝叶斯框架内得以处理。由于贝叶斯应用中的大多数计算的实际困难已经被克服,贝叶斯方法越来越受到学术界和企(商)业界的关注。因此,可以肯定的是,贝叶斯分析成为计量经济学中的常用方法似乎只是时间问题。

这一章重点讨论贝叶斯方法。本章的结构安排如下:9.2 节回顾频率论者和贝叶斯论者在概率哲学和概率推理上的差异,以及频率论者和贝叶斯论者之间的争论；然后，9.3 节讨论贝叶斯方法的核心思想——贝叶斯信念网络(the Bayesian belief network)和贝叶斯的"从经验中学习"(learning from experience)；9.4 节讨论参数估计和数据预测的贝叶斯推理机制(the mechanism of Bayesian Inferences)；9.5 节讨论随机游走过程中的贝叶斯预测和多变量模型中的困难及其可能的解决方案；9.6 节讨论贝叶斯方法相对于频率方法的优势；最后，9.7 节给出总结和结论。

9.2 频率论者与贝叶斯论者的差异

频率论者和贝叶斯论者之间的显著差异集中在他们使用的概率的截然不同的概念，频率论者和贝叶斯论者以不同的方式定义概率概念。

9.2.1 关于概率的两种哲学

频率论者认为概率只是可重复的随机事件，就像抛硬币的概率结果一样，这些概率等于事件发生的长期频率。与此相反，尽管贝叶斯哲学仍然将概率表述为对分配给总体参数(真实情况)的估计，但贝叶斯学派用更主观的术语将概率定义为在真实情况下对信念强度的度量。在贝叶斯方法中，所有的不确定性都可以用概率来描述。从这个角度来看，由于信息的不完全，概率具有主观性。尽管贝叶斯对概率的解释是主观的，但贝叶斯概率规定了如何一致地分配概率，以避免矛盾和不同结果。

另一个显著的区别是，频率论方法仅按概率处理随机事件，而不量化和固定未知值的不确定性(例如参数真实值的不确定性)。数据是从实现的样本中被观察到的而且是固定的，参数是未知的并按概率被描述，未知量被概率处理，世界状态总是在更新的。不同于频率论方法，贝叶斯方法定义了参数可能值(先验)的概率分布，并用于以后的分析。贝叶斯方法中的参数估计被视为随机变量，并将概率分配给假设，而频率论方法中的假设则在不被分配概率的情况下进行测试。因此，频率论者仅使用当前实验的数据对实验的潜在真理进行预测。抽样是无限的，数据是可重复的随机抽样，决策规则是敏锐的，基础参数是固定的，即它们在这个可重复的采样过程中保持不变。而在贝叶斯统计中,过去对类似实验的知识被编码到一个被称为"先验"的统计中,这个先验与当前手头的实验数据相结合,用于进行贝叶斯分析。概率表示任何事件或假设中的不确定性。

9.2.2 两种不同的概率推理

在频率学家的推理过程中,概率就是频率。事件的概率被视为一个真实的、可测量的量,它独立于所计算的对象。对于贝叶斯推理来说,概率就是逻辑。命题演算是概率演算的一种特殊情况,"真"(true)为 1,"假"(false)为 0。此外,我们可以从命题演算中推导概率演算。在贝叶斯学派中,逻辑是基于理性行为的常识,这是贝叶斯方法的一个基本假设。主观概率的使用基于任何对个人的理性行为的判断,这些个人的行为基于给定的一组假设的不确定知识的理性行为。贝叶斯推理具有逻辑所具有的所有特征。例如,逻辑不会告诉我们假设什么或什么是真,它只会告诉我们一个命题的真理与另一个命题的真理之间有什么关系。我们总是必须提供一个带有"公理"的逻辑系统,以便得出结论。其局限性在于,我们可以从矛盾的公理中得到任意的结果(arbitrary results),因为"公理"只不过是被设置为 1 的先验概率。

贝叶斯方法中的估计参数被视为随机变量,并将概率分配给假设。在频率论者方法中,假设在没有被赋予概率的情况下被检验。从这方面来看,频率主义推理是一种从绝对概率(absolute probabilities)进行推理的尝试,而贝叶斯推理是一种从相对概率(relative probabilities)进行推理的尝试。

9.2.3 频率论者和贝叶斯论者之间的争论

一个世纪以来,非贝叶斯方法(频率论者)和贝叶斯方法(贝叶斯论者)之间的显著差异使得这两者存在着相当大的争议。自 1763 年托马斯·贝叶斯写了《关于解决机会学说中的一个问题的论文》(*An Essay Toward Solving a Problem in the Doctrine of Chances*)以来[2],这两者的学术争论一直存在。目前几乎所有的计量经济学教科书都没有涉及这一部分,甚至从来没有提到过。贝叶斯分析是一种统计过程,它努力用观测到的分布来估计潜在的基础分布的参数。贝叶斯分析过程的基本思想原则上遵循以下五个步骤。

（1）从模拟中获得先验分布以定义先验，然后结合关于参数的主观想法；

（2）根据先前的分布收集数据，并获得观察到的分布；然后计算观测分布，并思考将它作为参数值函数的可能性；

（3）使用数据和贝叶斯定理更新先验分布，以获得"后验"分布（the posterior distribution），即，将此似然函数乘以先验分布并归一化，以获得所有可能值的单位概率。后验分布是一个概率分布，表示已对给定数据参数进行了更新；

（4）将该后验与损失（或效用）函数相结合，以允许基于最小化预期损失或最大化预期效用作出决定；

（5）分析后验分布，并使用均值、中位数、SE 等对结果进行总结。

争论主要集中在结果的有效性上。由于个体之间的先验分布可能不同，因此在指定先验分布时总是存在主观因素。先验分布所具有的这种主观性，使结果的有效性取决于先验分布的有效性。另一个问题是，结果不能从频率论者的角度进行统计评估。此外，贝叶斯方法在计量经济学中很少被使用的主要原因是其在实际应用时存在一些困难。然而，随着统计和计算技术的发展，贝叶斯方法最近已应用于学术和商业研究。[③] 贝叶斯方法中最难理解的部分是贝叶斯的先验和后验分布概念。

9.3 从经验中学习

贝叶斯推理的基本前提是，所有的不确定性都可以用概率来表示和测量。贝叶斯推理与"从经验中学习"的问题有关。从经验中学习的过程包括两个概率规则的应用：（1）"条件概率"（the conditional probability），即，在给定实验信息下，计算感兴趣事件的条件概率。贝叶斯定理是适用于这一目的的基本规则；（2）"联合概率"（the joint probability），即，用概率链式法则（the chain rule of probability）求联合概率。使用这两个概率规则的主要理由在于：（1）个人在面对不确定性时的理性行为；（2）理性行为的规范框架下的公理化发展。任何个体的理性行为都是基于他或她的不确定知识，这种不确定的知识通过贝叶斯信念网络表现为主观概率。

贝叶斯信念网络也称为贝叶斯网络或信念网络，是一种概率图形模型（a probabilistic graphical model，PGM），它通过有向无环图（a directed acyclic graph，DAG）来表示随机变量之间的条件依赖关系。贝叶斯网络非常适合将事件发生或预测的可能性视为促成事件的一个或多个可能的已知原因的因素。贝叶斯信念网络是贝叶斯推理的核心概念。

9.3.1 贝叶斯网络和条件概率

贝叶斯网络的思想可以通过一个简单的贝叶斯网络和条件概率的例子解释和说明，如图 9.1 所示。④

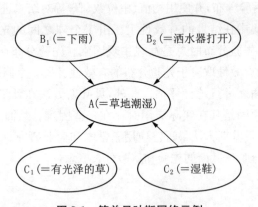

图 9.1 简单贝叶斯网络示例

在该示例中，贝叶斯网络可以表示事件 A（草地潮湿）与原因 B_1（下雨）或原因 B_2（洒水器打开）之间的概率关系。问题在于，草地潮湿是由昨晚下雨还是由洒水器主动造成的。给定原因（B_1 和 B_2），该网络还可用于计算各种结果，输出 C_1（有光泽的草）或 C_2（湿鞋）的存在概率。B_1（下雨）或 B_2（喷水装置开启）这两个事件可能导致事件 A（草地潮湿）。B_1（下雨）对 B_2（喷头开启）有直接影响，即下雨时，喷头通常不开启。针对这种情况，我们可以用贝叶斯网络来建模，每个变量都有两个可能的值，T 为真和 F 为假，如图 9.1 所示。

两个可能的结果输出：C_1（有光泽的草）和 C_2（湿鞋）可能是由 A 引起的。网络的关系表明，给定 A、B_1 和 B_2 是条件相关的，而 C_1 和 C_2 是条件

独立的。因此，$P(B_1)$ 和 $P(B_2)$ 是先验概率，并且 $P(A|B_1, B_2)$、$P(C_1|A)$ 和 $P(C_2|A)$ 是假设已知的条件概率，变量为真或假。

贝叶斯概率推断可以从上述事件之间的关系示例中推导出来。如果通过观察 B_2，我们更新了对 A 的信念，则我们对 B_1 的信念不会从先验的值中 (the prior value) 改变，因为 B_1 和 B_2 是独立的；然而，另一方面，如果我们通过观察 C_1 或 C_2 来更新对 A 的信念，那么 B_1 和 B_2 将变成相关的。也就是说，如果我们再次观察 B_2，算法更新将相应地改变对 B_1 的信念。"昨晚下雨"的可能性会降低，"洒水器打开"的观察是对"草是湿的"的合理解释。这表明，当添加更多与事件 A 相关的证据时，概率值可能会发生变化。贝叶斯概率推理实现了"成对变量"(pairs of variables) 的依赖性和独立性之间的变化。[5]

9.3.2 联合概率

联合概率的定义为

$$P(A, B_2, B_1) = P(A|B_2, B_1)P(B_2|B_1)P(B_1) \tag{9.1}$$

其中，A＝草地湿（真/假），B_2＝洒水装置开启（真/假），B_1＝下雨（真/假）。假设所有先验概率和条件概率为真，即，

$$P(A=T, B_2=T, B_1=T)$$
$$=P(A=T|B_2=T, B_1=T)P(B_2=T|B_1=T)P(B_1=T) \tag{9.2}$$

使用条件概率公式并对所有干扰变量求和

$$
P(B_1=T \mid A=T) = \frac{P(A=T, B_1=T)}{P(A=T)}
$$
$$
= \frac{\sum_{x \in \{T, F\}} P(A=T, B_2=x, B_1=T)}{\sum_{x, y \in \{T, F\}} P(A=T, B_2=x, B_1=y)} \tag{9.3}
$$

使用联合概率函数 $P(A, B_2, B_1)$ 的展开式和已知的条件概率，可以计算式 (9.3) 的分子和分母和中的每一项。该模型提出了关于给定效应，即所谓的逆概率（inverse probability）存在原因的问题，例如，鉴于草是湿的，下雨的概率是多少？这种干预问题的答案由干预后的联合分布函数控制

$$P(B_2, B_1 | do(A=T)) = P(B_2 | B_1) P(B_1) \tag{9.3a}$$

这要通过从干预前分布（the pre-intervention distribution）中去除该因子 $P(A|B_2, B_1)$ 来获得。其中"*do*"是运算符（operator），强制 A 的值为真。降雨概率（B_1）不受 $P(B_1 | do(A=T)) = P(B_1)$ 的影响。为了预测打开洒水装置的影响，我们从 $P(B_1, A | do(B_2=T)) = P(B_1) P(A | B_1, B_2=T)$ 中删除了 $P(B_2=T | B_1)$，表明该动作影响草（A）而不影响下雨（B_1）。[6]

为了确定我们能否从具有不可观测变量的任意贝叶斯网络中识别出因果关系，我们可以使用"do-calculus"的三个规则，并测试是否可以从该关系的表达式中删除所有 do 项。[7] 因此，我们要确认期望的量可以从频率数据被估计。[8] 贝叶斯网络的一个优点是，与完全联合分布相比，人们更容易直观地理解直接依赖关系和局部分布。

9.3.3　动态贝叶斯网络

在动态贝叶斯网络的特定上下文中，例如在具有不可观测变量的 SSM 中，隐藏状态的时间演变条件分布通常用于指定和最大化隐含随机过程的熵率[9]（the entropy rate）。条件分布包括未知的参数，必须通过极大似然法从数据中被估计。给定不可观测的变量后，极大似然法或后验概率（the posterior probability）的使用通常很复杂。为解决这个问题，频率学家使用期望最大化算法，该算法交替地执行在可观察数据的条件下来计算不可观测变量的期望值。假设先前计算的期望值是正确的，则极大化完全似然或后验。在一般条件下，该过程收敛于参数的极大似然值（或最大后验值）。

贝叶斯参数方法是在观察到其他变量（证据变量）时使用贝叶斯网络更新变量子集状态的知识。它将参数视为其他不能观测的变量，并根据观测的数据计算所有节点的完整后验分布，然后集成参数。这是计算给定证据的变量的后验分布的过程，也被称为概率推理。当为变量子集（the variable subset）选择值时，后验为检测应用提供了通用的足够统计量，以最小化某些预期的损失函数，例如，决策错误的概率（the probability of decision error）。后验分布的计算过程就是贝叶斯概率推理。通过贝叶斯推理，我们可以从贝叶斯网络中推导出某些不可观测变量的值。因此，贝叶斯网络可以看作是一种将贝叶斯定理自动应用于复杂问题的机制，也可以称为贝叶斯分析。

9.4 贝叶斯推理的机制

贝叶斯推理将先验信念知识与经验数据相结合,形成后验分布,成为统计推断的基础。贝叶斯推理的机制涉及贝叶斯点参数估计和贝叶斯点预测问题。

9.4.1 回归系数的贝叶斯推理

线性回归模型是将因变量 Y 与解释变量 X 联系起来的最常用的工具。频率论方法中的参数估计包括:(1)从总体中收集样本数据;(2)将其平均值估计为与数据最一致的值;以及(3)将极大似然或 OLS 估计的总体均值作为样本均值,前提是它满足以下一系列假设:(1)样本呈正态分布;(2)标准偏差可用;(3)估计值是分布的平均值。

贝叶斯分析是非常不同的。新收集的数据使得参数上的概率分布比参数的真实(未知)值周围的值更窄。均值是一个固定且未知的值,通过定义均值可能值的概率分布并使用样本数据被更新。更新整个概率分布的方法是将贝叶斯定理应用于参数的每个可能值。

9.4.2 贝叶斯定理

贝叶斯定理被表示为

$$P(A|B) = \frac{P(B|A) \times P(A)}{P(B)} \tag{9.4}$$

其中 A 是参数,B 是数据。我们如果仅有关于给定的 A 的 B 的概率以及 A 和 B 的边际概率的信息,就可以理解给定的 B 的 A 的概率。为了更容易理解式(9.4)中"先验"和"后验"的概念,我们可以用以下形式表示式(9.4)

$$P^2(参数|数据) = \frac{P(数据|参数^4) \times P^1(参数)}{P^3(数据)}$$

其中,P^1 是先验概率,P^2 是后验概率,P^3 是常数且通常可以被忽略,参数[4]

是似然。更新过程通过使用贝叶斯定理进行。

9.4.3 贝叶斯点参数估计

贝叶斯线性回归是在贝叶斯推理的背景下进行的。当回归模型具有正态分布的误差,并且如果先验分布的特定形式被假定好了,则模型参数的后验概率分布可以获得显式结果(explicit results)。

假设标准线性回归模型为

$$y_i = X_i^T \beta + \varepsilon_i \tag{9.5}$$

其中 β 是 $k \times 1$ 向量,ε_i 是独立同分布的($i.i.d$)随机变量,即 $\varepsilon_i \sim N(0, \sigma^2)$。系数向量可以通过使用估计量的解的极大似然被估计,即

$$\hat{\beta} = (X^T X)^{-1} X^T y \tag{9.5a}$$

其中 X 是 $nx(k+1)$ 设计矩阵,其每一行是预测量 X^T, y 是 n 列向量 $(y_1, \cdots, y_n)^T$。

在经典计量经济模型中,我们通过对样本数据的估计得到未知总体参数 β 的值。我们使用经典(非贝叶斯)方法,将数据输入估计公式,在特定点 $\hat{\beta}_i$ 估计参数 $\hat{\beta}$。如果正态线性回归模型保持不变,如通常假设的情况那样,那么极大似然估计的特定点 $\hat{\beta}_i$ 就是 OLS 估计量,并且其抽样分布是正态分布,其均值等于真实(未知)β 的值。任何特定 $\hat{\beta}_i$ 的估计都被视为从该抽样分布中随机抽取,$\hat{\beta}_i$ 使用作为具有抽样分布的理想特性 β 的点估计 β。

与产生点估计 β 的非贝叶斯方法不同,贝叶斯分析产生所谓 β 的"后验密度函数"(the posterior density function)。该数据以先验概率分布的形式补充了其他附加信息。根据贝叶斯定理,将对参数的先验信念与数据的似然函数相结合,可以产生参数 β 和 σ 的后验置信度。该后验概率(密度)函数与 β 相关,但不与 $\hat{\beta}$ 相关,因此它不是样本的抽样分布。后验概率的估计对应以下似然函数

$$p(y \mid X, \beta, \sigma^2) \propto (\sigma^2)^{-n/2} \exp\left(-\frac{1}{2\sigma^2}(y - X\beta)^T(y - X\beta)\right) \tag{9.6}[10]$$

后验概率为反映 β 的真实价值的几率。在贝叶斯分析中,β 的真实值是 β 后验密度的"高"四分位数[11](the upper quartile)和"低"四分位数[12](the lower quartile）。贝叶斯分析使用密度函数,而不是经典的非贝叶斯分析中的点估计。这样做的原因是,后验可以作为输入,以作出贝叶斯推断的决策,这基于损失(效用)函数。贝叶斯决策要使后验期望损失最小。损失函数可以产生唯一的估计值 β^* 。它可以估计 β 的每个可能的真实值的指定点 β_i^* ,不同的真实值 β 对应于不同的损失。给定发生的损失,通过使用 β_i^* ,我们可以计算与使用 β_i^* 相关的预期损失,这可以通过对所有可能的 β 进行期望值和 β 后验密度的计算来得出。如果 $\beta = \beta^*$,则损失最小。后验密度函数的高度给出了 β^* 的特定值的概率,即 β 的真实值。因此,β^* 值的最小损失值可以是 β 的真实值,并且最低的损失可以在无限数量的选择估计中被找到,作为与这些选择估计相关的预期损失。我们一旦计算了与所有选择估计值关联的预期损失,也将基于最小预期损失对该损失函数的贝叶斯点估计值进行选择。后验分布的均值结果具有最小的预期损失,并将被选为贝叶斯点估计值。因此,贝叶斯期望的参数估计是通过计算 β 的后验密度,而不是通过重复样本来实现的。

9.4.4 贝叶斯点预测

与贝叶斯点估计类似,给定 $y_{1:n}$,贝叶斯的点预测 Y_{n+1} 是损失函数的预测密度的综合,该损失函数表示 Y_{n+1} 与 $\hat{y}$ 的预测误差的结果,即贝叶斯点预测是期望值 $E(Y_{n+1}|y_{1:n})$ 。在贝叶斯方法中,在给定数据 y 下,y 的未来值 Y^* 的预测值可以简单地通过计算 Y^* 的条件分布被得出,该条件分布被称为“预测分布”。在参数模型中,它为

$$p(y^* \mid y) = \int p(y^*, \theta \mid y)\mathrm{d}\theta = \int p(y^* \mid y, \theta)p(\theta \mid y)\mathrm{d}\theta \quad (9.7)$$

最后一个表达式再次涉及 θ 的后验分布。先验的选择应考虑其对 Y 概率定律的影响。假设单变量或多变量时间序列由随机变量序列或向量$(Y_t; t = 1, 2, \cdots)$概率地描述,其中 t 是时间。观察到的数据可以是从时间 1 到时间 n ,即 $Y_n = Y_1, \cdots, Y_n$,或 $Y_{1:n}$,则下一次观测值的预测值可以被表示为 Y_{n+1} 。如果我们可以指定时间序列 Y_n 的概率规律,那么对于任何 $n \geq 1$ 的联合密度 $p(Y_1, \cdots, Y_n)$,给定关于时间序列相依结构的合理假设,贝叶斯预测可以通过计算预测密度来解决

$$P(y_{n+1} \mid y_{1:n}) = \frac{P(y_{1,n+1})}{P(y_{1:n})} \tag{9.8}$$

在实际应用中,直接指定密度 $p(y_1, \cdots, y_n)$ 并不容易,而利用参数模型,即根据数据生成过程的某些特征 θ 有条件地表达概率规律 $(y_1, \cdots, y_n)$,可能更加方便。θ 相关特征可以是"有限"(finite)维的,也可以是"无限"(infinite)维的,并且在 SSM 中,可以被作为随机过程的随机向量本身。因此,指定 $y_{1:n}$ 在给定 θ 下的条件密度 $p(y_{1:n} \mid \theta)$ 和 θ 的密度 $p(\theta)$,我们可获得 $p(y_{1:n})$ 为

$$p(y_{1:n}) = \int p(y_{1:n} \mid \theta) p(\theta) \mathrm{d}\theta \tag{9.9}$$

为简单起见,假设 $(y_1, \cdots, y_n)$ 是条件 $i.i.d$ 的,给定 $\theta : p(y_{1:n} \mid \theta) = \prod_{i=1}^{n} p(y_i \mid \theta)$。如果模型 y_i 是随机游走加误差,即

$$y_i = \theta + \varepsilon_i \tag{9.10}$$

其中,θ 是不可观测的变量,具有固定但未知的值,ε_i 是均值为零且方差为 σ^2 的独立高斯随机误差,y_i 受随机误差影响被重复测量,并且取决于测量的精度。这意味着,y_i 有条件地在 θ 上是 $i.i.d$ 并且具有

$$y_i \mid \theta \sim N(\theta, \sigma^2) \tag{9.10a}$$

由于 $\{y_1, \cdots, y_n\}$ 只是有条件独立的,所以观察 $\{y_1, \cdots, y_n\}$ 向我们提供了有关 θ 的未知值的信息,并且通过 θ,在下一个观察值 y_{n+1} 的值上,我们发现,该值在概率意义上依赖于过去的观察值 $\{y_1, \cdots, y_n\}$。因此,我们可以在这种情况下计算预测密度。

$$
\begin{aligned}
p(y_{n+1} \mid y_{1:n}) &= \int p(y_{n+1}, \theta \mid y_{1:n}) \mathrm{d}\theta \\
&= \int p(y_{n+1} \mid \theta, y_{1:n}) p(\theta \mid y_{1:n}) \mathrm{d}\theta \\
&= \int p(y_{n+1} \mid \theta) p(\theta \mid y_{1:n}) \mathrm{d}\theta
\end{aligned} \tag{9.10b}
$$

最后一个等式来自条件独立假设,其中 $p(\theta \mid y_{1:n})$ 是 θ 数据 $\{y_1, \cdots, y_n\}$ 的后验密度。正如我们已经看到的,θ 的后验密度可以通过贝叶斯公式计算

$$p(\theta \mid y_{1:n}) = \frac{p(y_{1:n} \mid \theta)p(\theta)}{p(y_{1:n})} \propto \prod_{t=1}^{n} p(y_t \mid \theta)p(\theta) \qquad (9.10c)$$

注意,边际密度(the marginal density)$p(y_{1:n})$不依赖于 θ,它具有归一化常数的作用,使得后验与可能性和先验的乘积呈正比。在条件独立假设下,我们可以递归地计算 θ 后验分布,并在有新信息时重新处理。事实上,在时间$(n-1)$处,可用的信息 θ 可由条件密度来描述

$$P(\theta \mid y_{1:n}) \propto \prod_{t=1}^{n-1} P(y_t \mid \theta)P(\theta) \qquad (9.10d)$$

因此,该密度在时间 n 处起到先验的作用。一旦新的观测 y_n 变得可用,我们就可以计算其似然,这是 $p(y_n \mid \theta, y_{1:n-1}) = p(y_n \mid \theta)$通过条件独立假设,并通过贝叶斯规则更新先验 $p(\theta \mid y_{1:n-1})$,获得

$$p(\theta \mid_{1:n-1}, y_n) \propto p(\theta \mid_{1:n-1})p(y_n \mid \theta) \propto \prod_{t=1}^{n-1} p(y_t \mid \theta)p(\theta)p(y_n \mid \theta)$$

$$(9.10e)$$

在这个过程中,后验的递推结构在我们研究动态线性模型和卡尔曼滤波时起着至关重要的作用。

9.5　贝叶斯预测机制

贝叶斯方法在动态线性预测模型中得到了广泛的应用。通过 SSM 中的随机游走过程进行贝叶斯预测,可以帮助我们理解贝叶斯推理的机制。

9.5.1　随机游走过程中的贝叶斯预测

以随机游走加误差为例,假设测量 Y_t 可以被建模为

$$Y_t = \theta + e_t, \ e_t \sim i.i.d N(0, \sigma^2) \qquad (9.11)$$

其中 e_t 和 θ 是独立的,并且为简单起见,我们设 σ^2 是已知的常数,即

$$Y_t, \ Y_2 \cdots \mid \theta \sim i.i.d N(0, \sigma^2) \qquad (9.11a)$$

假设关于 θ 先验的均值和方差为

$$\theta \sim N(m_0, C_0) \tag{9.11b}$$

其中 m_0 是 θ 的初始均值, C_0 是 θ 的初始方差。如果先验方差 C_0 非常不确定, 我们可以猜测 C_0 是相当大的, 并且基于 $Y_{1:n}$ 的测量猜测均值 m_0, 通过使用贝叶斯公式计算后验密度方法, 我们可以更新 θ 选择,

$$p(\theta \mid y_{1:n}) \propto \text{likelihood} \times \text{prior}$$

$$= \prod_{t=1}^{n} \frac{1}{\sqrt{2\pi}\sigma} \exp\left\{-\frac{1}{2\sigma^2}(y_t - \theta)^2\right\} \frac{1}{\sqrt{2\pi C_0}} \exp\left\{-\frac{1}{2C_0}(\theta - m_0)^2\right\}$$

$$\propto \exp\left\{-\frac{1}{2\sigma^2}\left(\sum_{t=1}^{n} y_t^2 - 2\theta \sum_{t=1}^{n} y_t + n\theta^2\right) - \frac{1}{2C_0}(\theta^2 - 2\theta m_0 + m_0^2)\right\}$$

$$\propto \exp\left\{-\frac{1}{2\sigma^2 C_0}\left((nC_0 + \sigma^2)\theta^2 - 2(nC_0 \bar{y} + \sigma^2 m_0)\theta\right)\right\}$$

$$\tag{9.11c}$$

这是正常密度的核心。注意, 如果 $\theta \sim N(m, C)$, 那么 $p(\theta) \propto \exp\left\{-\frac{1}{2C}(\theta^2 - 2m\theta)\right\}$; 所以, 上面的表达式是

$$\exp\left\{-\frac{1}{2\sigma^2 C_0 / (nC_0 + \sigma^2)}\left(\theta^2 - 2\frac{nC_0 \bar{y} + \sigma^2 m_0}{(nC_0 + \sigma^2)}\theta\right)\right\} \tag{9.11d}$$

$$\theta \mid y_{1:n} \sim N(m_n, C_n) \tag{9.11e}$$

$$m_n = E(\theta \mid y_{1:n}) = \frac{C_0}{C_0 + \sigma^2/n}\bar{y} + \frac{\sigma^2/n}{C_0 + \sigma^2/n}m_0 \tag{9.11f}$$

$$C_n = \text{var}(\theta \mid y_{1:n}) = \left(\frac{n}{\sigma^2} + \frac{1}{C_0}\right)^{-1} = \frac{\sigma^2 C_0}{\sigma^2 + nC_0} \tag{9.11g}$$

后验精度为 $1/C_n = \left(\frac{n}{\sigma^2} + \frac{1}{C_0}\right)$, 它是样本均值 $\frac{n}{\sigma^2}$ 的精度与初始精度 $\frac{1}{C_0}$ 之和。后验精度总是大于初始精度, 即使在数据质量很差的情况下, 它仍能提供一定的信息。后验期望 $m_n = E(\theta \mid y_{1:n})$ 是样本均值 $\bar{y} = \sum_{i=1}^{n} y_i / n$ 和先验猜测 (prior guess) $m_0 = E(\theta)$ 之间的加权平均, 权重取决于 C_0 和 σ^2。如果由 C_0 表示的先验不确定性与 σ^2 相比较小, 则先验猜测获得更大的权重。

如果 C_0 非常大,则我们可以递归地计算后验分布 $m_n \cong \bar{y}$ 和 $C_n \cong \dfrac{\sigma^2}{n}$。在时间 n 和在给定先前数据 $y_{1:n-1}$ 的情况下,θ 的条件密度 $N(m_{n-1}, C_{n-1})$ 起到先验的作用,目前观察到的可能性是

$$p(y_n | \theta, y_{1:n-1}) = p(y_n | \theta) = N(y_n; \theta, \sigma^2) \tag{9.11h}$$

我们可以基于式(9.11f)和(9.11g)的观测 y_n 来更新先验 $N(m_{n-1}, C_{n-1})$,其中 m_{n-1} 和 C_{n-1} 代替了 m_0 和 C_0。我们可以看到,产生的后验密度是具有均值 m_n 和方差 C_n 参数的高斯分布,

$$m_n = \frac{C_{n-1}}{C_{n-1} + \sigma^2} y_n + \left(1 - \frac{C_{n-1}}{C_{n-1} + \sigma^2}\right) m_{n-1}$$
$$= m_{n-1} + \frac{C_{n-1}}{C_{n-1} + \sigma^2}(y_n - m_{n-1}) \tag{9.12a}$$

和

$$C_n = \left(\frac{1}{\sigma^2} + \frac{1}{C_{n-1}}\right)^{-1} = \frac{\sigma^2 C_{n-1}}{\sigma^2 + C_{n-1}} \tag{9.12b}$$

因为 $Y_{n+1} = \theta + \varepsilon_{n+1}$,$Y_{n+1} | y_{1:n}$ 预测分布是正态的,具有均值 m_n 和方差 $(C_n + \sigma^2)$;因此,m_n 是 θ 的后验期望值,也是一步超前的点预测 $E(Y_{n+1} | y_{1:n})$。表达式(9.12a)显示,m_n 是通过校正先前的估计 m_{n-1} 以获得预测误差项的,并考虑到预测误差 $e_n = y_n - m_{n-1}$,其加权为

$$\frac{C_{n-1}}{C_{n-1} + \sigma^2} = \frac{C_0}{\sigma^2 + n C_0} \tag{9.12c}$$

该预测误差校正(prediction error correction)结构更是用于 DLM 的卡尔曼滤波的一般的和典型的公式。[13]

9.5.2　多变量模型中的贝叶斯预测

然而,在实际应用中,如果 θ 是多变量并且模型结构复杂,则贝叶斯估计或对预测进行计算可能是相当困难的。在以往的应用领域中,利用贝叶斯统计的扩散性质来计算这类后验期望或类似 $\int g(\theta) p(\theta | y) \mathrm{d}\theta$ 的积分是比较困难的,因此它限制了贝叶斯解决方案在相当简单的问题上的可用性。

先验的选择是贝叶斯应用中的一个难点,先验的主观选择是 9.2 节中提到的频率主义者和贝叶斯主义者之间的主要争论之一。主观先验的可接受性涉及与实际不符的不适当先验的合并问题,或者我们今天所拥有的先验信息可能不适用于将来,这些都可能导致误导性的结果和错误的结论。

对于这些问题,贝叶斯的解释是:使用不适当的先验可能不会影响后验密度的估计,我们即使在贝叶斯框架中使用了不适当的先验,也可以获得与频率论者计算出的结果相同的结果。例如,如果 $Y_t \mid \theta$ 是 $i.i.dN(\theta, \sigma^2)$,我们使用了不适当的统一先验 $p(\theta) = c$,且这被贝叶斯公式正式应用,则该公式给出

$$p(\theta \mid y_{1:n}) \propto \exp\left\{-\frac{1}{2\sigma^2}\sum_{t=1}^{n}(y_t - \theta)^2\right\}$$

$$\propto \exp\left\{-\frac{n}{2\sigma^2}(\theta^2 - 2\theta\,\bar{y})^2\right\} \tag{9.13}$$

后验密度是 $N(\bar{y}, \sigma^2/n)$。在这种情况下,二次损耗下的贝叶斯点估计是 $\bar{y}$,这也是 θ 的极大似然估计,和频率论者的结果相同。如前所述,从适当的高斯先验开始,仅当先验方差 C_0 与 σ^2 相比非常大,或者当样本数量 n 很大时,公式才会给出以样本均值为中心的后验密度。[14]

另一种常见的做法是使用先验密度的分层规范,即假设 θ 在某些超参数 λ 上有条件地具有密度 $p(\theta|\lambda)$,然后我们将先验 $p(\lambda)$ 分配给 λ。这通常是表达先验密度选择的不确定性的一种方式。显然,这等同于先验 $p(\theta) = \int p(\theta \mid \lambda)p(\lambda)\mathrm{d}\lambda$。在贝叶斯推理中,显式使用的先验信息不仅可以是来自作为贝叶斯推理基本方面的数据的信息,还可以是所有其他可用的信息,包括专家意见、先前研究、理论等。

实践中常用的方法是使用共轭先验(conjugate prior),即检验模型 $p(y|\theta)$ 上共轭的一族 θ 的密度,如果先验属于该族,则后验也属于该族。近年来,由于基于模拟的近似技术的可用性,计算的简易性变得不那么严格。在实践中,人们经常使用默认先验(the default prior)或非信息先验(non-informative prior)来表达先验无知(prior ignorance)或模糊先验(vague prior)信息的情况。适当地定义先验无知的概念,或者相对于推理结果的数据具有最小影响的先验的问题已经有很长的历史且变得相当微妙[15]。在任何情况下,重要的是要意识到先验对分析的影响。在多变量模型中使用现

代模拟技术是比较推理结果的基本形式之一。

9.5.3 现代模拟技术的使用

大多数贝叶斯计量经济学包括使用数值方法模拟参数分布。模拟后验（simulated posterior）是对似然函数的数值近似，它结合了先验密度（combined with prior density）。最流行的模拟后验过程为随机游走过程（the random walk metropolis，RWM）。

RWM算法包括：

(1) 用任意值 θ_0 初始化该算法，并设置 $j=1$；

(2) 从 $\theta_j^* = \theta_{j-1} + \varepsilon$，$\varepsilon \sim (\theta_{j-1}, \sum \varepsilon)$ 提取 θ_j^*；

(3) 通过定义 $\alpha = \min\left(\dfrac{L(Y^*|\theta)}{L(Y_j|\theta)}, 1\right)$，更新 θ_j 到 θ_{j+1}，$j=1, 2, \cdots, j$，根据 $U(0, 1)$ 获得 u，如果 $u \leqslant \alpha(\theta_{j-1}, \theta_{j-1}^*) = \min\left[\dfrac{f(Y)\theta_j^* P(\theta_j^*)}{f(Y|\theta_{j-1})P(\theta_{j-1})}, 1\right]$，则取 $\theta_{j+1} = \begin{Bmatrix} \theta_j^* & 概率为 \alpha \\ \theta_j & 其他 \end{Bmatrix}$，否则返回 $\theta_j = \theta_{j-1}$。如果 $j \leqslant N$，则 $j \rightarrow j+1$，然后转到步骤 2。由于后验与似然函数乘以先验成比例，即 $f(\theta|Y) \propto f(Y|\theta)P(\theta)$，我们可以使用卡尔曼滤波来评估上述似然值 $f(Y|\theta_j^*)$ 和 $f(Y|\theta_{j-1})$。[16]

由于我们有一个 θ_j 的初始值，一个用于生成候选项的随机游走分量的协方差矩阵，或者提议的 θ_j^*，我们也知道该如何评估似然函数，然后我们可以根据 θ 已知值参数化模拟模型以设置 $\theta = \{\rho, \gamma, k, \phi, \sigma_x, \sigma_y, \sigma_\varepsilon\}$ 中的参数，然后，通过设置 $t=100$（或任何其他值）和初始值 $\theta^{(0)} = \theta$，使 RWM 算法中随机游走增量的协方差矩阵与真实参数 $\sum = \varepsilon \times diag(abs(\theta))$ 的绝对值成比例，并重复 j 次的步骤 2 来从模拟模型中生成数据。[17]

9.6 贝叶斯方法的优点

近些年来，人们对贝叶斯方法越来越感兴趣，这除了是由于计算机科学的发展克服了许多实际困难之外,主要原因还是贝叶斯方法相对于经典方法具有某些优点,这就使得人们对贝叶斯方法的兴趣有了巨大的增长。

（1）贝叶斯方法可以提供可观察数据（量）和理论之间的简单联系。例如,计量经济模型中的概率应用总是强调随机变量的重要性,但对于"如何将现实世界的问题转化为理论的抽象数学"这一问题,频率学家在使用随机变量时只有模糊的想法,尽管他们在抽象的数学世界中对这些有精确的定义,但无法用明确的程序来判断某个观察数据（量）是或不是随机变量。但在贝叶斯推理方法中,随机变量的概念是不必要的。概率分布被分配给一个量,因为它是未知的,这意味着它不能根据我们所拥有的信息逻辑地推导出来,这就提供了可观察数据（量）和理论之间的简单联系。Y 作为未知是明确的。

（2）贝叶斯方法关注数据中的信息如何改变研究人员对参数值的概念（看法和判断）,并允许计算与替代假设或模型相关联的概率。

（3）无关的信息通常通过先验的公式一致地纳入贝叶斯方法中。在频率主义方法中,这些信息大多可能被忽略,或者被合并,或者以特别的方式完成。

（4）贝叶斯方法可以通过选择损失函数来调整估计值以帮助我们达到研究的目的。一般来说,它与决策分析的兼容性是一个明显的优势。

（5）贝叶斯方法允许我们使用先验知识来计算后验结果,并使用所有可用的信息,从而获得最快的实验进展。贝叶斯输出是基于历史数据从实验中得出的,以计算在给定的假设下有助于实验的统计先验,帮助实验者更快地得出具有统计意义的结论。

（6）贝叶斯方法的结果的合理性仅基于先验和样本数据被证明,并且不依赖于置信区间和目前有争议的假设检验。

从历史的争论中可以看出,频率论者和贝叶斯论者之间辩论的本质在于主观概率概念的可接受性。一旦贝叶斯概率观被接受,人们就可以看到贝叶斯方法在计量经济学应用中的优势。

尽管有上面提到的这些优点,但一些研究人员也不喜欢采用贝叶斯方法,即使他们对主观概率概念没有强烈的反感,原因是：（1）将先验信念形式化为先验分布不是一件容易的事；（2）发现后验分布的机制相当复杂；（3）使用个人先验信念（看法和判断）说服他人相信贝叶斯结果的有效性是困难的。

9.7 总结和结论

本章的主要目的是要了解(1)贝叶斯方法和非贝叶斯方法之间不同的概率定义;(2)通过贝叶斯信念网络实现贝叶斯方法的思想,即贝叶斯信念网络是贝叶斯推理的核心概念;(3)贝叶斯推理机制。

1. 统计方法中存在两种非常不同的概率概念:经典的(高斯)频率论者方法或非贝叶斯方法,以及贝叶斯方法。

2. 频率主义者认为概率只是可重复的随机事件,比如掷硬币的概率结果。这些概率等于事件长期的发生频率。频率主义者的方法是仅使用当前实验的数据对实验的潜在真理进行预测。

3. 贝叶斯方法将概率定义为一个更一般的概念,其中概率的使用表示任何事件或假设的不确定性。贝叶斯统计采用更自下而上的方法进行数据分析,即,将过去类似实验的知识编码到称为先验的统计中,然后将其先验与当前的实验数据相结合以得出测试结论。

4. 频率论者只对随机事件进行概率论述,不量化和固定未知值的不确定性(如参数真实值不确定性),并且认为概率等于所讨论问题中事件的长期发生频率。

5. 与频率论不同,贝叶斯从另一方面定义了参数的可能值(先验)的概率分布,然后将其用于后验分析。

6. 对于参数估计,频率学家使用的参数估计方法取决于数据分布的极大似然方法。如果数据处于正态分布,则使用极大似然法估计的总体均值等于样本均值,然后经济学家使用样本均值更新此分布。

7. 在贝叶斯方法中,更新整个概率分布是通过将贝叶斯定理应用于参数的每个可能值来实现的,即,将过去类似实验的知识编码到称为先验的统计中,并且该先验与当前实验数据相结合,以后验进行参数估计。

8. 对于数据预测,频率学家不会将概率分配给可能的参数值,而是使用未知参数的(极大似然)点估计来预测新的数据点。而贝叶斯在可能的参数值上具有完整的后验分布,这使他们能够通过整合完整的后验分布来考虑估计中的不确定性,而不是仅仅基于最可能的值进行预测。

9. 在获得后验密度之前使用信息,得出的结果是概率分布,而不是点估计,这减轻了困扰经典显著性检验的许多问题。

10. 尽管贝叶斯方法在计量经济学的应用中具有一些优势,但一些研究人员并不倾向于采用贝叶斯方法,因为频率论者和贝叶斯论者之间争论的实质在于主观概率概念的可接受性。

注释

① 参阅：Koopmans, T. C.(1937), *Linear Regression Analysis of Economic Time Series*, Haarlem, De Erven F, Bohn. N. V., p.150.

② 参阅：Bayes, T.(1763), "An Essay Towards Solving a Problem in the Doctrine of Chances", Published posthumously in *Phil. Trans. Roy. Stat. Soc.*, London, 53, pp.370—418 and 54, pp.296—325; Reprinted in *Biometrika*, 45(1958), pp.293—315, with a biographical note by G. A. Barnard; Reproduced in Press(1989), pp.185—217.

③ 参阅：Basturk, N., Cakmakli, C., Ceyhan, S. P., van Dijk, H. K.(2013), "Historical Developments in Bayesian Econometrics After Cowles Foundation Monographs", 10, 14, *Tinbergen Institute Discussion Paper*, pp.2013—2191, Economics of Erasmus University, Rotterdam, the University of Amsterdam and VU University, Amsterdam.

④ 参阅：Pearl, J. (1988), *Probabilistic Reasoning in Intelligent Systems: Networks of Plausible Inference*, Morgan Kaufmann, San Mateo. 还可参阅：Andersen, S. K.(1991), "Judea Pearl, Probabilistic Reasoning in Intelligent Systems: Networks of Plausible Inference", *Artificial Intelligence*, 48, pp.117—124, Elsevier Science Publishers.

⑤ 参阅：Pearl, J.(2000), *Causality: Models, Reasoning and Inference*, Cambridge University Press.

⑥ 考虑到不可观测的变量,这些预测可能不可行,我们将在 9.3 节贝叶斯方法的机制中讨论这一点。

⑦ 参阅：Pearl, J.(2000), *Causality: Models, Reasoning and Inference*, Cambridge University Press; Pearl, J.(1994), "A Probabilistic Calculus of Actions", in *Lopez de Mantaras R.*; Poole D.(1994)(eds.), UAI'94, *Proceedings of the Tenth international conference on Uncertainty in artificial intelligence*, San Mateo CA: Morgan Kaufmann, pp.454—462.

⑧ 参阅：Shpitser, I., Pearl, J.(2006), "Identification of Conditional Interventional Distributions", in *Dechter, R.*; Richardson, T. S.(eds.), *Proceedings of the Twenty-Second Conference on Uncertainty in Artificial Intelligence*, Corvallis, OR: AUAI Press, pp.437—444.

⑨ 在概率数学理论中, 随机过程的熵率(源信息速率)非正式地表示随机过程中平均信息的时间密度。

⑩ 符号∝表示"成比例"。

⑪ 高四分位数或第三个四分位数(Q3)是按递增顺序排列时 75%的数据点的值。中位数被认为是第二个四分位数(Q2)。四分位数间距是高四分位数和低四分位数之间的差值。

⑫ 低四分位数或第一个四分位数(Q1)是按递增顺序排列时 25%的数据点的值。高四分位数或第三个四分位数(Q3)是按递增顺序排列时 75%的数据点的值。

⑬ 参阅：Petris, G., Petrone, S. and Campagnoli, P.(2009), *Dynamic Linear Models with R*,

Springer.

⑭ 参阅：Petrics，G.，Petrone，S. and Campagnoli，P.(2009)，*Dynamic Linear Models with R*，Springer Science＋Business Media，LLC(Chapter 1).

⑮ 细节参阅：Bernardo，J. and Smith，A.(1994)，*Bayesian Theory*，Wiley，Chichester(Section 5.6.2)；O'Hagan，A.(1994)，*Bayesian Inference*，*Kendall's Advanced Theory of Statistics*，2B，Edward Arnold，London. 也可参阅：Robert，C.(2001). *The Bayesian Choice*，2nd，edn.，Springer-Verlag，New York.

⑯ 格林伯格很好地介绍了贝叶斯推理和模拟的基础知识，参阅：Greenberg，E.(2008)，*Introduction to Bayesian Econometrics*，Cambridge University Press.

⑰ 参阅：Greenberg，E.(2008)，*Introduction to Bayesian Econometrics*，Cambridge University Press.

10 计量经济学的创新

10.1 引言

计量经济学是对经济学方法的创新。作为一门经验科学,计量经济学通过数学的、统计的模型对现实和复杂的经济现象进行分析,是经济分析的一种全新方法。从本书前几章对计量经济学方法的讨论中可以看出,计量经济学方法本身也在不断创新。目前,计量经济学模型在其经济实证工作中取得的惊人增长,这在很大程度上是由于科技进步和统计软件的快速发展。流行的统计软件包实现了各种统计和计量方法的学习,为计量经济研究者提供了创新的宝贵实践经验。

这一章集中讨论计量经济学的创新。本章的结构如下:10.2 节讨论创新条件的硬件发展,即计算技术和计算机发展;10.3 节讨论创新条件的软件发展;10.4 节讨论计量经济学创新的原动力;10.5 节讨论计量经济学创新的潜在驱动力;10.6 节讨论计量经济学创新的持续驱动力;10.7 节讨论诺贝尔经济学奖是相关计量经济学创新的最重要例证;最后,10.8 节为总结和结论。

10.2 创新条件的硬件发展

计量经济学严谨的理论方法、最新的经验应用和统计推理需要通过专门的计算机硬件和计量经济学的软件来实现。目前,计量经济学模型在其经济实证工作中取得的惊人增长，在很大程度上是由于计算机技术的日益进步和廉价而强大的 PC 机出现，以及微观数据库（时间序列数据、横截面数据和面板数据）被广泛运用和统计软件的快速发展，它们使得研究人员更容易了解最新的计量经济学方法。

早期的计算机系统通常将电传打印机（TTY）作为与操作员交互的手段。命令行界面是从人们通过 TTY 进行通信的形式发展而来的。人们有时需要使用电传打印机发送订单或确认。机械 TTY 后来被玻璃 TTY 取代，这是一种模拟电传打字机的键盘和屏幕。智能终端允许附加功能，如在整个屏幕上运用移动光标，或在终端上在本地编辑数据以传输到计算机。

随着微型计算机革命取代了传统的"小型计算机＋终端＋分时"(time sharing)的体系结构，硬件终端仿真器被 PC 机软件所取代，后者意味着终端信号通过 PC 的串行端口被发送出去。它们通常用于新 PC 机与以前的小型或大型计算机主机的联结，或用于 PC 机之间的连接。其中一些 PC 机上运行的是主系统(bulletin board system)软件。

早期的操作系统 CLI 是作为常驻监控程序的一部分被实现的，不容易被取代。作为可替换组件的外壳，它第一个实现的是成为 Multics 分时操作系统的一部分。[①] 1964 年，麻省理工学院计算中心的工作人员路易斯·普赞开发了 RunCom 工具，后者执行命令脚本，同时允许参数替换。[②] 普赞创造了"shell"一词来描述像编程语言一样使用命令的技术，并在一篇关于如何在 Multics 操作中实现这一想法的论文中提到了 NG 系统。[③] 1965 年，普赞回到了他的祖国法国，和格伦达·施罗德一起研制出了第一个 Multics 外壳。[④]

第一个 Unix shell(V6 shell)是由贝尔实验室的肯·汤普森于 1971 年开发的，它以施罗德的 Multics shell 为模型。[⑤] Bourne shell 于 1977 年作为 V6 shell 的替代品推出。虽然它被用作交互式命令解释器，但也被用作脚本语言，并包含了 NS 中通常被认为能产生结构化程序的大多数特征。Bourne shell 促进了 Korn shell(KSH)、Almquist shell(Ash)和流行的 Bourne-Again shell(或 Bash)的发展。[⑥]

早期的微型计算机本身是基于命令行界面的，如 CP/M、DOS 或 AppleSoft BASIC。在 20 世纪 80 年代和 90 年代，随着苹果 Macintosh 和微软 Windows 在 PC 上的推出，作为主要用户界面的命令行界面被图形用户界面所取代。命令行仍被用作备用用户界面，通常由系统管理员和其他高级用户用于系统管理、计算机编程和批量处理。

自 2001 年以来，Macintosh 操作系统 MacOS 一直基于名为 Darwin 类的 Unix 操作系统。在这些计算机上，用户可以通过运行名为 TERMINAL 的终端仿真器程序来访问类似 Unix 的命令行界面，该程序位于应用程序文件夹的 Utilities 子文件夹中。用户还可以通过使用 SSH 远程登录到计算机。Z shell 是 MacOS 的默认 shell，它还提供了 bash、tcsh 和 Korn shell。

2006 年 11 月，微软发布了 Windows Power shell 1.0 版本（以前的代号为 Monad），将传统 Unix shell 的功能与其特有的面向对象的 NET 框架相结合。MinGW 和 Cygwin 是用于 Windows 的开放源代码软件包，提供类似于 Unix 的 CLI，为 Windows 实现 MKS Korn shell。

10.3 创新条件的软件发展

用于建模和理解复杂数据集和计量经济模型运算的软件，是计量经济学中最新的领域。早先这种统计软件的开发大部分是由计算机科学和工程等其他领域的研究人员完成的。在过去的三十年中，一些统计程序或软件也变得更加适合计量经济学，于是随后被经济学广泛使用。这些统计程序或软件包括 Gauss 统计软件、Stata、SAS、SPSS 和 R 等。

10.3.1 Gauss 统计软件

Gauss 是一种用于数学和统计学的矩阵编程语言，由 Aptech Systems 开发和销售。其主要用途是解决统计学、计量经济学、时间序列、最优化以及二维和三维可视化中的数值问题。它于 1984 年首次发布，用于 MS-DOS，还可用于 Linux、MacOS 和 Windows。[7] 尽管 GAUSS 没有提供一种计量经济学的新方法，但它具有价格和功能的优势，对计量经济学者和经济学家特别有吸引力，于是很快流行起来。[8] 用户可以通过一种简单的 macro 语言，它具有简短的矩阵表达式、体面的图形、快速的数值算法、变为有限的内存处理大型数据集的工具和各种免费且功能强大的软件包，实现了横截面模型和时间序列的计量经济学应用。

10.3.2　Stata

　　Stata 是由 StataCorp 开发的通用统计软件包,用于数据操作、可视化、统计和自动报告,被许多领域的研究人员使用,包括生物医学、流行病学、社会学和科学。[9] Stata 最初由加利福尼亚的计算资源中心开发,第一个版本于 1985 年发布。[10] 起初,它不包含广泛的编程设施,而是专门从事生存数据的应用和复杂调查样本的分析。后来,开发者引入了更多的编程工具,最终引入了矩阵语言,并添加了越来越多的计量经济学模型,如时间序列过程等。公司在 1993 年迁至得克萨斯州的 College Station,并更名为 Stata Corporation,即现在的 StataCorp。[11] 2003 年的一个主要版本包括一个新的图形系统和所有命令的对话框。[12] 此后,该公司每两年发布一次新版本,2023 年最新版本为 Stata18。Stata 的数据管理功能使其非常适合面板数据的计量经济学分析,所以越来越受欢迎。[13]

10.3.3　SAS

　　强大的 SAS 软件包是在 1966 年至 1976 年间在北卡罗来纳州立大学开发的。SAS 以前被称为统计分析系统(statistical analysis system)[14],是由 SAS 研究所开发的统计软件套件,用于数据管理、多元分析、商业智能、刑事调查和预测分析等。1976 年,北卡罗来纳州立大学成立了 SAS 研究所,后者在 20 世纪 80 年代和 90 年代进一步发展了统计分析方法,增加了新的统计程序、新的组成部分,并采用了联合监测方案。开发人员在 2004 年的第 9 版中添加了一个点击式界面,又在 2010 年增加了一个社交媒体分析产品。到 2020 年 8 月,SAS 已发展到 9.4MB 版本。SAS 程序具有两个功能:数据处理和程序处理(proc)。数据处理包括数据检索、数据操作和数据分析。数据操作包括编译和执行。在编译阶段,它处理语句并识别语法错误;在执行阶段,它按顺序处理每个可执行语句。程序处理是由调用程序命名过程的 proc 语句组成。程序对数据集执行分析和报告,以生成统计、分析和图形。SAS 包含 300 多个已被命名的程序,每个程序都包含大量的编程和统计工作。proc 语句也可以显示结果、排序数据或执行其他操作。SAS 还可使用 macro 语言。macro 语言是一次编码,可被引用以执行重复的代码或变量，SAS macro 可以使编程语言更简洁和有效。SAS 的输出交付系统以HTML、PDF、Excel、RTF 和其他格式被发布。作为能使用多种语言并结合独特的编程语法的通用标准计算机逻辑 SAS 非常强有力，可用于评估各个领域的定量研究问题，特别被广泛应用于宏观计量经济学和微观计量经济学的计量模型分析。2010 年，SAS 为学生推出了免费版本。SAS 9.4 维护版本于 2023 年 1 月发布。这个版本的文档包括微小的更新和编辑更正，解决了软件中报告的问题。新增功能文档提供对每个产品的新功能和增强功能的高级概述和在 SAS 9.4 时代更新的解决方案。SAS 提供的 SAS/STAT 统计软件的最新版本是 14.3.1，包括一个新程序和许多增强功能，用于小数据集的精确技术、用于大型数据任务的高性能统计建模工具，以及用于分析具有缺失值的数据的现代方法，最新的统计技术可以用于分析任何类型和大小的数据，也可以用于单机模式下的 SAS/STAT 软件。

10.3.4　SPSS

Bent 和 Hull 于 1970 年开发的 SPSS 特别关注美国的社会科学应用，它几乎和 SAS 在同一时间出现。SPSS 最初的版本名称为"社会科学统计软件包"(Statistical Package for the Social Sciences)。2009 年，SPSS 被 IBM 收购，以后一律由 IBM 开发。2015 年后，它的版本名为 IBM SPSS Statistics，后来改名为"统计产品和服务解决方案"(Statistical Product and Service Solutions)，是社会科学中被广泛使用的统计分析程序。除了统计分析之外，数据管理(案例选择、文件整形、创建派生数据)和数据文档(原数据字典存储在数据文件中)也是其基本功能。

用户可以通过下拉菜单访问 SPSS 统计的许多功能，也可以使用专有的4GL 命令语法语言进行编程。命令语法编程具有可重复输出、简化重复性任务以及处理复杂数据操作和分析的优点。此外，一些复杂的应用程序只能通过语法进行编程，而不能通过菜单结构进行访问。下拉菜单界面还生成命令语法，这可以显示在输出中，尽管必须更改默认设置才能使语法对用户可见。用户也可以使用每个菜单中的粘贴按钮将它们粘贴到语法文件中。

此外，macro 语言可用于编写命令语言子程序。在 SPSS 14 中引入的Python 可编程性扩展取代了功能较少的 SAX Basic scripts，尽管 SAX

Basic Scripts 仍然可用。Python 可编程性扩展允许用户访问数据字典和数据中的信息,并动态构建命令语法程序。此外,Python 扩展允许 SPSS 运行自由软件包 R 中的任何统计数据。从 SPSS 14 开始,SPSS 可以由 Python 或 VB.NET 程序提供的插件从外部驱动。[15]

SPSS Statistics 对内部文件结构、数据类型、数据处理和匹配文件进行了约束,这些约束大大简化了编程。SPSS 数据集具有二维表结构,其中行通常表示案例(如个人或家庭),列表示测量结果(如年龄、性别或家庭收入)。数据集只定义了两种数据类型:数字和文本(或字符串)。所有数据处理都是通过文件(数据集)按顺序逐个进行的。文件可以进行一对一和一对多匹配,但不能进行多对多匹配。除了按变量的情况结构和处理之外,文件还包含一个单独的矩阵会话,允许用户使用矩阵和线性代数运算将数据处理为矩阵。

另一个特点是它的图形用户界面,界面上有两个视图,用户可以通过单击 SPSS 统计窗口左下角的两个选项卡之一进行切换。数据视图是显示案例(行)和变量(列)的电子表格视图。与电子表格不同,数据单元格只能包含数字或文本,公式不能存储在这些单元格中。

变量视图显示元数据字典,其中每行代表一个变量,并显示变量名称、变量标签、值标签、打印宽度、测量类型和各种其他特征。用户可以对两种视图中的单元格都进行手动编辑,从而定义文件结构并不使用命令语法。对于较大的数据集,如统计调查,则用户可通过扫描和使用光学字符识别和光学标记识别软件输入,或直接从在线问卷中捕获,然后将这些数据集读入 SPSS。SPSS Statistics 可以从 ASCII 文本文件(包括层次文件),或其他统计数据包、电子表格和数据库中读取和写入数据,也可以通过 ODBC 和 SQL 读取和写入外部关系数据库表。

SPSS 统计输出是一种专有的文件格式(* .spv 文件),专有输出可以导出 Microsoft Word、PDF、Excel 和其他格式的文本,或使用 OMS 命令输出数据集或各种图形图像格式(JPEG、PNG、BMP 和 EMF)。SPSS V25[16] 添加了新的高级统计数据,例如随机效应解决方案结(GenLinMixed)、稳健标准误差(GLM/UniAnova)以及高级统计数据和自定义表附加项中带有误差线的剖面图。V25 还包括新的贝叶斯统计功能,可以进行统计推断和图表发布,例如,强大的新图表功能包括新的默认模板和与 Microsoft Office 应用程序共享的功能。[17]最新的 SPSS Statistics 29 包括线性 OLS 回归和参数加速故障时间（AFT）模型统计过程、改进的开源扩展集成、增强的 UI、新的数据可视化功能，以及其他旨在提高每个数据分析（DA）的特定变量（Y）的可用性。

10.3.5　R 项目

R 是一种统计编程语言，包含越来越多的计量经济学应用程序，由统计学家罗斯·伊哈卡（Ross Ihaka）和罗伯特·杰特曼（Robert Gentleman）创建和开发。用户可以在 R 中创建自己的软件包或使用已有的软件包。[18]

R 是 S 编程语言的开源实现，结合了 Scheme 的词法范围语义，允许用户在预定的块中定义对象，而不是整个代码。贝克尔（Becker）和钱伯斯（Chambers）在 20 世纪 80 年代初开发的统计编程语言称为 S。这种语言进一步发展成为商业产品 S-PLUS。到 20 世纪末，来自新西兰奥克兰大学的罗斯·伊哈卡和罗伯特·杰特曼出于教学目的，选择了简化版的 S，并将它开发和发展为 R 项目。它是以两位 R 作者的名字命名的。1995 年，统计学家马丁·梅克勒（Martin Mächler）说服伊哈卡和杰特曼在 GNU 通用公共许可证（general public license，GPL）下制作 R 免费开源软件，[19]这使得这种语言专为统计分析而设计，是一种解释型语言，其代码无需编译器即可直接运行。许多为 S 编写的程序在 R 中运行时保持不变。

自 20 世纪 90 年代以来，R 项目[20]的强大和开源已经迅速发展，在单个软件中的统计方法被广泛开发，这些软件可用于任何复杂的计算，例如指数族、迭代加权最小二乘算法等，使其在统一的框架中运算。最近，R 已成为传播新统计方法的标准工具，几乎是实践中广泛使用的新方法的先决条件。根据 GPL，R 可以通过互联网提供免费的统计计算程序。R 实际上是一种完整的编程语言，但它的设计方式意味着，它总是可以对统计过程的结果进行进一步的计算。基于正式的计算机语言这一事实，R 的使用具有巨大的灵活性。

使用 R 的一个优越性在于，因为它是开源的，因此用户可以直接从包中使用该函数，也可以跟踪源代码以查看其计算方式，以便了解有关计算过程的更多信息，而不是类似于在暗箱中操作。另一个优越性在于，它可以在各种操作系统下工作，比如在微软 Windows 各种版本、各种 Unix 和 Linux 平台，以及苹果 Macintosh OS 等环境下执行统计分析和生成图形。R 本身的工作平台是一个命令行界面,但它也可以在一个集成开发工作环境上工作如 RStudio。使用 RStudio 比直接使用 R 更方便,因此前者更受到用户的喜爱。

CRAN 是 R 综合档案网络,于 1997 年 4 月 23 日正式出现。CRAN 存储 R 的可执行文件、源代码、文档以及用户贡献的包。CRAN 最初仅有 12 个贡献包,但截至 2022 年 1 月,它已经拥有 18 728 个贡献包。[21]除了托管软件包之外,CRAN 还托管 Linux、MacOS 和 Windows 的主要发行版的二进制文件。[22]目前,R 是被各种统计学家最广泛使用的软件之一。截至 2022 年 10 月,R 在 TIOBE 指数(衡量编程语言受欢迎程度的指标)中排名第 12 位,该语言在 2020 年 8 月曾达到第 8 位。[23]R 的最新版本是 4.3.2,于 2023 年 10 月 31 日发布。

10.4 创新的原动力

从数据中学习的挑战导致了统计科学的革命,计算扮演着如此关键的角色,而使用统计软件可以让许多计量经济学技术和方法得以实现。易于使用的统计软件提供了足以用于计量经济学的方法和被可重复使用的研究工具。软件开发成为计量经济学方法创新的原动力。在过去的几十年里,统计软件使得复杂的计量经济学的计算变得更加容易和快速,而且经济学家可以更快、更简单地制作带有数学模型公式、表格和图表的经验报告。一些特定的计量经济学程序一直在提供重要的计量经济学的新方法,并且一直在为计算机硬件、操作系统和用户界面的重大变化提供必要的更新。

美国麻省理工学院在 20 世纪 60 年代和 70 年代开发的 TSP(Time Series Processor software)是早期的计量经济学软件,由当时美国麻省理工学院的罗伯特·霍尔(Robert Hall)和雷·菲尔(Ray Fair)等公司合作,开发了矩阵语言和符号微分,符号微分是基于梯度的 BHHH 算法的重要一步,用于非线性计量经济学模型的 MLE。在 20 世纪 80 年代的 PC 时代,TSP 分为两个独立的程序:Micro-TSP 和 PC-TSP。Micro-TSP 后来成为 Windows 程序的 Eviews,即计量经济学视图,而 PC-TSP 现在被简称为 TSP,可用于不同的操作系统。Micro-TSP 的主要吸引力是流行的广义自回归条件异方差(GARCH)模型的及时接口。

在费城的宾夕法尼亚大学，劳伦斯·克莱因利用了他之前在密歇根大学计算机辅助计量经济学模型构建方面积累的经验，与阿瑟·戈德伯格(Arthur Goldberger)一起实施了第一个密歇根模型。雷·菲尔到了耶鲁大学后开发的 Fair-Parke 程序是运算模型一致的大型非线性动态宏观模型，它允许估计、模拟和评估具有模型一致的理性预期。该程序仍然积极用于分析他的国内和国际模型。[24]

在威斯康星大学，在博克斯的指导下，戴维·帕克(David Pack)编写了第一个 ARMA 分析软件，使得 ARMA 模型得以实践。后来，宾夕法尼亚大学的戴维·赖利(David Reilly)进一步将它发展为 AUTOBOX。同样地，在威斯康星州，由内尔洛夫(Nerlove)和安(Press)开发的多项式 logit 模型代码开始使用。

在 20 世纪 70 年代末，克里斯·西姆斯(Chris Sims)开发了 SPECTRE。这是最早提供光谱分析(spectral analysis)的计量经济学程序之一。随后的 1980 年，他在 Sims 杂志上发表了他用向量自回归(VAR)建模的创新宏观计量经济学方法，该方法在由托马斯·多恩(Thomas Doan)开发的进行时间序列回归分析的一个更新更通用的 RATS 软件包中实现。[25]

在英国，剑桥大学应用经济学系教授，国民账户估算方法的先驱理查德·斯通建立了相当大的，可分解和监督英国国民账户的"剑桥多部门模型"(Cambridge Multisectoral Model)，该模型涉及大量的软件开发。剑桥增长项目的成员成立了剑桥计量经济学有限公司，截至目前，公司仍在运转和维护着这个监督模型和其他几个模型。

在伦敦政治经济学院统计系，丹尼斯·萨尔甘(Denis Sargan)和戴维·亨德利合作开发了 AUTOREG 和 GIVE 程序。萨尔甘有丰富的计量经济实践经验，而亨德利开始是一名学生，后来成为萨尔甘的同事。之后，亨德利将他的程序带到牛津大学，并在 IBM PC 上开发了 PCGIVE。这是一个进行广义工具变量估计和完全信息极大似然法估计的软件，被视为是实现有影响力的 LSE 动态计量经济学建模方法的软件。

同样在伦敦政治经济学院，安德鲁·哈维在 20 世纪 80 年代进行了 STAMP 的开发，这是用于结构时间序列建模的一种计量经济学方法。该方法既可以作为博克斯—詹金斯预测模型的替代方案，也可以作为 X-11 季节性调整模型的替代方案。[26]以后，西姆·扬·库普曼(Siem Jan Koopman)继续开发 STAMP，并将它发展为一个在 Windows 操作系统下，使用与 PcGive 和 GiveWin 相同的用户界面的程序。[27] 这两个程序现在都是 OxMetrics 的一部分。[28]

10.5　创新的潜在驱动力

计量经济学思想的发展对计量经济学软件开发提出了新挑战。新的计量经济模型，比如 ARIMA 模型、DLM 和贝叶斯模型等的发展，是计量经济学创新的潜在驱动力。

ARIMA 模型选择自动化过程在由美国人口普查局（US Census Bureau）开发的用于季节性调整的时间序列数据的 X13-ARIMA-SEATS 程序中实现。[29] 在该程序中，ARIMA 模型和 regARIMA 模型的选择过程都是自动的。尽管有一些滞后，但这些标准程序已被集成到主要的计量经济学软件中，而且基本版本是免费的。计量经济学软件的模块化结构使得越来越多的用户可以在其原始环境之外使用该软件代码，例如用户可以单独使用 X13-ARIMA-SEATS 中的 regARIMA 模型作回归分析和预测。类似的软件还包括由欧统局（European Statistical Office）开发的用于季节性调整的时间序列数据的 JDemetra＋和由西班牙银行开发的 TRAMO-SEATS，这些软件具有相同的模型自动选择的功能。长期以来，除了成功的模型自动选择功能，这些软件还具有相同的随机模拟和统计分析功能，既可用于模型的解释，也可用于相关的统计推断。如果推理基于随机模拟，那么软件可以对相关模拟方法的有效性和可靠性进行诊断。如今，针对估计模型的各种标准规格测试和诊断已成为每个计量经济学软件的关键组成部分。

现代计量经济学软件的一个特征是其模块化结构，另一特征是递归建模方法。软件模块化交互式建模周期的标准可用性指的是：模型不仅易于指定和估计，而且提供诊断测试，以帮助用户进行不同模型的选择，然后重新规范和重新估计，直到使得参数估计和预估的解释尽可能科学和可信。这种递归建模与时间序列的计量经济学分析特别相关，在时间序列中，新的观测结果按照自然顺序提供相关的测试可能性和对现有模型的可能调整。

SSM 是一类特殊的动态线性回归模型。用于空间状态方法的统计软件不仅应用于越来越多的科学领域,而且已经与其他类似于 STAMP、MAT-LAB、REGCMPNT、SAS、EViews、Gauss、Stata、RATS、gretl 和 Ssf-Pack,以及 S-PLUS 和 R 的软件建立了链接。

在动态线性回归模型的背景下,彼得里斯在 2010 年开发的 dlm 软件包(R)和赫尔斯克在几乎相同时间开发的 KFAS(R)软件都是有影响力的、可选择的、通用的和使用特定方法的 SSM 的程序。它们使用递归建模方法,允许卡尔曼滤波精确地执行许多相关推理。同时,它们足够灵活,可以捕获各种不同数据的主要特征。在 dlm 中估计未知参数需要数值技术,这两者都开发了卡尔曼滤波和可以用作评估似然函数或模拟不可观测状态的软件模块。该软件包为用户提供了可用于卡尔曼滤波和平滑以及 MLE 的函数,也提供了进行基于仿真的贝叶斯推理工具。[30]

计量经济学研究需要模型具有对特定数据集和特定经济问题的适应性和可扩展性。易于使用的优秀模型和方法可能足以用于计量经济学教育和重复性研究。虽然大多数软件使用命令语法,因为命令语法具有可重复输出、简化重复性任务以及处理复杂数据操作和分析的优点,但对于计量经济研究者来说,无论是 dlm,还是 KFAS,或是 SAS、Stata、SsfPack 和以上提到的任何一个软件,仅仅会使用这些现成软件中的默认程序还不够,他们还必须学会自己编程(program it yourself, PIY)。因为许多默认程序只能解决一些相对简单的模型,一些稍为复杂的应用计量经济学模型,例如 SSM 等,可能并不能由软件的一个程序来完成。一些新的计量经济学模型则需要通过特定数据集和特定的方法被估计,软件中可能没有完整和现成的程序,这就需要研究者具有一定的编程能力。编程语言至少应该满足有效的数据管理、快速矩阵运算、稳健的优化方法、最先进的随机模拟,以及体面的图形和文本输出等条件。在一个定义良好的语法框架下,研究者可以使用现有的默认程序有效地维护代码,使用高效的编程语言来编写新算法,进行参数估计和模型评估来改进现有的计量模型。

10.6　创新的持续驱动力

创建用于建模和理解复杂数据集的工具,是统计学中被最新开发的领域,它与计算机科学,特别是机器学习的平行发展相结合。这些工具中包含许多方法,例如 LASSO 回归、分类和回归树,以及提升和支持向量机等。一些特定的计量经济学程序一直在提供重要的计量经济学新方法,并且一直在为计算机硬件、操作系统和用户界面的重大变化提供必要的更新。这些都是计量经济学创新背后的持续驱动力。

随着计算机和信息时代的到来,统计问题的规模和复杂性都呈爆炸式增长。数据存储、组织和搜索领域的挑战导致了"数据挖掘"这一新领域的出现,许多领域正在产生大量新数据,如经济学、生物学、医学、社会学中的统计和计算问题,除了产生数字数据外,它们还创造了文字、图象等复杂的"大数据"。计量经济学家和统计学家将更注重从数据中学习,并根据这些大数据从中提取重要的模式和分析趋势,以理解"数据语言"。

计量经济学软件的开发是与统计学和计算机科学的平行发展相结合的。正如我们从统计学领域的研究人员那里学到了很多东西一样,我们也从计算机研究人员那里学到了很多。计量经济学应用软件的开发可以帮助我们更好地学习计算机语言。理解计量经济学学习的不同方面、检验新的方法和对新的想法进行富有成效地思考是计量经济学创新的持续驱动力。

创新持续驱动力还来自需要自己编程的挑战。一个显著变化是:在 PC 机出现之前,计量经济学研究人员和计算机操作人员是不同角色。计量经济学研究人员研究和开发理论计量模型,然后交给计算机操作人员进行运算。计算机操作人员使用当时开发的代码的工具,例如 FORTRAN、打孔卡(punch cards)、读卡器(card readers)等,在一些大型计算机上进行统计和计量运算。如今,随着价廉而强大的 PC 机出现、统计软件的快速发展,以及计算技术的日益进步,微观数据库(时间序列数据、横截面数据和面板数据)的广泛可用性,使得研究人员更容易获得最新的计量经济学方法和技术,计量经济模型的运算工作不再需要交给特殊计算机操作人员,而是通过运用自己应用计算机软件的技能和编程技能直接完成,虽然目前不是所有的人都能做到这一点。

随着计量经济模型的广泛应用和大量统计软件的开发和使用,统计应用软件和计算机语言学习也已成为计量经济学学科的一个非常热门的领域。早在 20 世纪 60 年代,荷兰的计量经济学本科学习就已包括计算机编程课程。在英国和美国,数学、数理统计和计算机编程已经是计量经济学本科学习的必修课程(compulsory courses)。直到今天,这些科目仍然是计量经济学本科生和研究生教育的重要组成部分。英国和美国的高校教育和研究特别强调学生 PIY 的学习和训练。在荷兰，一些计量经济学者特别注重计量经济学教学和特定软件的使用，因为某些特定的计量经济学软件与计量经济学方法的应用之间存在着密切的联系。比如荷兰计量经济学教科书更注重时间序列，而在 2004 年和 2005 年，鹿特丹计量经济学研究所的平治（Heij）等人和阿姆斯特丹自由大学的福格尔旺（Vogelvang）分别在其计量经济学应用教科书中明确使用 Eviews。[31] 陈、麦考斯兰（Chen，McCausland）和史蒂文斯（Stevens）在 2003 年[32] 的贝叶斯分析计算中使用免费的 BACC 软件，盖韦克（Geweke）于 2005 年出版的一本关于贝叶斯计量经济学研究的教科书[33] 与 BACC 软件密切相关。[34] 这可能填补了贝叶斯软件的计量经济学空白。

另一个显著变化是，早期的计量经济学软件开发是劳动密集型的，需要大量资本投入，所以只能为少数能够支付所需可编程计算机的资本投入的机构提供服务。此外，软件使用需要非常特定的计算机。如今，这种情况已经完全被改变了。现代计量经济学软件由少数人编写，成千上万的用户在数千台机器上执行计量经济学估计、预测和测试。计量经济学软件和硬件的共同成本在过去几年中大幅下降，折旧和维护成本较低。但大多数强有力的、高质量的统计和计量经济学软件依旧不是免费的。

自 20 世纪 90 年代以来，免费的 R 项目（www.r-project.org）已经迅速发展，最近，CRAN（R 开发核心团队）上已经提供了约 18 728 个程序包。单个软件已经开发了广泛的统计方法，这些软件可用于形成任何复杂的计算。目前，R 软件包已成为传播新统计方法的标准工具，几乎成为在实践中被广泛使用的新方法的先决条件。

学习相关的统计软件，熟悉软件的主要概念、程序语言、程序语法，并接受一定的培训，对计量经济模型的实验尤为重要。对于熟悉计量经济学术语和符号的经济学家来说，这样的学习和培训很容易，但对于没有接受过这些计量经济学教程、软件用户指南或相关手册培训过的研究人员来说，这相当困难。刚开始学习相关统计软件时可能十分耗时，但熟悉程序语言，特别是程序语法后，学习的进度会很快提高。

科技在全球范围内的快速发展会促进新的应用软件的不断产生，比如 LaTeX。由于专注于操作系统和其他科学的应用程序的标准化，虽然术语和符号仍然因学科而异，但许多用于数据输入、文本处理、公式和图形编辑的计算机程序的接口变得越来越相似,因此,人们学会一种程序语言后,学习其他语言时会感觉相对容易。特别是像 R 这样的具有越来越多计量经济学应用程序的统计编程语言,当它被广泛使用时,情况就更是如此。

10.7　诺贝尔经济学奖例证

正如我们在本书一开始提到的,创建计量经济学的初衷,是要用和自然科学相同的科学(数学)方法来研究社会科学,这是经济学方法论的创新动力。诺贝尔经济学奖的设立就是鼓励人们朝这个方向发展。诺贝尔经济学奖的获奖者则是相关计量经济学新方法和思想创新的最重要例证。

纵观每年的诺贝尔经济学奖得主,很多都是在计量经济学领域做出特殊贡献的人。比如,被称为计量经济学之父的拉格纳·弗里希和简·丁伯根,二位因开发和应用动态计量经济模型来分析经济过程,于 1969 年成为第一个诺贝尔经济学奖得主。

劳伦斯·R.克莱因因创建计量经济学模型并应用模型分析经济波动和经济政策,在 1980 年获诺贝尔经济学奖,而理查德·斯通因使用计量经济模型对国民账户体系的发展做出了根本性贡献,从而大大改善了实证经济分析的基础而获得该奖。克莱因和斯通还是管理计量经济学软件开发的先驱,他们的贡献包括数据管理、经济建模、数学解决方案以及统计估计和测试的程序,他们最终实现了软件对动态 SEM 的可能性分析,例如 TROLL、TSP 和 PcGive,二位因这些程序在统计软件中被广泛使用而获奖。

尤其值得一提的是,库普曼斯和哈尔维莫二人的特殊贡献是,库普曼斯因其对资源优化配置理论和在计量经济学中引进概率论方法的杰出贡献于 1975 年获诺贝尔经济学奖;哈尔维莫因为澄清了计量经济学的概率论基础以及对同步经济结构的分析于 1989 年获得该奖项。他的研究完善了计量经济学的理论基础,对经济学的研究方法产生了深远的影响。在他之后,概率论成为了经济学专业本科生的必修课程。

1990 年诺贝尔经济学奖的得主包括哈里·马科维茨(Harry M. Markowitz)、默顿·米勒(Merton H. Miller)和威廉·夏普(William F. Sharpe),他们构建的投资组合管理的微观理论(均值方差模型)、金融资产的定价理论

(CAPM)和公司金融领域的 MM 定理,都是建立在计量经济模型分析基础上的,是时至今日仍被常用的计量金融模型。

2000 年诺贝尔经济学奖的得主是詹姆斯·赫克曼(James J. Heckman)和丹尼尔·麦克法登(Daniel L. McFadden)。赫克曼因分析选择性样本理论和方法的发展而获奖,麦克法登因分析离散选择的理论和方法发展而获奖。[35] 值得一提的是,他们是第一批微观计量经济学诺贝尔经济学奖得主。

2003 年诺贝尔经济学奖得主是罗伯特·恩格尔(Robert F. Engle)和克莱夫·格兰杰,前者分析了具有时变波动性的经济时间序列(ARCH),后者分析了具有共同趋势(协整)的经济时间序列。

这里,值得一提的是安格斯·迪顿(Angus Deaton),他因对消费、贫困和福利的分析而在 2015 年获得诺贝尔经济学奖,而支撑他理论的最重要的一点是他对计量经济分析的杰出贡献。迪顿在 20 世纪 80 年代与约翰·米尔鲍尔(John Muellbauer)共同开发了"几乎理想需求系统"(almost idea demand system,AIDS),作为一个消费需求模型,它提供了对满足阶公理的任何需求系统的一阶近似,在不调用平行线性恩格尔曲线的情况下对消费者进行聚合,使其与预算约束一致,并且易于估计。迪顿的 AIDS 模型与偏好最大化相一致,并具有足够的灵活性,能够支持对消费者产生影响的政策的全面福利分析。他在 20 世纪 80 年代创立的 AIDS 模型是在消费需求领域研究中的创新,并随后很快被收进当时的经济学教课书。另一个例子是 2021 年诺贝尔经济学奖得主之一的戴维·卡德(David Card),其也是因对"劳动经济学的实证""因果关系分析的方法论"方面具有特别贡献而获奖。

最新的例子是 2023 年诺贝尔经济学奖得主克劳迪娅·戈尔丁(Claudia Goldin),她在妇女参与劳动力市场和收入的研究中提出 U 形曲线(U-shape Curve)理论,也是第一个在经济史研究中创新性运用量化方法以解释经济和制度变迁,并揭示劳动力市场性别差异背后的关键因素,从而指出性别收入差异是妇女参与劳动力市场差异持续至今的主要原因。[36]

10.8　总结和结论

计量经济学是对经济学方法的创新。计量经济学方法的发展又是对计量经济学方法本身的创新。计算机硬件和统计软件的快速发展使得计量经济学创新取得的惊人增长。

1. 严谨的理论方法、最新的经验应用和统计推理需要专门的计算机硬件和统计软件来实现。计算机技术的日益进步,特别是价廉而强大的 PC 机的出现,以及微观数据库(时间序列数据、横截面数据和面板数据)的广泛可用性和统计软件的快速发展,使得研究人员更容易获得最新的计量经济学科学方法。

2. 近年来,计量经济学习快速发展和进步的特点是功能强大且相对用户友好的软件越来越多,比如 Gauss 统计软件、Stata、SAS、SPSS 和 R 系统,它们是目前最为流行、通用的和被广泛使用的标准软件。尤其是免费的具有强大开源的 R 系统,在单个软件中已经开发了广泛的统计方法。这些软件可用于任何复杂的计算,目前已成为传播新统计方法的标准工具,几乎成为在实践中被广泛使用的新方法的先决条件。可以预见,R 系统会继续将统计学家和计算机科学家使用和开发的该领域的一套技术转变为更广泛的计量经济模型的基本工具。

3. 现有计量经济学软件包的起源可以追溯到 20 世纪 60 年代和 70 年代,当时的移动计算机代码很简单。美国计量经济学软件的早期学术发展始于波士顿的麻省理工学院。㊼统计软件是让许多计量经济学技术和方法得以实现的最重要工具。最值得一提的是 20 世纪 70 年代罗伯特·霍尔和雷·菲尔等公司合作开发的 TSP、20 世纪 80 年代克莱因与戈德伯格开发的密歇根模型、戴维·帕克编写的第一个 ARMA 分析软件,和之后戴维·赖利进一步开发的 AUTOBOX 软件,它们都对计量经济学的创新做出了贡献。由克里斯·西姆斯于 20 世纪 70 年代开发并最早用于光谱分析的 SPECTRE 程序、托马斯·多恩开发的用于时间序列回归分析的 RATS、理查德·斯通建立的可分解英国国民账户的"剑桥多部门模型"、丹尼斯·萨尔甘和戴维·亨德利合作开发的 AUTOREG 和 GIVE 程序,和亨德利之后在 IBM PC 上开发的 PCGIVE,以及安德鲁·哈维在 20 世纪 80 年代开发的 STAMP,用于结构时间序列建模的一种计量经济学方法,都显示出由统计科学革命引导的软件开发成为计量经济学方法创新的原动力。

4. 新的计量经济学思想和新的数据类型,比如 ARIMA 模型、DLM 和贝叶斯模型等的发展,将需要新的软件,这是计量经济学创新的潜在驱动力。特别是彼得里斯在 2010 年开发的 dlm 和同一时间赫尔斯克的 KFSA

软件包（R），使用递归建模方法，允许卡尔曼滤波精确地执行许多相关推理，开发了卡尔曼滤波和可以用作评估似然函数和模拟不可观测状态的软件模型，它们是使用特定方法的 SSM 的程序。dlm 为使用卡尔曼滤波、评估似然函数和用 DLM 进行贝叶斯推理提供了一个集成环境和用于卡尔曼滤波和平滑以及 MLE 的函数，成为基于仿真的贝叶斯推理的工具。

5. 诺贝尔经济学奖的设立是为了鼓励经济学的研究朝计量经济创新这个方向发展。诺贝尔经济学奖的获奖者则是相关计量经济学新方法思想创新的最重要例证。

6. 随着近年来计算机硬件和软件的井喷式发展，新的计算机硬件和软件的使用使得计量经济的新方法得以实现，特别是软件编程显示一切皆可编程，软件编程可以重新定义这个世界。计量经济学方法的高度技术性使得计量经济模型新方法的实现越来越依赖大量统计软件和统计编程。因此，统计软件和统计编程的学习和使用，对计量经济学创新实验尤为重要。

注释

① 它拥有一个可替换的命令外壳，但不是与操作系统内核紧密集成的监视器，这概念往往被认为是 Multics。从 2007 年 11 月 8 日开始，可以从原件存档。

② 参阅："The Origin of the Shell"，www.multicians.org，Retrieved 2017-04-12.

③ 参阅：Metz Cade（2013），"Say Bonjour to the Internet's Long-Lost French Uncle"，*Wired*. Retrieved 2017-07-31.

④ 参阅："The Origin of the Shell"，www.multicians.org，Retrieved 2017-04-12.

⑤ 参阅：Mazières，David（2004），"MULTICS-The First Seven Years"，*Advanced Operating Systems*，Stanford Computer Science Department，Retrieved 2017-08-01；Jones，M.（2011），"Evolution of shells in Linux"，*developerWorks*，IBM，Retrieved 2017-08-01.

⑥ 参阅：Mazières，David（2004），"MULTICS-The First Seven Years"，*Advanced Operating Systems*，Stanford Computer Science Department，Retrieved 2017-08-01.

⑦ 参阅：Aptech（2020）. Gauss 不要求 Gauss 程序文件具有任何特定的文件扩展名，但建议使用. gss。

⑧ 参阅：GAUSS（2005），*GAUSS 7.0 User's guide*，Aptech Systems Inc.，Rafford Publishing，Maple Valley，WA，USA，http://www.aptech.com.

⑨ 参阅：Stata：Software for Statistics and Data Science，Retrieved 2021-04-21.

⑩ 参阅：Cox，Nicholas J.（2005），"A Brief History of Stata on Its 20th Anniversary"，*The Stata Journal*，5(1)，pp.2—18，doi：10.1177/1536867X0500500102，S2CID 118366843，Retrieved 2021-04-22.

⑪ 参阅：Newton，H. Joseph（2005），"A Conversation with William Gould"，*The Stata Journal*，5(1)，pp.19—31，doi：10.1177/1536867X0500500103，S2CID 11832298.

⑫ 参阅 Cox，Nicholas，J.(2005)，"A Brief History of Stata on its 20th Anniversary"，*The Stata Journal*，5(1)，pp.2—18，doi：10.1177/1536867X0500500102，S2CID 118366843，Retrieved 2021-04-22.

⑬ 许多介绍性计量经济学教科书都提供了使用 Stata 的例子。波士顿学院的克里斯托弗·鲍姆(Kit Baum)在 http://www.repec.org 的 RePEc 中维护着一个大型档案,其中包含近 1 000 个免费的开源 Stata modules,用于经济学和计量经济学。

⑭ "About SAS"，Retrieved 2017-07-05.

⑮ 从 SPSS 20 开始,这两个稿本工具以及许多稿本,包含在安装介质中,通常系统会默认安装。

⑯ SPSS Statistics 于 2017 年 8 月 8 日推出第 25 版。

⑰ 参阅："What's New in SPSS Statistics 25 &- Subscription-SPSS Predictive Analytics"，*SPSS Predictive Analytics*，2017-07-18，Retrieved 2017-12-15.

⑱ 参阅：Kurt Hornik(2008)，*The R FAQ：Why R?* ISBN 3-900051-08-9.

⑲ 参阅：Ihaka，Ross(1998)，*R：Past and Future History*(PDF)(Technical report)，Statistics Department，The University of Auckland，Auckland，New Zealand；"R license"，*R-project*，Retrieved 2018-08-05；"GNU R"，*Free Software Directory*，Free Software Foundation(FSF)，2018-04-23，Retrieved 2018-08-07.

⑳ www.r-project.org.

㉑ 参阅："CRAN-Mirrors"，cran.r-project.org，Retrieved 2022-01-15.

㉒ 参阅：Hornik，Kurt(2012)，"The Comprehensive R Archive Network"，*WIREs Computational Statistics*，4(4)，pp.394—398，doi：10.1002/wics.1212，ISSN 1939-5108，S2CID 62231320.

㉓ 参阅："CRAN-Contributed Packages"，cran.r-project.org，Retrieved 2022-03-01. 参阅："TIOBE Index-The Software Quality Company"，*TIOBE*，Retrieved 2022-03-12；"TIOBE Index：The R Programming Language"，TIOBE，Retrieved 2022-05-23.

㉔ 参阅：Fair，W. R. and R. C. Parke(2003)，*The Fair-Parke Program for the Estimation and Analysis of Nonlinear Econometric Models-User's guide*，Yale University，New Haven，CT，USA，http://fairmodel.econ.yale.edu.

㉕ 参阅：Doan，T. A.(2004)，*User's manual RATS*，Version 5，Estima，Evanston，IL，USA，http://www.estima.com.

㉖ 参阅：Ladiray，D. and B. Quenneville(2001)，*Seasonal Adjustment with the X-11 Method*，Springer Verlag，New York，NY，USA.

㉗ GiveWin 是 Doornik 和 Hendry 于 1999 年开发的。参阅：Doornik，J. A. and D. F. Hendry (1999)，*GiveWin：An Interface to Empirical Modelling*，2nd. edn.，Timberlake Consultants Press，London，UK.

㉘ 参阅：http://www.oxmetrics.com.

㉙ X13-ARIMA-SEATS 的早先版本是 X-11 和 X12-ARIMA。

㉚ 用户可从 http://CRAN.R-project.org/package=dlm 的综合 R 存档网络获得该软件包。

㉛ Eviews(以前被称为 MicroTSP)是第一个实现易于使用的 GARCH 模型的软件。GARCH 模型已在计量经济学以外的许多软件中实现,特别是在管理科学和金融工程的统计时间序列分析中。基于向量自回归的更高级的协整统计分析首先在 PCFIML(现在是 PcGive 的一部分)中实现,并很快被 RATS 和 Eviews 采用,使得这些思想在短时间内被广泛应用。

㉜ 参阅：Chen，W.，W. McCausland and J. J. Stevens(2003)，*User Manual for the Windows R Version of BACC(Bayesian Analysis，Computation，and Communication)*，http://www2.cirano.qc.ca/~bacc/.

㉝ 参阅：Geweke，J.(2005)，*Contemporary Bayesian econometrics and statistics*，John Wiley & Sons，New York.

㉞ BACC 是一个可以在 GUASS、TLAB、S-PLUS 和 R 中工作的例程库(routines)。

㉟ 赫克曼和麦克法登的微观计量经济学思想在威廉·格林(William Greene)的第一个被广泛使用的微观计量经济学软件 LIMDEP 中得以实施。麦克法登建立了伯克利计量经济学实验室(EML)，致力于计算密集型计量经济学领域的教育和研究，利用和推进最先进的方法、软件和硬件。由于许多更现实(混合)离散选择模型的估计都是计算密集型的，特别是由于基于模拟的推理，高级方法直到最近才在易于使用的软件中可用。这些计量经济学思想并不局限于经济学应用，它们还应用于交通科学和其他社会科学。

㊱ 这里没有列举所有诺贝尔经济学奖计量经济学家得主，有兴趣的读者可查阅有关诺贝尔奖网站：https://www.nobelprize.org。

㊲ 参阅：Marius Ooms(2006)，"Econometric Software Development：Past，Present and Future"，*Statistica Neerlandica*，Vol.60，no.2，pp.206—224.

11 结束语

11.1 引言

虽然学术界对计量经济科学没有统一的定义，但在我们看来，计量经济学的科学在于理论的可证明性、方法的可推断性和结果的可验证性。事件的随机性质和随机过程以及相关的概率论，在计量经济学理论、应用和方法论中占据核心地位。

计量经济学的艺术在于结合使用不同的方法，如基于统计数据的方法、基于因果计量经济模型方法，或基于特定的使用方法，如贝叶斯方法，用于特定目的，并捕捉现实。本书努力从计量经济学的方法讨论出发，来理解计量经济学方法的科学性和艺术性，因为我们相信这对学生和研究人员来说是极其重要的。

计量经济学是对经济学方法的创新。概率方法在计量经济学中的使用更是计量经济学方法的一场革命性的创新。计算机技术的日益进步、价廉而强大的 PC 机的出现、微观数据库（时间序列数据、横截面数据和面板数据）的广泛可用性和统计软件的快速发展，使得研究人员更容易获得最新的计量经济学科学方法。

11.2 计量经济学的因果关系分析方法

经济理论探讨因果关系，并分析经济变量之间的关系。因果关系分析是经济学的核心。亚当·斯密 1776 年发表的《对国民财富的性质和成因的探究》(*An Inquiry into the Nature and Causes of the Wealth of Nation*)仍然是一部极有影响力的伟大的古典经济学理论著作,可以看作认为"经济因素建立国家财富"的古典经济学中因果关系的经典论述。

卡尔·马克思关于资本主义发展的政治经济学有时也可以被视为最终原因或目的论。例如,马克思将经济危机归咎于资本主义生产关系和生产力之间的矛盾:一方面,资本大规模的社会化生产方式使生产力迅速扩大;另一方面,当资本主义生产关系限制了劳动群众的购买水平,且当劳动力的购买力被限制到一定程度时,经济危机就会暴发,导致生产相对过剩。资本主义不得不破坏现有的生产力,即通过大量企业倒闭和工人失业来强制缩小生产规模,使经济缩减到适合当前劳动力购买水平。

因果关系分析在经济学中的中心地位也可以从现代宏观经济学和微观经济学中可见一斑。例如,凯恩斯的宏观经济学理论从探讨 1929 年至 1933 年世界经济危机的原因入手,得出了"有效需求不足造成了危机"的结论。

在微观经济学中,马歇尔 1930 年论述的局部均衡和瓦尔拉斯[①](Walras)1874 年和 1883 年论述的一般均衡分析可能在研究中显示出更复杂的因果推论,即价格和数量是同时决定的。然而,这不代表因果顺序被排除。许多经济学家可能会使用内生变量和外生变量来解释因果关系[②]。

计量经济学建模从经济理论出发,构建经济变量之间的理论关系。经济理论通过识别影响因(解释)变量行为的因素(自变量),并指出其影响的方向,为计量经济学建模提供了起点。因此,因果关系分析是计量经济学的出发点。计量经济学非常专注于发现基于经济理论的因果关系。因果关系的识别是计量经济学方法的核心。

计量经济学模型主要用于估计和预测。估计过程是一个因果关系识别过程,即通过识别正确的解释变量来发现哪些经济因素(自变量)使经济行为(因变量)发生,进而发现这些解释变量又是如何使经济行为发生变化的。

11.3 计量经济学方法论的核心思想

传统经济学研究方法从本质上讲是一门规范科学,它通常使用理论演绎,逻辑推理的叙述方法来解释经济现象和经济行为。计量经济学的研究方法是对经济学研究方法的创新。作为一门实证科学,1944 年哈尔维莫将概率论引入并恰当地应用到计量经济学理论和计量经济建模中来。从那时起,数学和统计学方法的使用使其成为一门真正的科学,而不是一种数学游戏。这是经济学研究方法的一场创新,也是经济学方法的一场真正革命。从这个角度来看,经济学研究方法的一个新时代开始了,科学计量经济学的一个新时代也开始了。这也是创建计量经济学的初衷,即用和自然科学相同的科学方法来研究社会科学,比如经济学。

计量经济学是在方法论的不断创新中发展的。概率方法在计量经济学中的使用是一场革命。这一革命性的、创新性的进步使得经济计量模型能够实现可验证的和一致的结果。虽然社会科学(如经济学)中的实质性信息的量化过程不像自然科学(如物理学)中的那样精确或可靠,但概率和正态分布理论在因果关系识别中起了很大的帮助。量化或验证既要考虑理论因素(如系数符号、估计参数的大小),又要考虑统计分析的因素(如 R^2 的大小,即拟合优度、t 检验和 F 检验等)。

计量经济学广泛利用统计学方法,并将其作为经济分析方法的基础。G-M 方法,也被称为 CLR 方法,是因果计量经济学模型的经典形式。CLR 在经济问题中被广泛使用,其中被解释(因)变量和解释(自)变量之间的关系及其干扰(误差)项以下形式指定:$y = X\beta + u$,其中 y:$T \times 1$,X:$T \times k(T > k)$,u 是误差项。G-M 模型的假设条件是:(1)$E(u) = 0$;(2)$E(uu') = \sigma^2 I_T$;(3)$Rank(X) = k$;(4)X 采用的是重复样本并且样本是固定的。经济学中经济变量的理论关系和统计学中的 G-M 形式化,以及白噪声误差项,构成了因果计量经济模型方法的基本形式。误差项描述了可用数据的概率结构,通常包括:(1)近似误差;(2)遗漏因素;(3)人类行为的可变性;(4)总量误差;和(5)测量误差。

G-M 模型是因果计量经济模型的基本形式,其中,经济理论主导了计量模型的规范。基于因果计量经济模型的这一基本形式,计量经济方法从 20 世纪初 LS 法的曲线拟合到创新发展成一系列更强大的统计方法,可用于对所有类型的数据进行建模,从传统的时间序列数据发展到横截面数据及面板数据。

尽管因果计量模型从传统的时间序列数据发展而来,随后应用于横截面数据和面板数据,但它的基本形式一直主导着计量经济学。LS 法是用于估计计量经济方程的一种主要方法。LS 法本身似乎并不意味着对概率的正式处理，但 LS 法的应用总是与正态分布有关，而正态分布是计量经济学中概率应用的一个渠道。

11.4 计量经济方法的最新发展

CLR 模型的最新版本，在很大程度上，至今保持不变。一方面，计量经济建模往往依赖于经济理论；另一方面，计量经济模型依赖于回归模型的标准统计假设。由于经济数据的不可实验性，这些假设很少被满足。计量经济学家经常被因违反回归模型的标准统计假设而引起的问题所困扰。这就需要计量经济学有新的创新。

统计模型中最显著的创新和发展是 20 世纪 70 年代博克斯—詹金斯的时间序列 ARIMA 模型，它不同于传统的计量经济学方法。ARIMA 模型的建立并不依赖于因果关系理论，而是严重依赖于历史数据。该模型的重点就是从数据中学习，直接基于可观测的经济现象（数据）建模。时间序列模型的扩展包括 $ARMA(p, q)$、$ARIMA(p, d, q)$、$VAR(p)$ 和 ARCH 等，通过迭代过程识别和选择正确的模型。

计量经济模型往往依赖于经济理论来建模，而统计模型往往依赖于数据。计量经济模型通常建立在经济理论的基础上，而不是从数据中识别，也许这就是这两种方法之间最重要的区别。然而，随着更复杂和更严格的统计模型和技术被引入，过去几十年来，这种现象已经开始发生变化。近年来，学者们在理解统计程序在经济分析中适当和不恰当的应用方面取得了相当大的进展。这些创新成就包括结构模型，如 SEM、博克斯—詹金斯的 ARIMA 模型、DLM、SSM 和贝叶斯方法等。

SEM 可以被视为 CLR 的变体，即新的创新，它除了提高统计推断的数学复杂程度外，还包括了几个有趣的计量经济学的新统计模型，以及与它们相关的统计推断估计。尽管如此，这些模型仍然具有 G-M 曲线拟合方法的特点，即由理论主导的经验建模方法。

结构计量经济时间序列方法是传统计量经济学方法和博克斯—詹金斯方法的结合，它基于观测数据，与经济理论相比，对参数的限制更少。此外，如果计量经济模型中的外生变量被看作由 ARIMA 过程产生,那么计量经济模型中的每个单独的内生变量可以被表示为单变量模型。在这种方法中,传统的计量经济结构模型被创新为包含通常的经济理论输入,同时推导了相应 ARIMA 方程的隐含性质。然后我们使用时间序列方法来估计 ARIMA 方程,并检查它们是否与计量经济模型所隐含的限制一致。

毫无疑问,这是过去几十年来最令人印象深刻的创新和发展,尤其是在动态模型方面。结构时间序列模型也被称为 DLM,典型的是在 20 世纪 80 年代和 90 年代发展起来的状态空间框架,它引起了学术界的研究和计量经济学家的广泛关注。它对非平稳分量使用随机游走方法,对平稳分量使用 ARIMA 方法,利用卡尔曼滤波对不可观测的状态分量进行估计或预测。新的数据产生并可用时,又被添加到模型中被识别,模型会重新估计随时间变化而变化的结构。此外,与一般的 CLR 模型不同,在一般的 CLR 模型中,所有的误差都被合并为一个误差项,并且我们较少关注识别误差结构,而 SSM 通常更多地关注误差结构,并尽可能地根据需要分解误差结构,从而简化模型的假设。

11.5 计量经济学的挑战

尽管自 20 世纪 30 年代以来,计量经济学在方法论上取得了令人瞩目的发展,但计量经济学家仍面临着许多挑战。

主要的挑战可能来自不可靠的数据或相同但不同源的数据,它们会导致不一致的结果,这些结果经常受到公众的批评。不可靠的数据可能是由于建立在无根据的统计推断基础上的计量经济学模型,而且构成基础统计模型的概率假设往往不完全确定;传统的方法论框架过于强调由理论主导的经验建模,而忽视了数据本身的作用。这种方法总是没有考虑到理论和数据之间的巨大差异、数据的概率结构,以及"不同的推理方式可能会出错"这一事实。

计量经济学家倾向于依赖经济理论来建立模型,而模型的建立仅仅反映了关于经济行为和经济变量之间关系的已知理论。单方程模型可能是不够的,因为给定的数据可能受到许多因素的影响,包括政策决策等。经济数据的适当模型可以包含多个方程或包含许多联立方程。然而，这些联立方程不仅在方程的数量上，而且在模型的结构上，都可能存在根本的差异。

在计量经济学建模中，变量通常分为外生变量和内生变量，计量经济学模型允许将外生变量和内生变量作为解释变量包括在内，因变量同时受外生变量和内生变量的影响，因变量反过来也影响了系统中的内生变量，但内生变量在传统的因果模型中很难具有这种动态关系变化的功能。虽然 CLR 模型允许内生变量和外生变量都包含在方程的右端，但很难允许内生变量的值在估算过程中随因变量动态的变化而发生变化。

挑战还可能来自数据问题。毫无疑问，基于经济理论的模型需要用真实数据来验证。人们普遍认识到，抽象理论与可观测的数据之间存在差距。尽管计量经济学家试图开发弥补这种差距的方法，并努力继续设计复杂的统计技术和各种更复杂的模型，以满足标准的统计假设，但这些统计假设在现实中很少得到满足。

数据问题还包括数据难以获取和数据不准确。数据不准确的主要原因可能来自数据收集或汇编过程。另一个不准确的来源是理论变量信息与统计信息的不一致。从理论模型推导出理论变量，其中一些变量可能是不可观测的变量。统计变量则是在统计模型中通过数据下的可观测的随机变量来展示。数据来源不准确还与模型错误（指定）有关。统计模型以选择相关数据（由理论选择）为前提，但它是通过将概率视角作为随机过程的"实现"来指定模型的。这样的"实现"在一定的规律性条件下描述了概率结构，即联合分布等，也使模型构成了假定概率结构的参数化。如果模型被错误地指定，理论和数据之间就会存在差距，从而导致不可靠的推论。

测量误差是另一个常见的数据问题，这通常是因为某些数据无法通过理论模型和实际 DGP 被衡量，即数据缺少混杂因素和因果关系。例如，如果来自可观测的经济现象的建模数据通常不是理论所设想的"理想环境"的结果，而是正在进行的复杂 DGP 的结果，并且如果系统误差分量和白噪声误差成为非系统分量的附加，特别是当这些白噪声误差成为某些"不可检验的概率假设"时，试图弥补抽象理论与观测数据之间的差距就成为一项非常困难的任务。

关键的挑战还可能来自某些统计方法可信度的丧失。最近统计科学在使用的 p 值方面的危机可能是最好的例子。通常 NHST 和 p 值在计量经济学模型的 NHST 检验中被广泛采用，并被认为是现代计量经济学中最具影响力和变革性的统计概念。然而误用或曲解 p 值,或盲目地应用假设检验,可能会导致误导性的结论。在许多情况下,精确为零的假设不太可能为真。此外,将 $p<0.05$ 值作为唯一的标准来证明假设是否为真可能会导致一些有偏见的分析:一些"假阳性"被夸大了,而一些真正的影响因素被忽视了。因此,重要的是要理解什么是 p 值, p 值的用途是什么,以及如何正确解释 p 值的结果,即我们想知道的假设的实际问题是什么等。

挑战还可能来自一些更深层次的方法论问题。例如,围绕 G-M 定理的计量经济学模型通过在假设(1)至假设(4)下使用 OLS 估计法来证明其合理性。其中,CLR 透视中的误差项在确定推理过程的抽样属性方面起着核心作用。然而,这些假设在现实中很少得到满足,这就需要计量经济学家捕获无关的信息,因为这些信息可以常规地、一致地被整合到估计模型中。但是传统的频率主义分析方法无法捕获此类无关的信息,或者在大多数情况下忽略这种信息,即使它可以被合并,也可能以特别的方式进行。

此外,实践中常见的已知困难是检验各种假设,例如检验单位根、自相关残差,或变化点的存在。虽然这种测试可以提供对模型不确定性的认识,但许多研究人员对此持怀疑态度,特别是在执行大量测试时。因此,它失去了预测的"功率"(the predicted power)。

11.6 结论

也许,计量经济学建模的策略可能并不取决于给定的理论模型的最优估计量的选择,而是取决于对数据的替代统计模型的选择。虽然过去围绕传统 G-M 方法的中心轴选择最佳估计量,但允许观察(数据)发挥更大的作用在建模中可能更为重要。理论仅限于科学发现过程,这是因为在传统方法论中,理论模型主导了实证建模,观察从属于理论,这使得计量经济学建模难以满足 CLR 模型所要求的所有假设。因此,这意味着,相对于使用某些结构和动态模型来说,使用它更具挑战性。一些统计模型,如博克斯—詹金斯的 ARIMA 模型,在这方面似乎比 CLR 模型具有更明显的优势。

另一方面,如果没有一些经济理论准则,基于统计数据的方法本身可能无法走得很远,原因有三:第一,我们很难从几乎数量无限的选择中选择一个合理的模型，因为一个经济体可能有一个复杂的非线性结构，这个结构可能随时间而变化；第二，如果数据集通常很小，或者政策决定不明确或随时间变化，经济数据的性质使其难以用于推断；第三，一些DLM（如SSM）能更灵活地捕捉系统信息，比各种结构模型更好，但并非所有时间序列数据都可以使用这些线性模型进行充分的建模，并且显然它们不适合横截面数据和面板数据。

在预测能力方面，与频率论方法不能将所有必要的信息纳入模型不同，贝叶斯方法可以很好地将一些无关的信息纳入模型，在不确定性的情况下，贝叶斯方法似乎比频率论方法更具优势。由此可见，有时，一些看似科学的方法隐含着不科学的因素（不现实），而一些看似难以用科学方法解释的方法又隐含着科学的因素，如贝叶斯主观先验概率分布。

这表明，没有一个最终的模型或方法能够涵盖经济分析的所有情况，计量经济模型可能没有一致的用法。经济计量模型是一种迭代程序，通常应同时涉及理论和数据。在科学发现过程中，无论是以经济理论为基础的传统计量经济方法，还是以先验论为基础的贝叶斯方法，或是以数据为基础的统计模型方法，理论和数据都是必不可少的。选择哪种方法和哪种类型的模型完全取决于实际的情况和研究的目的，即我们想解决什么问题和要达到什么目的。在这方面，经济理论和基于统计数据的方法在计量经济学等学科中能够提供很大的帮助，因为一旦取得合适的统计模型，人们就可以评估应该选择哪种类型的方法来解释经济规律性，或可以考虑基于这些规律的替代方法。但由于不一致测量或外部无效性，这可能实质上是错误的。因此，选择哪种计量经济学方法又是一门艺术，需要研究者有对各种理论和方法的深刻理解，以及相当多的知识经验和创新思维，以选择正确或适当的方法。

除此之外，最重要的一点是，传统的计量经济学和统计学已经发展将近100年，但即使从今天的角度来看，G-M方法论的原则实际上既没有发生变化，也没有过时。虽然数据形式发生了变化，大多数研究者开始更多地使用数字数据或大数据，但数据所反映的现象的本质并没有改变。尽管学术界已经存在许多不同的模型，包括传统的因果计量经济学模型、基于统计数据的模型或结合不同方法的模型（例如SSM等），还有特定方法（例如贝叶斯或非贝叶斯方法），即我们为了特定目的使用方法以捕获现实，而且尽管我们可能有强有力的论据支持一种或反对另一种，但归根结底，这取决于使用的方法是否可以解决问题，以得出良好有效的结果，它能否捕获不同现象的影响，以及它是否具有强大的预测能力。

对于方法论的学习，最好的方式可能是从理论中学习，从数据中学习，从实验中学习，从方法论的理解中学习。我们永远可以挖掘，但需要有着对计量经济方法的深刻理解，将来自不同方法的不同想法与目标结合起来，以提高其强化学习的效率和创新思维。在这方面，深刻理解计量经济学的方法和良好的科学实践是计量经济学科学创新的重要组成部分。特别是在科学技术爆炸性发展的今天，我们需要学习新的科技手段，接受理解和实施这些方法的学习和培训。计量经济是一门科学，科学需要经过实验才能发展，我们不应该排除任何一种科学实验。超越传统的概念和方法可能会使科学变得更加困难，但它可能有助于避免我们被误导，开拓思维，并推动整个科学向前发展。

最后我们想说的是：尽管计量经济学的发展有将近 100 年的历史，而且尽管自 1944 年起哈尔维莫就将概率论引入并恰当地应用到计量经济学中来，也就是从那时起，计量经济学已经成为一门相当成熟的学科，但计量经济学至今仍然停留在学术领域，计量经济学也没有成为主流经济学。究其原因，就像本书一开始分析的那样，可能是由于人们缺乏对计量经济学方法论的充分和深刻的理解，而缺乏对计量经济学方法论的充分和深刻的理解的更深层次原因可能是，大部分经济学人缺乏必要的数学、统计学和计算机科学的知识和经验。很多大专院校缺乏足够的既懂经济学，又懂数学、统计学和计算机科学的人才。一个奇怪的现象是：一方面，计量经济学在理论和方法领域已经走得很远；另一方面，很大一部分经济学人至今仍然看不懂计量经济模型，也读不懂计量经济文章，更不用说自己编程进行实验。这很像计算机科学的发展，我们可以看到：一方面，计算机软件编程正在改变世界，一切工作都可以通过编程实现，编程正在重新定义这个世界；另一方面，很少有人懂得编程，愿意去学编程，特别是文科学生。一个突出的现象是：计量经济学方法的高度技术性使得目前计量经济学主要群体仍然局限于少数受教于数学、统计、计算机科学和相关领域的经济学专家，和局限于相对少数学者研究的领域，这在中国尤其明显。这可能也是计量经济学在很长时间内并没有能够成长为主流经济学的主要原因。

近年来，一个显著的变化是：例如在英国和美国，很多经济学院都成立了独立的计量经济学系，计量经济学课不再是选修课，而是必修课程。计量经济学也不再仅仅单独与经济学系联系，而是更多地与数学系、统计学系和计算机系合作。更多的院校开始提倡统计学家、数学家、经济学家以及计算机专家一起工作，特别是在至少一个实质性应用基础领域。现在可以看到这样一种趋势：(1)计量经济的方法已经被运用到更多更广泛的领域，从经济学的主流学科到各种分支学科，从经济学到社会学、教育学、健康医疗保健学和医药学，从理科到文科，从工业到商业等多个领域，人们越来越认识到，计量经济学是一个具有重要实际应用的强大领域，在研究方法和探索方法的深度和广度方面都提供了一个全新的考量；(2)现在纯理论推导的文章愈来愈少，只有纯理论推导而没有实证支持的研究很少会被人接受。因此，近年来，计量经济学已经从过去主要的学术研究开始转向主流经济学科。随着大量数据和分析数据软件的日益普及，特别是新的和改进的计量经济软件包的出现，计量经济学学习的时耗被大大缩短了，这减轻了许多计量经济学习方法的实施负担。尤其是当前人工智能 OpenAI 的超乎寻常的快速发展，比如，最新的 ChatGPT4.0 版本已经是刚刚才出的ChatGPT3.5版本算法的 500 多倍。现在人工智能 AI 可以自动为我们生成想要的程序，只要我们能提供关于想要的东西的一些关键信息。看看这些，我们会真正感到这个世界正在发生最深刻的变化，以至于有些人不得不喊停或要求放慢脚步，即要求加强监管和控制这个速度。相信这一趋势肯定会继续下去，计量经济学的普及和发展也会加快。

这本书的目的是促进计量经济学在中国的学习从学术领域到主流领域的过渡。而实现这种过渡的关键在于跨学科的教育，特别是对经济系学生的数学、统计学、计算机科学，尤其是计量经济编程的教育，以及对学习数学、统计学和计算机科学的人员的培养，和对跨学科人员协作研究和合作创办的支持。实现这个转变，可能是所有经济学人不可推卸的责任和历史使命。

注释

① 参阅：Walras, L.(1874), *Elements of Pure Economics or The Theory of Social Wealth*, Allen and Unwin, London(1954), translated by Jaffe, W., Allen and Unwin, London；Walras, L.(1883), *Compendio dos Elementos de Economia Politica Pura*, Abril, Sao Paulo(1983 edited), Sao Paulo: Abril Cultural.

② 参阅：Hoover, K. D.(2006), *Causality in Economics and Econometric*, *An Entry for the New Palgrave Dictionary of Economics*, https://www.amazon.ca/Causality-Macroeconomics-Hoover-Kevin-Paperback.

参考文献

Abraham, B. and Ledolter, J.(1983), *Statistical Methods for Forecasting*, Wiley, New York.

Alogoskoufis, G.(1991), "On Error Correction Models: Specifications Interpretationy Estimation", *J Econ Surv.*, See discussions, stats, and author profiles for this publication at: https://www.researchgate.net/publication/4765129.

Alpaydin, Ethem.(2010), *Introduction to Machine Learning*, MIT Press, p.9, ISBN 978-0-262-01243-0.

Amrhein, V., Trafimow, D. and Greenland, S.(2019), "Inferential Statistics as Descriptive Statistics: There is No Replication Crisis if We Don't Expect Replication", *Am Stat.*, 73,(supl), pp.262—270.

Andersen, S. K.(1991), "Judea Pearl, Probabilistic Reasoning in Intelligent Systems: Networks of Plausible Inference", *Artif Intell.*, 48, pp.117—124, Elsevier Science Publishers.

Aoki, M.(1984), *The Co-operative Game Theory of the Firm*, Oxford, England: Oxford University Press.

Ashworth, A.(2016), *Veto on the Use of Null Hypothesis Testing and p Intervals: Right or Wrong*? Taylor & Francis(Editor), Resources online, http://editorresources.taylorandfrancis-group. com/veto-on-the-use-of-null-hypothesis-testing-and-p-intervalsright-or-wrong (accessed February 27, 2016) Association.

Banerjee, A., Dolado, J. J., Galbraith, J. W. and Hendry, D. F.(1993), *Cointegration, Error Correction, and Econometric Analysis of Non-Stationary Data*, Oxford University Press, Oxford.

Basmann, R. L.(1957), "A Generalized Classical Method of Linear Estimation of Coefficients in a Structural Equation", *Econometrica*, vol.25, pp.77—83.

Basturk, N., Cakmakli, C., Ceyhan, S. P. and van Dijk, H. K. (2013), "Historical Developments in Bayesian Econometrics After Cowles Foundation Monographs 10, 14", *Tinbergen Institute Discussion Paper*, TI, pp.2013—2191/III.

Bayes, T.(1763), "An Essay Towards Solving a Problem in the Doctrine of Chances", *Phil Trans Roy Stat Soc Lond.*, 53, pp.370—418 and 54, pp.296—325, Reprinted in *Biometrika*, 45(1958), pp. 293—315, with a biographical note by G. A. Barnard, Reproduced in Press (1989), pp.185—217.

Benjamin, D. and Berger, J.(2019), "Three Recommendations for Improving the Use of P-values", *Am Stat.*, 73, supl, pp.186—191, DOI: 10.1080/00031305.2018.1543135, To link to this article: https://doi.org/10.1080/00031305.2018.1543135.

Bernardo, J. and Smith, A.(1994), *Bayesian Theory*, Wiley, Chichester(Section 5.6.2).

Blume, J., Greevy, R., Welty, V., Smith, J. and DuPont, W.(2019), "An Introduction to Second Generation *P*-value," *Am Stat.*, 73, supl, pp.157—167, DOI: 10.1080/00031305.2018.1537893, To link to this article: https://doi.org/10.1080/00031305.2018.1537893.

Blume, J. and Peipert, J. F.(2013), "What your Statistician Never Told You About A-values", *J Am Assoc Gynecol Laparosc.*, 10(4), pp.439—444.

Boring, E. G. (1919), "Mathematical vs. Scientific Significance", *Psychol Bull.*, 16 (10), pp.335—338.

Boumans, M.(1992), *A Case of Limited Physics Transfer—Jan Tinbergen's Resources for Re-Shaping Economics*, Thesis Publishers, Amsterdam.

Box, G. and Jenkins, G.(1970), *Time Series Analysis: Forecasting and Control*, Holden-Day, San Francisco.

Box, G. E. P. and Jenkins, G. M.(1970/1976), *Time Series Analysis: Forecasting and Control* (revised edition), Holden-Day, San Francisco.

Box, G. E. P. and Newbold, P.(1971), "Some Comments on a Paper of Coen, Gomme, and Kendall", *J R Statis Soc Ser A.*, 134, pp.229—240.

Breitung, J., Brüggemann, R. and Lütkepohl, H. (2004), "Structural Vector Autoregressive Modelling and Impulse Responses", in H. Lütkepohl and M. Krätzig(eds.), *Applied Time Series Econometrics*, Cambridge University Press, Cambridge, by Mrs. A. Silvey, North-Holland Publishing Company, Amsterdam, 1966, xiv, p.631.

Cade, M.(2013), "Say Bonjour to the Internet's Long-Lost French Uncle", *Wired*, Retrieved 31 July 2017.

Calin-Jageman, R. J. and Cumming, G. (2019), "The New Statistics for Better Science: Ask How Much, How Uncertain, and What Else is Known", *Am Stat.*, 73(S1), pp.271—280, *Statistical Inference in the 21st Century*, https://doi.org/10.1080/00031305.2018.1518266.

Chatfield, C.(1996), *The Analysis of Time Series. An Introduction*(5th edition), Chapman and Hall/CRC, London.

Chatfield, C.(2000), *Time-Series Forecasting*, Chapman and Hall/CRC, London.

Chen, W., W. McCausland and J. J. Stevens.(2003), "User Manual for the Windows R version of BACC(Bayesian Analysis, Computation, and Communication)", http://www2.cirano.qc.ca/~bacc/, Cornell University Library(August 2001).

Chow, J., Smith, P., Brown, G., Silva, D. B. N. and Zong, P.(2010), "Modelling the UK Labour Force Survey Using a Structural Time Series Model", conference paper published in JSM 2010.

Christ, C. F. (1985), "Early Progress in Estimating Quantitative Economic Relationships in America", *Am Econ Rev.*, 75, pp.39—52.

Clemens, R. T. (1989), "Combining Forecasts: a Review and Annotated Bibliography", *Int J Forecast.*, 8(559), p.83.

Coad, A. and Srhoj, S.(2020), "Catching Gazelles with a Lasso: Big data Techniques for the Prediction of High-growth Firms", *Small Bus Econ.*, 55 (1), pp. 541—565, DOI: 10.1007/s11187-019-00203-3.

Cochrane, D. and Orcutt, G.(1949), "Application of Least Squares Regressions to Relationships Containing Autocorrelated Error Terms", *J Am Stat Assoc.*, 44, pp.32—61.

Cooper, R. L. (1972), "The Predictive Performance of Quarterly Econometric Models of the United States", in B. G. Hickman(ed.), *Econometric Models of Cyclical Behavior*, Columbia University Press, New York.

Cox, D. R. (1977), "The Role of Significance Tests(with discussion)", *Scand J Stat.*, 4, pp.49—70.

Cox, D. R.(1982), "Statistical Significance Tests", *Br J Clin Pharmacol.*, 14, pp.325—331.

Cox, N. J.(2005), "A Brief History of Stata on its 20th Anniversary". *The Stata Journal*, 5(1), pp.2—18, DOI: 10.1177/1536867X0500500102, S2CID 118366843, Retrieved 22 April 2021.

Cox, N. J.(2005), "A Brief History of Stata on its 20th Anniversary", *The Stata Journal*, 5(1), pp.2—18, DOI: 10.1177/1536867X0500500102, S2CID 118366843, Retrieved 22 April 2021.

Cromwell, J. B. and Michel, T.(1994), "Multivariate Tests for Time Series Models", *SAGE*, *Social Science*, issue 100, London and Los Angeles.

Cumming, G.(2008), "Replication and *P* Intervals: *P* Values Predict the Future only Vaguely, but Confidence Intervals Do Much Better", *Perspect Psychol Sci.*, 3(4), pp.286—300, DOI: 10.1111/j.1745-6924.2008.00079.x.

David, F. N. and Neyman, J.(1938), "Extension of the Markoff Theorem on Least Squares", *Stat Res Memoir*, II, pp.105—116.

Davis, N. and Newbold, P.(1979), "Some Power Studies of a Portmanteau Test of Time Series Model Specification", *J. Biometrika*, 66(1), pp.153—155.

Davis, H. T.(1941), *The Theory of Econometrics*, Principia Press, Inc., Indiana.

Deaton, A. and Muellbauer, J. (1980), "An Almost Ideal Demand System." *Am Econ Rev.*, 70(3), pp.312—326, DOI: 10.1007/s10654-016-0149-3, Epub 21 May 2016.

Doan, T. A.(2004), *User's manual RATS*, Version 5, Estima, Evanston, IL, USA, http://www.estima.com.

Doornik, J. A. and D. F. Hendry(1999), *GiveWin: An Interface to Empirical Modelling*, 2nd ed., Timberlake Consultants Press, London, UK.

Dougherty, C.(2007), *Introduction to Econometrics*, 3rd ed., Oxford University Press, UK.

Durbin, J.(1960), "Estimation of Parameters in Time Series Regression Models", *J R Stat Soc Ser B.*, 22, pp.139—153.

Durbin, J. and Koopman, S.(2001), *Time Series Analysis by State Space Methods*, Clarendon Press, Oxford, England, Retrieved from https://books.google.co.uk/books?id=XRCu5iSz HwC.

Durbin, J.(1970), "Detection Auto-correlation in the Presence of Lagged Dependent Variables", in C. Brooks(ed.) *Introductory Econometrics for Finance-CUP* (2014), Chapter 5, p.197, Cambridge University Press, England.

Edgeworth, F. Y. (1885), "Methods of Statistics", https://mathshistory.st-Andrews ac.uk/Biographies/Edgeworth, first published in 1885, *J Stat Soc Lond.*, https://doi.org/10.1111/j.2397-2343.1885.tb02171.x.

Elliotta, D. J. and Zong, P.(2019), "Improving Timeliness and Accuracy of Estimates from the UK Labour Force Survey", *Statistical Theory and Related Fields*, 3(2), pp.186—198.

Engle, R. F. and Granger, C. W. J.(1987), "Co-integration and Error-correction: Representation, Estimation and Testing", *Econometrica*, 55, pp.251—276.

Epstein, R. J.(1987), *A History of Econometrics*, North-Holland, Amsterdam.

Fair, W. R. and R. C. Parke(2003), *The Fair-Parke Program for the Estimation and Analysis of Nonlinear Econometric Models*, *User's Guide*, Yale University, New Haven, CT, USA, http://fairmodel.econ.yale.edu.

Fidler, F., Thomason, N., Cumming, G., Finch, S. and Leeman, J.(2004), "Editors can Lead Researchers to Confidence Intervals, but Can't Make Them Think: Statistical Reform Lessons 18 from Medicine", *Psychol Sci.*, 15(2), pp.119—126, https://doi.org/10.1111/j.0963-7214.2004.01502008.x.

Findley D. F., Monsell B., Bell W., Otto M. and Chen B. C.(1998), *New Capabilities and Methods of the X-12-ARIMA Seasonal Adjustment Program*, U. S. Census Bureau, available at: http://www.census.gov.

Findley D. F., Monsell B., Otto M., Bell W. and Pugh M.(1988), *Toward X-12-ARIMA*, U. S. Census Bureau, available at: http://www.census.gov.

Fisher, I.(1911), *The Purchasing Power of Money*, MacMillan, New York.

Fisher, R. A.(1951), "Statistics", in A. E. Heath(ed.) *Scientific Thought in the Twentieth Century*, Watts, London, pp.31—55.

Fisher, R. A.(1922), "On the Mathematical Foundations of Theoretical Statistics", *Philos Trans R Soc A.*, 222, pp.309—368.

Fisher, R. A.(1925), *Statistical Methods for Research Workers*, Oliver & Boyd, London.

Fisher, R. A.(1955), "Statistical Methods and Scientific Induction", *J R Stat Soc Ser B.(Methodol)*, 17(1), pp.69—78.

Fisher, R. A.(1956), *Statistical Methods for Research Workers*, Hafner, New York, p.44.

Flanagan, O.(2015), "Journal's Ban on Null Hypothesis Significance Testing: Reactions from the Statistical Arena", *Stats Life Online*, https://www.statslife.org.uk/opinion/2114-journal-s-ban-on-nullhypothesis-significance-testing-reactions-from-the-statistical-arena(accessed February 27, 2016).

Friedman, J., Hastie, T. and Tibshirani, R.(2010), "Regularization Paths for Generalized Linear Models via Coordinate Descent", *J Stat Software*, 33(1), pp.1—21, https://www.jstatsoft.org/article/view/v033i01/v33i01.pdf.

Friedman, M.(1957), *A Theory of Consumption Function*, Princeton University Press Princeton, American.

Frisch, R.(1927a), "The Analysis of Statistical Time Series", in *Mimeo*, Oslo University, Norway.

Frisch, R.(1931), "A Method of Decomposing an Empirical Series into Its Cyclical and Progressive Components", *J Am Stat Assoc Suppl.*, 23, pp.73—78.

Frisch, R.(1932), *New Methods of Measuring Marginal Utility*, Verlag von J. Siebeck, Tubingen.

Frisch, R.(1933a), "Propagation Problems and Impulse Problems in Dynamic Economics", in K. Koch(ed.) *Economic Essays in Honour of Gustav Cassel*, Frank Cass, London, pp.171—205.

Frisch, R.(1933b), "Editorial", *Econometrica*, 1(1), pp.1—4.

Frisch, R.(1934), *Statistical Confluence Analysis by Means of Complete Regression Systems*, Publication No.5, University Institute of Economics, Oslo.

Frisch, R.(1936), "On the Notion of Equilibrium and Disequilibrium", *Rev Econ Stud.*, 3(2), pp.100—105.

Gannon, M., Pereira, C. and Polpo, A.(2019), "Blending Bayesian and Classical Tools to Define Optimal Sample-size-dependent Significance Levels," *Am Stat.*, 73(S1), pp.213—222.

Gelman, A. and Loken, E.(2014), "The Statistical Crisis in Science: Data-dependent Analysis— A 'Garden of Forking Paths'—Explains Why Many Statistically Significant Comparisons Don't Hold Up", *Am Sci.*, 102, pp.460—465, Erratum at http://andrewgelman.com/ 2014/10/14/ didn't-say-part-2/(accessed February 27, 2016).

Georgiev, G. Z.(2017), "Statistical Significance in A/B Testing—a Complete Guide", [online] http://blog. analytics-toolkit. com/2017/statistical-significance-ab-testing-complete-guide/(accessed April 27, 2018).

Georgiev, G. Z.(2018), "Confidence Intervals & *P*-values for Percent Change/Relative Difference", [online] http://blog. analytics-toolkit. com/2018/confidence-intervals-p-values-percent-change-relative-difference/(accessed May 20, 2018).

Geweke, J.(2005), *Contemporary Bayesian Econometrics and Statistics*, John Wiley & Sons, New York.

Gill, J.(2018), "Comments from the new editor", *Polit Anal.*, 26(1), pp.1—2, https://doi. org/10.1017/pan.2017.41

Goldberger, A. S.(1964), *Econometric Theory*, John Wiley & Sons, New York.

Goldberger, A.(1991), *A Course in Econometrics*, North-Holland, Amsterdam.

Goldfeld, S. and Quandt, R.(1872), *Nonlinear Methods in Econometrics*, North-Holland, Amsterdam.

Goodman, S. N.(1990), "Toward Evidence-based Medical Statistics: the *P*-value Fallacy", *Ann Intern Med.*, 130(12), pp.995—1004, DOI: 10.7326/0003-4819-130-12-199906150-00008.

Goodman, S. N., Douglas, G. and Altman, D. G.(2016), "Statistical Tests, *P*-values, Confidence Intervals, and Power: A Guide to Misinterpretations", *Eur J Epidemiol.*, 31, pp.337—350, DOI: 10.1007/s10654-016-0149-3. https://link.springer.com/content/pdf/10.1007/s10654-016-0149-3.pdf.

Goodman, W., Spruill, S. and Komaroff, E.(2019), "A Proposed Hybrid Effect Size Plus *P*-value Criterion: Empirical Evidence Supporting Its Use," *Am Stat.*, 73[5], supl, pp.168—185, DOI: 10.1080/00031305.2018.1564697, to link to this article: https://doi.org/10.1080/00031305.2018.1564697.

Granger, C. W. J.(ed.)(1990), *Modelling Economic Series*, Clarendon Press, Oxford.

Granger, C. W. J. and Newbold, P. (1974), "Spurious Regressions in Econometrics", *J Econom.*, 2, pp.111—120.

Granger, C. W. J. and Newbold, P.(1986), *Forecasting Economic Time Series*, 2nd ed., Academic Press, London.

Granger, C. W. J.(1996), "Can We Improve the Perceived Quality of Economic Forecasts?", *J Appl Econ.*, 455, p.73.

Granger, C. W. J. (1999), *Empirical Modeling in Economics*, Cambridge University Press, Cambridge, England, p.58.

Granger, C. W. J. and Ramanathan, R.(1984), "Improved Methods of Combining Forecasts", *J Forecast.*, 3, pp.197—204, DOI: 10.1002/for.3980030207.

Greenberg, E.(2008) *Introduction to Bayesian Econometrics*, Cambridge University Press, Cambridge, England.

Greenland, S.(2019), "Valid P-values Behave Exactly as They Should: Some Misleading Criticisms of P-values and Their Resolution with S-values," *Am Stat.*, 73, sup1, pp.106—114.

Greenland, S., Senn, S. J., Rothman, K. J., Carlin, J. B., Poole, C., Goodman, S. N. and Altman, D. G.(2016), "Statistical Tests, *P*-values, Confidence Intervals, and Power: A Guide to Misinterpretations", *Eur J Epidemiol.*, 31, pp.337—350, DOI: 10.1007/s10654-016-0149-3, https://link.springer.com/content/pdf/10.1007/s10654-016-0149-3.pdf.

Gregersen, E. (ed.)(2006), *The Britannica Guide to Statistics and Probability*, also see *Biographical Index of Former Fellows of the Royal Society of Edinburgh 1783—2002*(PDF), The Royal Society of Edinburgh, July 2006, ISBN 0-902-198-84-X, Archived from the original (PDF) on 4 March 2016, Retrieved 27 January 2018, The Rosen Publishing Group, Inc., Download [PDF] The Britannica Guide To Statistics And Probability Free—Usakochan PDF.

Gujarati, D. N.(2003), *Basic Econometrics*, McGraw Hill Higher Education, New York.

Haavelmo, T.(1938), "The Method of Supplementary Confluent Relations, Illustrated by A Study of Stock Prices", *Econometrica*, 6, pp.203—218.

Haavelmo, T.(1939a), *Indledning til Statistikkens Teori*, Aarhus Universitets Okonomiske Institut, Mimeo.

Haavelmo, T.(1939b), *A Dynamic Study of Pig Production in Denmark*, Aarhus Universitets Okonomiske Institut, Aarhus, Denmark.

Haavelmo, T.(1943), "The Statistical Implications of a System of Simultaneous Equations", *Econometrica*, 11, pp.1—12.

Haavelmo, T.(1944), "The Probability Approach in Econometrics", *Econometrica*, 12, supplement, pp.1—118.

Hall, R. (1978), "Stochastic Implications of the Life Cycle Permanent Income Hypothesis: Theory and Evidence", *J Polit Econ.*, 86, pp.971—987.

Halsey, L. G., Curran-Everett, D., Vowler, S. L. and Drummond, G. B.(2015), "The Fickle *P*-value Generates Irreproducible Results", *Nat Methods*, 12(3), pp.179—185, DOI: 10.1038/nmeth.3288.

Harvey, A. C.(1989), *Forecasting, Structural Time Series Models and the Kalman Filter*, Cambridge University Press, Cambridge, England.

Harvey, A. C.(1993), *Time Series Models*, 2nd ed., MIT Press, Cambridge.

Harvey, A. C. and Shephard, N.(1993), "Structural Time Series Models", G. S. Maddala, C. R. Rao and H. D. Vinod, eds., *Handbook of Statistics*, Vol.11, p.3, Elsevier Science Publishers B. Y, London.

Harvey, A. and Chung.(2000), "Producing Monthly Estimates of Unemployment and Employment According to the International Labour Office Definition(with discussion)". *J R Stat So Ser A.*, 160, pp.5—46.

Hayashi, F.(2000), *Econometrics*, Princeton University Press, Princeton, NJ.

Heckman, J. J.(1992), "Haavelmo and the Birth of Modern Econometrics: A Review of the History of Econometric Ideas by Mary Morgan," *J Econ Lit.*, XXX, pp.876—886.

Hendry, D.(1980), "Econometrics—Alchemy or Science", *Economica*, 47, pp.387—406.

Hoover, K. D.(2006), "Causality in Economics and Econometrics", *An Entry for the New Palgrave Dictionary of Economics*, Palgrave Macmillan, London, https://www.amazon.ca/Causality-Macroeconomics-Hoover-Kevin-Paperback.

Hornik, K. (2012), "The Comprehensive R Archive Network". *WIREs Computational Statistics*, 4(4), pp.394—398, DOI: 10.1002/wics.1212, ISSN 1939-5108, S2CID 62231320, http://www.oxmetrics.com.

Hume, D.(1748), *Enquiries Concerning Human Understanding and Concerning the Principles of Morals*, Clarendon, Oxford.

Ihaka, R.(1998), "R: Past and Future History", (PDF)(Technical report), Statistics Department, The University of Auckland, Auckland, New Zealand; "R license", *R-project*, Retrieved 5 August 2018.

Jenkins, G. M. and Watts, D. G.(1968), *Spectral Analysis and Its Applications*, Holden-Day, San Francisco, pp.243—238.

Jiang, Y.(2016), "Variable Selection with Prior Information for Generalized Linear Models via the Prior Lasso Method", *J Am Stat Assoc.*, 111 (513), pp. 355—376, DOI: 10. 1080/ 01621459.2015.1008363, PMC 4874534, PMID 27217599.

Johansen, S.(1991), "Estimation and Hypothesis Testing of the Cointegrating Vector of Gaussian Vector Autoregressive Models", *Econometrica*, 59, pp.1551—1580.

Johansen, S. and Juselius, K.(1990), "Maximum Likelihood Estimation and Inference on Cointegration—with Applications to the Demand for Money", *Oxford Bull Econ Stat.*, 52, pp. 169—210.

Johnston, J.(1987), *Econometric Methods*, McGraw-Hill Book Co, New York.

Johnston, J. and DiNardo, J.(1997), *Econometric Methods*, McGraw-Hill Book Co, New York.

Jolink, A.(2003), *Jan Tinbergen—The Statistical Turn in Economics: 1903—1955*, Rotterdam: Chimes.

Jones, M. (2011), "Evolution of shells in Linux", developerWorks, IBM, Retrieved 01 August 2017.

Jordan, M. I., Bishop, C. M.(2004), "Neural Networks", in Allen B. Tucker(ed.), *Computer Science Handbook*, *Second Edition*(Section VII: Intelligent Systems), Boca Raton, Florida: Chapman & Hall/CRC Press LLC., ISBN 978-1-58488-360-9.

Kalman, R.(1960), "A New Approach to Linear Filtering and Prediction Problems", *Trans*, *AMSE-J Basic Eng (Ser D.)*, 82, pp.35—45.

Kendall, S. M., Stuart, A. and Ord, J. K.(1983), *The Advanced Theory of Statistics*(vol.3, 4th edition), Charles Griffin, High Wycombe.

Kennedy, P.(1998), *Guide to Econometrics*, The MIT Press, Cambridge, MA.

Keynes, J. M.(1891), *The Scope and Method of Political Economy*, McMillan, London.

Keynes, J. M.(1936), *The General Theory of Employment*, *Interest and Money*, Macmillan, London.

Keynes, J. M.(1937), "The General Theory of Employment", *Quarterly Journal of Economics*, 51, pp.209—223.

Keynes, J. M.(1939), "Relative Movements of Real Wages and Output", *Econ J.*, 49(193), pp.34—51.

Kitagawa, G.(1987), "Monte Carlo Filter and Smoother for Non-Gaussian Nonlinear State Space Models", *J Comput Graph Stat.*, 5(1)(March 1996), pp.1—25, Taylor & Francis, Ltd.

Klein, L. R. and Goldberger, A. S.(1955), *An Econometric Model of the United States*, *1929— 1952*, North-Holland, Amsterdam.

Kline, R. B.(2004), *Beyond Significance Testing*, American Psychological Association, Washington, DC.

Kohavi, R. and F. Provost.(1998), "Glossary of Terms", *Machine Learning*, vol.30, no.2—3, pp.271—274.

Kolmogorov, A. N.(1933), *Foundations of the Theory of Probability*, 2nd English ed., Chelsea Publishing Co., New York.

Koopmans, T. C.(1937), *Linear Regression Analysis of Economic Time Series*, Haarlem, De Erven F., Bohn. N. V., p.150.

Koopmans, T. C.(1946), *Estimating Relations from Nonexperimental Observations*, Abstracts of papers presented at Cleveland, with L. Hurwicvz, J. Marschak and R. Leipnik, Koopmans Archive.

Koopmans, T. C.(1950), "Statistical Inference in Dynamic Economic Models", in T. C. Koopmans(ed.) *Cowles Commission Monograph*, No.10, John Wiley & Sons, New York.

Koopmans, T. C.(1992), "Nobel Lecture", in A. Lindbeck(ed.) *"Nobel Lectures Economics"*, World Scientific Publishing Co, Singapore, pp.1969—1980.

Koopmans, T. C.(1945), "Statistical Estimation of Simultaneous Economic Relations", *J Am Stat Assoc.*, 40, pp.448—466.

Kurt Hornik. (2008), *The R FAQ: Why R?* ISBN 3-900051-08-9, Retrieved 29 January 2008.

Lang, J. M., Rothman, K. J. and Cann, C. I.(1998), "That Confounded P-value", *Epidemiology*, 9, pp.7—8.

M. de, L.(1812), *Théorie Analytique des Probabilités*, Gauthiers-Villiers, Paris, Oeuvres Completes, vol.VII(1886 edn.).

Ladiray, D. and B. Quenneville(2001), *Seasonal Adjustment with the X-11 Method*, Springer Verlag, New York, NY.

Langley, P.(2011), "The Changing Science of Machine Learning", *Machine Learning*, 82(3), pp.275—279, DOI: 10.1007/s10994-011-5242-y.

Lardaro, L.(1993), *Applied Econometrics*, HarperCollins College Publishers, New York.

Lee, P. M. (2012), *Bayesian Statistics: An Introduction*, 4th ed., Wiley, Hoboken, New Jersey.

Legendre, A. (1805), *Nouvelles Méthodes pour la Détermination des Orbites des Comètes*, Courcier, Paris.

Lehman, E. L.(1959), *Testing Statistical Hypotheses*, John Wiley & Sons, New York.

Lu, Y and Belitskaya-Levy, I.(2015), "The Debates About P-values", *Shanghai Arch Psychiatry*, 27(6), pp.381—385, DOI: 10.11919/j.issn.1002-0829.216027.

Lütkepohl, H. and Krätzig, M. (eds.)(2004), *Applied Time Series Econometrics*, Cambridge University Press, Cambridge.

Maddala, G. S.(2001), *Introduction to Econometrics*, 3rd ed., John Wiley & Sons, Hoboken.

Mahamoud, E.(1984), "Accuracy in Forecasting: A Survey", *J Forecast.*, 3, pp.139—159.

Malinvaud, E.(1966), *Statistical Methods of Econometrics*, North Holland Publishing Company Translated from the Frenchby Malinvaud, E Silvey.

Mann, H. B. and Wald, A.(1943), "On the Statistical Treatment of Linear Stochastic Difference Equations", *J Econ.*, Vol.11, No.3/4, pp.173—220.

Marshall, A.(1848), "Principles of Political Economy with Some of Their Applications to Social

Philosophy", W. J. Ashley(ed.), Longman, Green, London, 1909.

Marshall, A.(1890), *Principles of Economics—An Introductory Volume*, London: Macmillan (8th ed., 1920), also in 8th ed., London: Macmillan, Mill, John Stuart(1930).

Mayo, D. G. and Spanos, A.(2006), "Severe Testing as a Basic Concept in a Neyman—Pearson Philosophy of Induction", *Brit Soc Philos Sci.*, 57, pp.323—357.

Mayo, D. G., Spanos, A.(2010), "Error statistics", in P. S. Bandyopadhyay and M. R. Forster (eds.), *Phil Stat.*, 7, pp.152—198, *Handbook of the Philosophy of Science*, Elsevier, the Netherlands.

Mazières, D.(2004), "MULTICS-The First Seven Years", *Advanced Operating Systems*, Stanford Computer Science Department, Retrieved 01 August 2017.

Meinhold, R. J. and Singpurwalla, N. D.(1983), "Understanding the Kalman Filter", *Am Stat.*, 37(2), pp.123—127.

Mill, J. S.(1874), *Essays on Some Unsettled Questions of Political Economy*, 2nd ed., Longmans, London.

Mill, J. S.(1884), *A System of Logic*, 8th ed., Harper and Brothers, New York.

Mills, F. C.(1924/1938), *Statistical Methods*, Henry Holt and Co., New York.

Miller, R. W.(1978), *Fact and Method: Explanation, Confirmation, and Reality in the Natural and Social Sciences*, Princeton University Press, Princeton, NJ, p.176.

Mills, T. C.(1993), *The Econometric Modelling of Financial Time Series*, Cambridge University Press, Cambridge.

Moore, H. L.(1908), "The Statistical Complement of Pure Economics", *Quart J Econ.*, 23, pp.1—33.

Moore, H.(1929), *Synthetic Economics*, MacMillan, New York.

Morgan, M. S.(1990), *The History of Econometric Ideas*, Cambridge University Press, Cambridge.

Newton, H. Joseph.(2005), "A Conversation with William Gould", *The Stata Journal*, 5(1), pp.19—31, DOI: 10.1177/1536867X0500500103, S2CID 118322998.

Neyman, J. and Pearson, E. S.(1933), "On the Problem of the Most Efficient Tests of Statistical Hypotheses", *Phil Trans R Soc A.*, 231, pp.289—337.

O'Hagan, A.(1994), *Bayesian Inference, Kendall's Advanced Theory of Statistics*, Edward Arnold, London.

Ooms, M.(2006), "Econometric Software Development: Past, Present and Future", *Statistica Neerlandica*, vol.60, no.2, pp.206—224.

Pagano, D. F.(1972), "Construct Validity, Disconfirming Evidence and Test-Anxiety Research", https://doi.org/10.1111/j.1467-6494.1972.tb00654.x.

Pearl, J.(1988), *Probabilistic Reasoning in Intelligent Systems: Networks of Plausible Inference*, Morgan Kaufmann, San Mateo.

Pearl, J.(1994), "A probabilistic Calculus of Actions", in M. R. Lopez de and D. Poole(eds.) *UAI'94 Proceedings of the Tenth International Conference on Uncertainty in Artificial Intelligence*, Morgan Kaufmann, San Mateo CA, pp.454—462.

Pearl, J.(2000), *Causality: Models, Reasoning and Inference*, Cambridge University Press, Cambridge, England.

Pearson, K.(1895), "Contributions to the Mathematical Theory of Evolution II. Skew Variation in Homogeneous Material", *Philos Trans R Soc Lond Ser A.*, 186, pp.343—414.

Pearson, K.(1897), "The Chances of Death", in K. Pearson(ed.) *The Chances of Death and Other Studies in Evolution*, Edward Arnold, London, pp.1—41.

Pearson, K. (1920), "The Fundamental Problem of Practical Statistics", *Biometrics*, XIII, pp.1—16.

Pesaran, M. H.(1987), "Global and Partial Non-nested Hypotheses and Asymptotic Local Power", *Econometric Theory*, vol.3, issue. 1, February 1987, pp.69—97, DOI: https://doi.org/10.1017/S0266466600004138.

Petris, G., Petrone, P. and Campagnoli, A.(2009), *Dynamic Linear Models with R*, Springer, Dordrecht Heidelberg, London and New York.

Pfeffermann, D.(1991), "Estimation and Seasonal Adjustment of Population Means Using Data from Pepeated Surveys", *J Business Econ Stat.*, 9(2), pp.163—177.

Pfeffermann, D., Bell, P. and Signorelli, D.(1996), "Labour Force Trend Estimation in Small Areas", *Proceedings of the Bureau of Census Annual Research Conference and Technology Interchange*, U. S. Bureau of the Census, Washington, DC, pp.407—431.

Pfeffermann, D., Bell, P. and Signorelli, D.(1998), "Estimation of Autocorrelations of Survey Error with Application to Trend Estimation in Small Areas", *J Business Econ Stat.*, 16(3), pp.407—443.

Priestley, M. B.(1981), *Spectral Analysis and Time Series*, Academic Press, London and New York, 2v, xv, ii, p.890.

Quetelet, A.(1796—1874), entry in "The Britannica Guide to Statistics and Probability", edited by Erik Gregersen, also see "Biographical Index of Former Fellows of the Royal Society of Edinburgh 1783—2002"(PDF), *The Royal Society of Edinburgh*, July 2006, ISBN 0-902-198-84-X, Archived from the original(PDF) on 4 March 2016, Retrieved 27 January 2018.

Rao, C. R.(1992), "R. A. Fisher: the Founder of Modern Statistics", *Stat Sci.*, 7, pp.34—48.

Rao, C. R.(2004), "Statistics: Reflections on the Past and Visions for the Future", *Amstat. News*, 327, pp.2—3.

Richard, E. and Quandt, R. E.(1988), *The Econometrics of Disequilibrium*, Basil Blackwell, New York.

Robert, C.(2001), *The Bayesian Choice*, 2nd ed., Springer-Verlag, New York.

Ruberg, S., Harrell, F., Gamalo-Siebers, M., LaVange, L., Lee, J., Price, K. and Peck, C. (2019), "Inference and Decision-making for 21st Century Drug Development and Approval", *Am Stat.*, 73, sup1, pp.319—327.

Russell, S., Norvig, P. (2003\1995), *Artificial Intelligence: A Modern Approach*(2nd ed.), Prentice Hall, ISBN 978-0137903955.

Samuelson, P. A., Koopmans, T. C. and Stone, J. R. N.(1954), "Report of the Evaluative Committee for Econometrica", *Econometrica*, 22(2), pp.141—146.

Scott, A. J., Smith, T. M. F. and Jones, R. G.(1977), "The Application of Time Series Methods to the Analysis of Repeated Surveys", *Int Stat Rev.*, 45, pp.13—28.

Shpitser, I. and Pearl, J.(2006), "Identification of Conditional Interventional Distributions", in Dechter, R, Richardson, T. S.(eds.), *Proceedings of the Twenty-Second Conference on Uncertainty in Artificial Intelligence*, AUAI Press, Corvallis, OR, pp.437—444.

Sims, C. A., Stock, J. H. and Watso, M. W.(1990), "Inference in Linear Time Series Models with Some Unit Roots", *Econometrica*, 58(1), pp.113—144.

Slutsky, E.(1927), "The Summation of Random Causes as the Source of cyclic processes"(in Russian), English translation in *Econometrica*, 5, 1937.

Slutzy, E.(1927), "Problems of Economic Conditions", The Conjuncture Institute, Moscow, vol.3(1); published in English in *Econometrica*, "The Summation of Random Causes as a Source of Cyclical Processes", 5(2), April 1937, pp.105—146.

Smith, A. (1776), *An Inquiry into the Nature and Causes of the Wealth of Nations*, vol.1, 1st ed., W. Strahan, London, Retrieved 7 December 2012, vol.2 via Google Books, see "The Wealth of Nations-Wikipedia". https://en.wikipedia.org/wiki/The_Wealth_of_Nations.

Soliani, L.(2007), "Statistica Applicata Alla Ricerca e Alle Professioni Scientifiche", *Manuale di statistica univariata e bivariate*, Uninova-Gruppo Pegaso, Parma, pp.8—11, http://www.dsa.unipr.it/soliani/soliani.html(accessed May 2, 2019).

Samuel, A.(1959), "Some Studies in Machine Learning Using the Game of Checkers", *IBM Journal of Research and Development*, 3(3), pp.210—229, CiteSeerX 10. 1. 1. 368. 2254, DOI: 10.1147/rd.33.0210.

Sarle, Warren(1994), "Neural Networks and Statistical Models", CiteSeerX 10.1.1.27.699, SPSS Statistics.

Spanos, A. (2001), "Time Series and Dynamic Models", Ch.28, in B. Baltagi (ed.), *A Companion to Theoretical Econometrics*, Blackwell Publishers, Oxford, pp.585—609.

Spanos, A. (2006), "Econometrics in retrospect and prospect", *The Palgrave Handbook of Econometrics*, vol.1, Theoretical Econometrics, Houndmills, New York, Palgrave Macmillan, cop.

Stigler, S. M.(1986), *The History of Statistics*, Belknap Press, Cambridge, MA.

Theil, H.(1953), *Repeated Least-Squares Applied to Complete Equation Systems*, The Hague: The Central Planning Bureau, The Netherlands(mimeographed).

Tibshirani, R., Saunders, M., Rosset, S., Zhu, J. and Knight, K. (2005), "Sparsity and Smoothness via the Fused Lasso", *J R Stat Soc Ser B.(Stat Methodol.)*, 67(1), Wiley, pp.91—108, https://www.jstor.org/stable/3647602.

Tibshirani, R.(1996), "Regression Shrinkage and Selection via the Lasso", *J R Stat Soc Ser B.(Methodol.)*, Wiley, 58(1), pp.267—288, JSTOR 2346178.

Tibshirani, R.(1997), "The Lasso Method for Variable Selection in the Cox Model", *Stat Med.*, 16(4), pp.385—395.

Tiller, R. B.(1992), "Time Series Modeling of Sample Survey Data from the U. S. Current Population Survey", *J Off Stat.*, 8, pp.149—166.

Tinbergen, J.(1939), *Statistical Testing of Business Cycle Research*, vol.2, League of Nations, Geneva.

Tinbergen, J.(1940), "Econometric Business Cycle Research", *Rev Econ Stud.*, 7, pp.73—80.

Tinbergen, J. (1988), "Professor Tinbergen's Economics: A Comment on Dopfer", *J.Econ. Issues*, 22(3), pp.851—856.

Tinbergen, J.(1990), "The Specification of Error Terms", in Velupillai, K.(ed.), *Nonlinear and Multisectoral Macro Dynamics: Essays in Honor of Richard Goodwin*, Macmillan, London, pp.201—206.

Tinbergen, J.(1992), "End of the Debate?" *J. Econ. Issues*, 26(1), pp.255—256.

Tinbergen, J.(1974), "Ragnar Frisch's Role in Econometrics: A Sketch", *Eur Econ Rev.*, 5, pp.3—6.

Tinbergen, J.(1951), *Econometrics*, The Blakiston Company, New York, NY.

Tong, C.(2019), "Statistical Inference Enables Bad Science Statistical Thinking Enables Good Science", *Am Stat.*, DOI: 10.1080/00031305.2018.1518264.

Tong, C.(2019), "Statistical Inference Enables Bad Science Statistical Thinking Enables Good Science", *Am Stat.*, DOI: 10.1080/00031305.2018.1518264.

Trafimow, D. and Marks, M.(2015), "Editorial", *Basic Appl Soc Psychol.*, 37(1), pp.1—2, https://doi.org/10.1080/01973533.2015.1012991.

Trafimow, D. and Marks, M.(2015), "Editorial". *Basic Appl Soc Psychol.*, 7, pp.1—2.

Uskali Mäki,(ed.)(2001), *The Economic World View: Studies in the Ontology of Economics*, Cambridge University Press, Cambridge, England.

Walras, L.(1883), *Compendio dos Elementos de Economia Politica Pura*, Abril, Sao Paulo (1983 edited).

Walras, L.(1874), *Elements of Pure Economics or The Theory of Social Wealth*, Allen Unwin, London(1954 edited).

Wasserstein, R. L., Schirm, A. L. and Lazar, N. A.(2019), "Moving to a World Beyond '$P <$ 0.05'", *The American Statistician*, ISSN: 0003-1305(Print) 1537—2731(Online), Journal homepage: https://www.tandfonline.com/loi/utas20, to link to this article: https://doi.org/10.1080/00031305.2019.1583913.

W. C. Hood and Tjalling C. Koopmans(1953), *Studies in Econometric Method*, John Wiley & Sons, New York, p.133.

Wei, W. W. S.(1993), *Time Series Analysis: Univariate and Multivariate Methods*, Addison Wesley Publishing Company Inc., Toronto.

Wellek, S.(2017), "A Critical Evaluation of the Current P-value Controversy"(with discussion), *Biometr J.*, 59, pp.854—900.

West, M. and Harrison, J.(1989), *Bayesian Forecasting and Dynamic Models*, Springer, New York, p.704, ISBN 0-387-97025-8.

Wikipedia, at Econometrics-Wikipedia, https://en.wikipedia.org/wiki/Econometrics.

Wilkinson, L.(1999), "Statistical Methods in Psychology Journals Guidelines and Explanations", *American Psychologist*, 54(8), pp.594—604, https://doi.org/10.1037/0003-066X.54.8.594.

Wold, H. O.(1938), *A Study in the Analysis of Stationary Time Series*, Almquist and Wicksell, Uppsala.

Yule, G. U.(1926), "Why Do We Sometimes Get Nonsense Correlations Between Time Series— A Study in Sampling and the Nature of Time Series", *J R Stat Soc.*, 89, pp.1—64.

Yule, G. U.(1927), "On a Method of Investigating Periodicities in Disturbed Series, with Special Rreference to Wolfer's Sunspot Numbers", *Philos Trans R Soc A.*, 226, pp.267—298.

网络参考文献

"About SAS", Retrieved 5 July 2017.

"Breiman: Statistical Modeling: The Two Cultures(with comments and a rejoinder by the author)", *Statistical Science* 16(3), DOI: 10.1214/ss/1009213726.S2CID 62729017, Retrieved 8 August 2015.

"CRAN-Contributed Packages", *cran*, *R-project. org*, Retrieved 3 January 2022.

GAUSS(2005), *GAUSS 7.0 user's guide*, Aptech Systems Inc., Trafford Publishing, Maple Valley, WA, USA, http://www.aptech.com.

"TIOBE Index-The Software Quality Company", *TIOBE*, Retrieved 12 March 2022.

"TIOBE Index: The R Programming Language", *TIOBE*, Retrieved 23 May 2022.

"CRAN-Mirrors", *cran*, R-project, org. Retrieved 15 January 2022.

"Science: The Goof Button", *Time(magazine)*, 18 August 1961.

Stata: Software for Statistics and Data Science, Retrieved 21 April 2021.

"The Origin of the Shell", www.multicians.org, Retrieved 12 April 2017.

"The Origin of the Shell", www.multicians.org, Retrieved 12 April 2017.

U. S. Census Bureau(2007), *X-12-ARIMA Reference Manual*, Version 0.3(Beta), available at: http://www.census.gov.

"What's New in SPSS Statistics 25 & Subscription-SPSS Predictive Analytics", *SPSS Predictive Analytics*, Retrieved 15 December 2017.

图书在版编目(CIP)数据

计量经济学：科学、艺术与创新 / 宗平著. — 上
海：格致出版社：上海人民出版社，2024.4
ISBN 978 - 7 - 5432 - 3553 - 3

Ⅰ.①计… Ⅱ.①宗… Ⅲ.①计量经济学 Ⅳ.
①F224.0

中国国家版本馆 CIP 数据核字(2024)第 055090 号

责任编辑 程 倩 刘佳琪
装帧设计 路 静

计量经济学:科学、艺术与创新
宗 平 著

出 版 格致出版社
　　　 上海人民出版社
　　　 (201101 上海市闵行区号景路 159 弄 C 座)
发 行 上海人民出版社发行中心
印 刷 上海新华印刷有限公司
开 本 635×965 1/16
印 张 18
插 页 2
字 数 289,000
版 次 2024 年 4 月第 1 版
印 次 2024 年 4 月第 1 次印刷
ISBN 978 - 7 - 5432 - 3553 - 3/F・1565
定 价 79.00 元